U0874512

中華古籍保護計劃

ZHONG HUA GU JI BAO HU JI HUA CHENG GUO

·成果·

（漢）許慎 撰

宋本說文解字

第一册

國家圖書館出版社

圖書在版編目(CIP)數據

宋本說文解字:全三册/(漢)許慎撰.-- 北京:國家圖書館出版社,2017.3(2018.2 重印)

(國學基本典籍叢刊)

ISBN 978-7-5013-6025-3

Ⅰ.①宋… Ⅱ.①許… Ⅲ.①《說文》 Ⅳ.①H161

中國版本圖書館 CIP 數據核字(2016)第 325957 號

書　　名	宋本說文解字(全三册)
著　　者	(漢)許慎　撰
責任編輯	王亞宏
封面設計	徐新狀
出　　版	國家圖書館出版社(100034　北京市西城區文津街7號) (原書目文獻出版社　北京圖書館出版社)
發　　行	010-66114536　66126153　66151313　66175620 66121706(傳真)　66126156(門市部)
E-mail	nlcpress@nlc.cn(郵購)
Website	www.nlcpress.com→投稿中心
經　　銷	新華書店
印　　裝	北京市通州興龍印刷廠
版　　次	2017年3月第1版　2018年2月第2次印刷
開　　本	880×1230(毫米)　1/32
印　　張	18
書　　號	ISBN 978-7-5013-6025-3
定　　價	58.00圓

《國學基本典籍叢刊》編委會

《國學基本典籍叢刊》前言

國家圖書館出版社（原書目文獻出版社 北京圖書館出版社）成立三十多年來，出版了大量的中國傳統文化典籍。由於這些典籍的出版往往採用叢書的方式或綫裝形式，供公共圖書館和大學圖書館典藏使用，普通讀者因價格較高、部頭較大，不易購買使用。爲弘揚優秀傳統文化，滿足廣大普通讀者的需求，現將經、史、子、集各部的常用典籍，選擇善本，分輯陸續出版單行本。每書之前均加簡要説明，必要者加編目録和索引，總名《國學基本典籍叢刊》。歡迎讀者提出寶貴意見和建議，以使這項工作逐步完善。

國家圖書館出版社

二〇一六年四月

序　言

《說文解字》是我國文字學研究及字書編纂的開山之作，也是我國歷史上影響最大、流傳最廣的字典。作者許慎（約五八—一四七），字叔重，汝南召陵（今河南郾城）人，生活在東漢明帝至桓帝之間，我國古代著名經學家、文字學家。《後漢書·儒林列傳》記載，他生性淳篤，少時博學，曾拜古文經學大家賈逵爲師，博通經籍，精於文字訓詁之學，經學大家馬融也曾對他表示推崇和敬重，時人評論他『五經無雙許叔重』。永初四年（一一〇），許慎奉詔與馬融、劉珍等在東觀校五經、諸子和史傳。後託病去官，卒於家。除《說文解字》外，許慎還撰有《五經異義》《淮南子注》等，今皆亡佚。

《說文解字》作於東漢和帝永元十二年（一〇〇）至安帝建光元年（一二一）間。許慎編撰該書的最初目的是爲了解決東漢時期今文經學家與古文經學家的『文字釋義之争』。許慎認爲，今、古文經之争的根源在於文字使用混亂，他批評今文經學家牽强附會、隨意解説文字，是『人用己私，是非無正，巧說邪辭，使天下學者疑』。他認爲，先有文字後有五經，要『理群類，解謬誤，曉學者，達神旨』，必須首先弄懂文字的結構、讀音及其意義。因此，他在從賈逵學習時，即着手編寫此書。他以古文經和《史籀篇》《倉頡篇》爲材料，依據六書總結造字規律，對漢字的結構形體進行分析，揭示漢字形、音、義三者的關係，批判和否定了當時今文經學家以隸書形體解字，望文生義的做法。書中收録的字既有先秦時期的字，也有漢代新產生的字，字體以小篆爲主，古文、籀文等異體則列爲重文，並按文字形體及偏旁構造，分列爲五百四十部，首創部首編排法。每字下有注釋，先釋字義，再釋形體構造及音讀。共收字九千三百五十三個，重文一千一百六十三個，注文十三萬三千四百四十一個，分爲正文十四卷、敘一卷。

《說文解字》的誕生，在中國古代語言文字學發展史上具有里程碑式的意義。具體表現在三個方面：一是對『六書』理論進行了全面闡釋，使『六書』內容具體化、定義化，並且根據《說文》所收漢字，揭示了漢字形體結構的系統和規則，建立了漢字的形義體系，其闡釋內容也被後人用來作爲探討字源及解釋古書中文字的重要依據。二是根據漢字形體結構，首創部首編排法，使龐雜的文字有類可歸，成爲後世字典編排的典範，此後的《玉篇》《類編》《字彙》《康熙字典》等字書都按此法排列，直至今日，按部首編排仍是字典編排的主要方法之一。三是保存了篆文的寫法系統，以及漢代以前的古音古訓，不僅爲後代查考漢字的發展歷史提供了極爲寶貴的資料，還是現在辨識甲骨文、今古文的橋梁。

《說文解字》成書後廣爲流布，後人對其研究、校刊較多。現存於世的主要有唐寫本和宋刊本，前者祇存兩種，皆非完帙；後者主要由兩個系統流傳下來，一個是宋代學者徐鉉校訂的《說文解字》，世稱『大徐本』，另一個是其弟弟徐鍇的《說文解字繫傳》，世稱『小徐本』，是《說文》的注釋本，因不如『大徐本』精審，故流傳不廣。『大徐本』即我們現今通用之版本。

徐鉉（九一六—九九一），字鼎臣，揚州廣陵（今江蘇揚州）人。五代、宋初文學家、書法家。歷官五代吳國校書郎，南唐知制誥，翰林學士、吏部尚書，後隨李煜歸宋，官至散騎常侍，世稱『徐騎省』。工詩文，精小學，善書法，與其弟鍇皆有文名，世人並稱『二徐』。

宋太宗時，徐鉉與同朝官員葛湍、王惟恭、句中正等人奉詔校正《說文》。雍熙敕牒曰：『許慎《說文》起於東漢，歷代傳寫，訛謬實多，六書之蹤，無所取法，若不重加刊正，漸恐失其源流。』所以，『大徐本』主要目的在於刊正《說文》在流傳過程中出現的訛誤，恢復許慎原本的面貌。因此，『大徐本』基本上保持了許慎《說文》的原貌，但也略有增改：一是將《說文》注語、敘例中出現而正文各部中未見的字進行增補；二是將《說文》未收而經典相承或社會通用的字進行增補；三是增加簡要的注釋，對《說文》中已有但在長期使用過程中出現訛變的字進行說明，同時標明相應的後出常用字體；四是在每字後用唐代孫愐《唐韻》加注反切；五是將許慎《說文》十五卷各分爲上、下兩部分；六是將敘目加於書前，即今本『說文解字標目』。

『大徐本』校正完成後，於雍熙三年（九八六）由國子監雕造，並由擅長隸篆的徐鉉親手寫樣上版。這是『大徐本』的最早刻本。此後，此書一刻再刻，版本衆多，流傳於世的主要是明清刻本，有汲古閣本、平津館本和藤花榭本等。此次影印的底本，是國内現存三套宋刻元修本之一，現藏國家圖書館，書末有道光十八年（一八三八）丁晏跋文。此本字跡端莊古樸，迭經名家收藏，鈐有『祁陽陳澄中藏書記』『楊氏海源閣藏』『戴大章印』『阮元印』『何紹基觀』『揚州汪喜孫孟慈父印』『以增之印』『臣晉』等數十方印記，彌足珍貴。

王亞宏

二〇一七年三月

總目録

第一册

第二册

第三册

第一册目録

據國家圖書館藏宋刻元修本影印
原書版框高十八點一厘米寬十二
點八厘米

說文解字標目

漢太尉祭酒許慎記

銀青光祿大夫守右散騎常侍上柱國東海縣開國子食邑五百戶臣徐鉉等奉

敕校定

說文解字弟一

一 於悉切 丄 時掌切 示 神至切 三 穌甘切 王 雨方切 玉 魚欲切

玨 古岳切 气 去既切 士 鉏里切 丨 古本切 屮 丑列切 艸 倉老切

蓐 而蜀切 茻 模朗切

說文解字弟二

小 私兆切 八 博拔切 釆 蒲莧切 半 博慢切 牛 語求切 犛 莫交切

告 古奧切 口 苦后切 凵 口犯切 吅 況袁切 哭 苦屋切 走 子苟切

止 諸市切　𣥠 北末切　步 薄故切　此 雌氏切　正 之盛切　是 承旨切

辵 丑略切　彳 丑亦切　廴 余忍切　㢟 丑連切　行 戶庚切　齒 昌里切

牙 五加切　足 即玉切　疋 所菹切　品 丕飲切　龠 以灼切　冊 楚革切

說文解字弟三

㗊 阻立切　舌 食列切　干 古寒切　𧮫 其虐切　㕯 女滑切　只 諸氏切

句 古侯切　丩 居虯切　古 公戶切　十 是執切　卅 蘇沓切　言 語軒切

誩 渠慶切　音 於今切　䇂 去虔切　丵 士角切　菐 蒲沃切　廾 居竦切

𠬞 普班切　共 渠用切　異 羊吏切　舁 以諸切　𦥑 居玉切　晨 食鄰切

爨 七亂切　革 古覈切　鬲 郎激切　䰜 郎激切　爪 側狡切　丮 几劇切

鬥 都豆切　又 于救切　𠂇 臧可切　史 疏士切　支 章移切　聿 尼輒切

聿 余律切　畫 胡麥切　隶 徒耐切　臤 苦閑切　臣 植鄰切　殳 市朱切

殺 所八切　几 市朱切　寸 倉困切　皮 符羈切　㼱 而兗切　攴 普木切

教 古孝切　卜 博木切　用 余訟切　爻 胡茅切　㸚 力几切

說文解字弟四

旻 火劣切　目 莫六切　䀠 九遇切　眉 武悲切　盾 食閏切　自 疾二切

白 疾二切　鼻 父二切　皕 彼力切　習 似入切　羽 王矩切　隹 職追切

奞 息遺切　萑 胡官切　𦫳 工瓦切　苜 徒結切　羊 與章切　羴 式連切

瞿 九遇切　雔 市流切　雥 徂合切　鳥 都了切　烏 哀都切　𠦒 北潘切

冓 古候切　幺 於堯切　𢆶 於虯切　叀 職緣切　玄 胡涓切　予 余呂切

放 甫妄切　𠬪 平小切　𣦼 昨干切　歺 五割切　死 息姊切　冎 古瓦切

骨 古忽切　肉 如六切　筋 居銀切　刀 都牢切　刃 而振切　㓞 格八切

丰 古拜切　耒 盧對切　角 古岳切

說文解字弟五

竹 陟玉切　箕 居之切　丌 居之切　左 則箇切　工 古紅切　㠭 知衍切

巫 武扶切　甘 古三切　曰 王伐切　乃 奴亥切　丂 苦浩切　可 肯我切

兮 胡雞切　号 胡到切　亏 羽俱切　旨 職雉切　喜 虛里切　壴 中句切

鼓 工戶切　豈 墟喜切　豆 徒候切　豊 盧啓切　豐 敷戎切　䖒 許羈切

虍 荒烏切　虎 呼古切　虤 五閑切　皿 武永切　凵 去魚切　去 丘據切

血 呼決切　丶 知庾切　丹 都寒切　青 倉紀切　井 子郢切　皀 皮及切

鬯 丑諒切　食 乘力切　亼 秦入切　會 古外切　倉 七岡切　入 人汁切

缶 方九切 矢 式視切 高 古牢切 冂 古熒切 𩫖 古博切 京 舉卿切

亯 許兩切 㫗 胡口切 畐 芳逼切 㐭 力甚切 嗇 所力切 來 洛哀切

麥 莫獲切 夊 楚危切 舛 昌兖切 舜 舒閏切 韋 宇非切 弟 特計切

夂 陟侈切 久 舉友切 桀 渠列切

說文解字第六

木 莫卜切 東 得紅切 林 力尋切 才 昨哉切 叒 而灼切 之 止而切

帀 子荅切 出 尺律切 米 普活切 生 所庚切 乇 陟格切 𠂹 是爲切

𠌶 況于切 華 戶瓜切 禾 古兮切 稽 古兮切 巢 鉏交切 桼 親吉切

束 書玉切 𣠔 胡本切 囗 羽非切 員 王權切 貝 博蓋切 邑 於汲切

𨛜 胡絳切

說文解字弟七

日人質切　旦得案切　倝古案切　㫃於幰切　冥莫經切　晶子盈切

月魚厥切　有云九切　朙武兵切　囧俱永切　夕祥易切　多得何切

毌古丸切　马乎感切　東胡感切　卤徒遼切　齊徂兮切　朿七賜切

片匹見切　鼎都挺切　克苦得切　彔盧谷切　禾户戈切　秝郎擊切

黍舒呂切　香許良切　米莫禮切　毇許委切　臼其九切　凶許容切

朩匹刃切　林匹卦切　麻莫遐切　尗式竹切　耑多官切　韭舉友切

瓜古華切　瓠胡誤切　宀武延切　宮居戎切　呂力舉切　穴胡決切

㝱莫鳳切　疒女戹切　冖莫狄切　𠔼莫保切　冃莫報切　㒳良獎切

网文紡切　襾呼訝切　巾居銀切　市分勿切　帛旁陌切　白旁陌切

㡀 㡀毗祭切　黹 黹陟几切

說文解字弟八

人 人如鄰切　匕 匕呼跨切　匕 匕卑履切　从 从疾容切　比 比毗至切　北 北博墨切

丘 丘去鳩切　㐺 㐺魚音切　𡈼 𡈼他鼎切　重 重柱用切　臥 臥吾貨切　身 身失人切

㐆 㐆於機切　衣 衣於稀切　裘 裘巨鳩切　老 老盧皓切　毛 毛莫袍切　毳 毳充芮切

尸 尸式脂切　尺 尺昌石切　尾 尾無斐切　履 履良止切　舟 舟職流切　方 方府良切

儿 儿如鄰切　兄 兄許榮切　兂 兂側岑切　皃 皃莫教切　𠑹 𠑹公戶切　先 先穌前切

禿 禿他谷切　見 見古甸切　覞 覞曳欠切　欠 欠去劒切　㱃 㱃於錦切　次 次叙連切

旡 旡居未切

說文解字弟九

頁 胡結切　百 書九切　面 弥箭切　丏 弥兖切　首 書九切　悬 古堯切

須 相俞切　彡 所銜切　彣 無分切　文 無分切　髟 必凋切　后 胡口切

司 息兹切　卮 章移切　卩 子結切　印 於刃切　色 所力切　卯 去京切

辟 必益切　勹 布交切　包 布交切　茍 己力切　鬼 居偉切　甶 敷勿切

厶 息夷切　嵬 五灰切　山 所閒切　屾 所臻切　屵 五葛切　广 魚儉切

厂 呼旱切　丸 胡官切　危 魚爲切　石 常隻切　長 直良切　勿 文弗切

冄 而琰切　而 如之切　豕 式視切　彑 羊至切　彐 居例切　豚 徒魂切

豸 池尔切　舄 徐姊切　易 羊益切　象 徐兩切

說文解字弟十

馬 莫下切　廌 宅買切　鹿 盧谷切　麤 倉胡切　㲋 丑略切　兔 湯故切

萈 胡官切　犬 苦泫切　㹜 語斤切　鼠 書呂切　能 奴登切　熊 羽弓切

火 呼果切　炎 于廉切　黑 呼北切　囪 楚江切　焱 以冄切　炙 之石切

赤 昌石切　大 徒蓋切　亦 羊益切　夨 阻力切　夭 於兆切　交 古爻切

尣 烏光切　壺 戶吳切　壹 於悉切　㚔 尼輒切　奢 式車切　亢 古郎切

夲 土刀切　夰 古老切　亣 他達切　夫 甫無切　立 力入切　竝 蒲迥切

囟 息進切　思 息茲切　心 息林切　惢 才累切

說文解字第十一

水 式軌切　沝 之壘切　瀕 符真切　〳 姑泫切　巜 古外切　川 昌緣切

泉 疾緣切　灥 詳遵切　永 于憬切　𠂢 匹卦切　谷 古祿切　仌 筆陵切

雨 王矩切　雲 王分切　魚 語居切　𩺰 語居切　燕 於甸切　龍 力鍾切

飛甫微切 非甫微切 卂息晉切

說文解字弟十二

乙烏轄切 不方久切 至脂利切 西先稽切 鹵郎古切 鹽余廉切

戶侯古切 門莫奔切 耳而止切 𦣝與之切 手書九切 𠦬古懷切

女尼呂切 毋武扶切 民彌鄰切 丿房密切 𠂆余制切 乁弋支切

氏承旨切 氐丁礼切 戈古禾切 戉王伐切 我五可切 亅衢月切

琴巨今切 乚於謹切 亡武方切 匸胡礼切 匚府良切 曲丘玉切

甾側詞切 瓦五寡切 弓居戎切 弜其兩切 弦胡田切 系胡計切

說文解字弟十三

糸莫狄切 素桑故切 絲息茲切 率所律切 虫許偉切 䖵古魂切

蟲 直弓切　風 方戎切　它 託何切　龜 居追切　黽 莫杏切　卵 盧管切

二 而至切　土 它魯切　垚 吾聊切　堇 巨斤切　里 良止切　田 待季切

畕 居良切　黃 乎光切　男 那含切　力 林直切　劦 胡頰切

說文解字弟十四

金 居音切　幵 古賢切　勺 之若切　几 居履切　且 千也切　斤 舉欣切

斗 當口切　矛 莫浮切　車 尺遮切　𠂤 都回切　𨸏 房九切　𨺅 房九切

厽 力軌切　四 息利切　宁 直呂切　叕 陟劣切　亞 衣駕切　五 疑古切

六 力竹切　七 親吉切　九 舉有切　禸 人九切　嘼 許救切　甲 古狎切

乙 於筆切　丙 兵永切　丁 當經切　戊 莫候切　己 居擬切　巴 伯加切

庚 古行切　辛 息鄰切　辡 方免切　壬 如林切　癸 居誄切　子 即里切

了 盧鳥切 孨 旨兖切 𠫓 他骨切 丑 敕九切 寅 弋真切 卯 莫飽切

辰 植鄰切 巳 詳里切 午 疑古切 未 無沸切 申 失人切 酉 與久切

酋 字秋切 戌 辛聿切 亥 古改切

說文解字標目

一

說文解字第一上

漢太尉祭酒許慎記

銀青光祿大夫守右散騎常侍上柱國東海縣開國子食邑五百戶臣徐鉉等奉

敕校定

十四部 六百七十二文 重八十一

凡萬六百三十九字

文三十一 新附

一 惟初太始道立於一造分天地化成萬物 凡一之屬皆从一 於悉切

弌 古文一

元 始也从一从兀徐鍇曰元者善之長也故从一 愚袁切 天 顛也至高無上从一大 他前切 丕 大也从一

不聲 敷悲切 吏 治人者也从一从史史亦聲徐鍇曰吏之治人心主於一故从一 力置切 文五 重一

二　三

丄　高也此古文上指事也凡丄之屬皆从丄　時掌切

上　篆文丄

帝　諦也王天下之號也从丄朿聲　都計切

帝　古文帝古文諸丄字皆从一篆文皆从二二古文上字辛示辰龍童音章皆从古文上

旁　溥也从二闕方聲　步光切

旁　古文旁

旁　亦古文旁

旁　籀文

丅　底也指事　胡雅切

下　篆文丅

文四　重七

示　天垂象見吉凶所以示人也从二三垂日月星也觀乎天文以察時變示神事也凡示之屬皆从示

𥘅　古文示

祜　上諱　臣鉉等曰此漢安帝名也福也當从示古聲　侯古切

禮　履也所以事神致福也从示从豊豊亦聲　靈啟切

𥘈　古文禮

禧　禮吉也从示喜聲　許其切

禛　以真受福也从示真聲　側鄰切

祿　福也从示彔聲　盧谷切

褫　福也从示虒聲　息移切

禎　祥也从示貞聲　陟盈切

祥　福也从示羊聲一云善　似羊切

祉 福也从示止聲敕里切 福 祐也从示畐聲方六切 祐 助也从示右聲于救切 祺 吉也从示其聲渠之切 禥 籒文从基 祗 敬也从示氐聲旨移切 禔 安福也从示是聲易曰禔既平市支切 神 天神引出萬物者也从示申食鄰切 祇 地祇提出萬物者也从示氏聲巨支切 祕 神也从示必聲兵媚切 齋 戒潔也从示齊省聲側皆切 ⿰齊襲 籒文齋从襲省襲音禱 禋 潔祀也一曰精意以享為禋从示垔聲於眞切 ⿱宀禋 籒文从宀 祭 祭祀也从示以手持肉子例切 祀 祭無已也从示巳聲詳里切 禩 祀或从異 祡 燒祡燓燎以祭天神从示此聲虞書曰至于岱宗祡仕皆切 ⿰示隋 古文祡从隋省 禷 以事類祭天神从示類聲力遂切 祪 祔祪祖也从示危聲過委切 祔 後死者合食於先祖从示付聲符遇切 祖 始廟也从示且聲則古切 祊 門內祭先祖所以彷徨从示彭聲詩曰祝祭于祊補盲切 祊 祊或从方 祰 告祭也从示从告聲苦浩切 祏 宗廟主也周禮有郊宗石室一曰大夫以石為主从示从石石亦聲常隻切 ⿰示比 以豚祠司命从示比聲漢律曰祠⿰示比司命卑履切 祠 春祭曰祠品物少多文詞也从示司聲仲春之月祠不用犧牲用圭璧及皮幣似茲切 礿 夏祭也从示勺聲以灼切 禘 諦祭也从示帝聲周禮曰五歲一禘特計切 祫 大合祭先祖親疏遠近也从示合周禮曰三歲一祫侯夾切 祼 灌祭也从示果

聲古玩切

⿱毳示 數祭也从示毳聲讀若春麥爲毳之毳臣鉉等曰春麥爲毳今無此語且非異文所未詳也此芮切

祝 祭主贊詞者从示从人口一曰从兌省易曰兌爲口爲巫之六切

䄏 祝䄏也从示畱聲力救切

祓 除惡祭也从示犮聲敷勿切

祈 求福也从示斤聲渠稀切

禱 告事求福也从示壽聲都浩切

⿰示𠷎 禱或省

⿰示⿰示𠷎 籒文禱

禜 設綿蕝爲營以禳風雨雪霜水旱癘疫於日月星辰山川也从示榮省聲一曰禜衛使灾不生禮記曰雩禜祭水旱爲命切

禳 磔禳祀除癘殃也古者燧人禜子所造从示襄聲汝羊切

禬 會福祭也从示从會會亦聲周禮曰禬之祝號古外切

禪 祭天也从示單聲時戰切

禦 祀也从示御聲魚舉切

⿰示昏 祀也从示昏聲古末切

禖 祭也从示某聲莫桮切

⿰示胥 祭具也从示胥聲私呂切

祳 社肉盛以蜃故謂之祳天子所以親遺同姓从示辰聲春秋傳曰石尚來歸祳時忍切

祴 宗廟奏祴樂从示戒聲古哀切

禡 師行所止恐有慢其神下而祀之曰禡从示馬聲周禮曰禡於所征之地莫駕切

禂 禱牲馬祭也从示周聲詩曰既禡既禂都皓切

⿰馬𠷎 或从馬壽省聲

社 地主也从示土春秋傳曰共工之子句龍爲社神周禮二十五家爲社各樹其土所宜之木常者切

⿰示⿱木土 古文社

禓 道上祭从示昜聲与章切

祲 精氣感祥从示侵省聲春秋傳曰見赤黑之祲子林切

禍 害也神不福也从示咼聲胡果切

祟 神禍也从示从出雖遂切 𥜑 籒文祟从𥜽省 祅 地反物爲祅也从示芺聲於喬切 祘 明視以筭之从二示逸周書曰士分民之祘均分以祘之也讀若筭蘇貫切 禁 吉凶之忌也从示林聲居蔭切 禫 除服祭也从示覃聲徒感切

文六十　重十三

禰 親廟也从示爾聲一本云古文禰也泥米切 祧 遷廟也从示兆聲他彫切 祆 胡神也从示天聲火千切 祚 福也从示乍聲臣鉉等曰凡祭必受胙胙即福也此字後人所加徂故切

文四　新附

三 天地人之道也从三數凡三之屬皆从三穌甘切

弎 古文三从弋

文一　重一

王 天下所歸往也董仲舒曰古之造文者三畫而連其中謂之王三者天地人也而參通之者王也孔子曰一貫三爲王凡王之屬皆从

王 李陽冰曰中畫近上王者則天之義雨方切

𤣩 古文王

閏 餘分之月五歲再閏告朔之禮天子居宗廟閏月居門中从王在門中周禮曰閏月王居門中終月也如順切

皇 大也从自自始也始皇者三皇大君也自讀若鼻今俗以始生子爲鼻子胡光切

文三 重一

玉 石之美有五德潤澤以溫仁之方也䚡理自外可以知中義之方也其聲舒揚尃以遠聞智之方也不橈而折勇之方也銳廉而不技絜之方也象三玉之連丨其貫也凡玉之屬皆从玉 陽冰曰三畫正均如貫玉也魚欲切

𤣩 古文玉

璙 玉也从玉尞聲洛蕭切

瓘 玉也从玉雚聲春秋傳曰瓘斚工玩切

璥 玉也从玉敬聲居領切

琠 玉也从玉典聲多殄切

瓇 玉也从玉夒聲讀若柔耳由切

⿰玉毄 玉也从玉毄聲讀若鬲郎擊切

璠 璵璠魯之寶玉从玉番聲孔子曰美哉璵璠遠而望之奐若也近而視之瑟若也一則理勝二則孚勝附袁切

璵 璵璠也从玉與聲以諸切

瑾 瑾瑜美玉也从玉堇聲居隱切

瑜 瑾瑜美玉也从玉俞聲羊朱切

玒 玉也从玉工聲戶工切

𤥎 瓄𤥎玉也从玉來聲落哀切

瓊 赤玉也从玉夐聲渠營切

璚 瓊或从矞

瓗 瓊或从巂

琁 瓊或从旋省臣鉉等曰今與璿同

珦 玉也从玉向聲許亮切

𤨓 玉也从玉剌聲盧達切

珣 醫無閭珣玗琪周書所謂夷玉也从玉旬聲一曰器讀若宣相倫切

璐 玉也从玉路聲洛故切

瓚 三玉二石也从玉贊聲禮天子用全純玉也上公用駹四玉一石侯用瓚伯用埒玉石半相埒也徂贊切

瑛 玉光也从玉英聲於京切

璑 三采玉也从玉無聲武扶切

珛 朽玉也从玉有聲讀若畜牧之畜許救切

璿 美玉也从玉睿聲春秋傳曰璿弁玉纓似沿切

𤩽 古文璿

壡 籀文璿

球 玉聲也从玉求聲巨鳩切

璆 球或从翏

琳 美玉也从玉林聲力尋切

璧 瑞玉圜也从玉辟聲比激切

瑗 大孔璧人君上除陛以相引从玉爰聲爾雅曰好倍肉謂之瑗肉倍好謂之璧王眷切

環 璧也肉好若一謂之環从玉睘聲戶關切

璜 半璧也从玉黃聲戶光切

琮 瑞玉大八寸似車釭从玉宗聲藏宗切

琥 發兵瑞玉為虎文从玉从虎虎亦聲春秋傳曰賜子家雙琥呼古切

瓏 禱旱玉龍文从玉从龍龍亦聲力鍾切

琬 圭有琬者从玉宛聲於阮切

璋 剡上為圭半圭為璋

从玉章聲禮六幣圭以馬璋以皮璧以帛琮以錦琥以繡璜以黼諸良切

琰 璧上起美色也从玉炎聲以冉切

玠 大圭也从玉介聲周書曰稱奉介圭古拜切

瑒 圭尺二寸有瓚以祠宗廟者也从玉昜聲丑亮切

瓛 桓圭公所執从玉獻聲胡官切

珽 大圭長三尺抒上終葵首从玉廷聲他鼎切

瑁 諸侯執圭朝天子天子執玉以冒之似犂冠周禮曰天子執瑁四寸从玉冒冒亦聲莫報切

玥 古文省

璬 玉佩从玉敫聲古了切

珩 佩上玉也所以節行止也从玉行聲戶庚切

玦 玉佩也从玉夬聲古穴切

瑞 以玉爲信也从玉耑徐鍇曰耑諦也會意是僞切

珥 瑱也从玉耳耳亦聲仍吏切

瑱 以玉充耳也从玉眞聲詩曰玉之瑱兮臣鉉等曰今充耳字更从玉旁充非是他甸切

⿰耳眞 瑱或从耳

琫 佩刀下飾天子以玉諸侯以金从玉奉聲邊孔切

珌 佩刀下飾天子以玉从玉必聲卑吉切

璏 劍鼻玉也从玉彘聲直例切

瑵 車蓋玉瑵从玉蚤聲側絞切

瑑 圭璧上起兆瑑也从玉篆省聲周禮曰瑑圭璧直戀切

珇 琮玉之瑑从玉且聲則古切

璂 弁飾往往冒玉也从玉綦聲渠之切

琪 璂或从基

璪 玉飾如水藻之文从玉喿聲虞書曰璪火黺米子皓切

瑬 垂玉也冕飾从玉流聲力求切

璹 玉器也从玉𠷎聲讀若淑殊六切

瓃 玉器也从玉畾聲臣鉉等案靁字注象回轉之形畾不成字凡从畾

者並當从靈省魚回切瑳玉色鮮白从玉差聲七何切玼玉色鮮也从玉此聲詩曰新臺有玼千礼切璱玉英

華相帶如瑟弦从玉瑟聲詩曰瑟彼玉瓚所櫛切瑮玉英華羅列秩秩从玉㮚聲逸論語曰玉粲之璱兮其瑮猛也力質切瑩

玉色从玉熒省聲一曰石之次玉者逸論語曰如玉之瑩烏定切璊玉經色也从玉㒼聲禾之赤苗謂之虋言璊玉色如之莫奔切玧

璊或从允瑕玉小赤也从玉叚聲乎加切琢治玉也从玉豖聲竹角切琱治玉也一曰石似玉从玉周聲都寮切理

治玉也从玉里聲良止切珍寶也从玉㐱聲陟鄰切玩弄也从玉元聲五換切貦玩或从貝玲玉聲从玉令聲郎丁

切瑲玉聲也从玉倉聲詩曰鞗革有瑲七羊切玎玉聲也从玉丁聲齊太公子伋謚曰玎公當經切琤玉聲也从

玉爭聲楚耕切瑣玉聲也从玉肖聲蘇果切瑝玉聲也从玉皇聲乎光切瑀石之似玉者从玉禹聲王矩切玤

石之次玉者以為系璧从玉丰聲讀若詩曰瓜瓞菶菶一曰若盒蚌補蠓切玪玪塾石之次玉者从玉今聲古函切塾玪塾玉也从玉勒聲盧則切

琚瓊琚从玉居聲詩曰報之以瓊琚九魚切璓石之次玉者从玉莠聲詩曰充耳琇瑩息救切玖石之次玉黑色者从

玉久聲詩曰貽我佩玖讀若芑或曰若人句脊之句舉友切⿰王巸石之似玉者从玉巸聲讀若貽與之切珢石之似玉者从

玉艮聲語巾切　玴石之似玉者从玉曳聲余制切　璅石之似玉者从玉巢聲子皓切　璡石之似玉者从玉進聲讀若津
將鄰切　⿰王朁石之似玉者从玉朁聲側岑切　璁石之似玉者从玉悤聲讀若蔥倉紅切　⿰王號石之似玉者从玉號聲讀若鎬乎
到切　⿰王𡍮石之似玉者从玉𡍮聲讀若曷胡捌切　⿱臤玉石之似玉者从玉臤聲烏貫切　⿰王燮石之次玉者从玉燮聲穌叶切
玽石之次玉者从玉句聲讀若苟古厚切　琂石之似玉者从玉言聲語軒切　璶石之似玉者从玉盡聲徐刃切　琟
石之似玉者从玉隹聲讀若維以追切　瑦石之似玉者从玉烏聲安古切　瑂石之似玉者从玉眉聲讀若眉武悲切　璒
石之似玉者从玉登聲都騰切　⿰王厶石之似玉者从玉厶聲讀與私同息夷切　玗石之似玉者从玉于聲羽俱切　⿰王𠬛玉屬从玉
𠬛聲讀若沒莫悖切　瑎黑石似玉者从玉皆聲讀若諧戶皆切　碧石之青美者从玉石白聲兵尺切　琨
石之美者从玉昆聲虞書曰楊州貢瑤琨古渾切　瑻琨或从貫　珉石之美者从玉民聲武巾切　瑤玉之美者
从玉䍃聲詩曰報之以瓊瑤余招切　珠蚌之陰精从玉朱聲春秋國語曰珠以禦火灾是也章俱切　玓玓瓅
明珠色从玉勺聲都歷切　瓅玓瓅从玉樂聲郎擊切　玭珠也从玉比聲宋弘云淮水中出玭珠玭珠之有聲步因切　蠙

夏書玭从虫賓

珕 蜃屬从玉劦聲禮佩刀士珕琫而珧珌 臣鉉等曰劦亦音麗故以爲聲郎計切

珧 蜃甲也所以飾物也从玉兆聲禮云佩刀天子玉琫而珧珌余昭切

玟 火齊玟瑰也一曰石之美者从玉文聲莫桮切

瑰 玟瑰从玉鬼聲一曰圜好公回切

璣 珠不圜也从玉幾聲居衣切

琅 琅玕似珠者从玉良聲魯當切

玕 琅玕也从玉干聲禹貢雝州球琳琅玕古寒切

𤤚 古文玕

珊 珊瑚色赤生於海或生於山从玉刪省聲穌干切

瑚 珊瑚也从玉胡聲戶吳切

珋 石之有光璧珋也出西胡中从玉丣聲力求切

琀 送死口中玉也从玉从含含亦聲胡紺切

𤪌 遺玉也从玉歙聲弋周切

瑒 金之美者與玉同色从玉昜聲禮佩刀諸侯璗琫而璆珌徒朗切

靈 靈巫以玉事神从玉霝聲郎丁切

𤫊 靈或从巫

文一百二十六　重十七

珈 婦人首飾从玉加聲詩曰副笄六珈古牙切

璩 環屬从玉豦聲見山海經彊魚切

琖 玉爵也夏曰琖殷曰斝周曰爵从玉戔聲或从皿阻限切

琛 寶也从玉深省聲丑林切

璫 華飾也从玉當聲都郎切

琲 珠五百枚也从玉非聲普乃切

珂 玉也从玉可聲苦何切

玘 玉也从玉己聲去里切

珺 玉也从玉君聲渠運切

璀

七　八　九

璀璨玉光也从玉崔聲七罪切 璨玉光也从玉粲聲倉案切 琡玉也从玉叔聲昌六切 瑄璧六寸也从玉宣聲須緣切 珙玉也从玉共聲拘竦切

文十四 新附

珏二玉相合爲一珏凡珏之屬皆从珏古岳切 瑴珏或从㱿 班分瑞玉从珏从刀布還切 𤦧車笭間皮篋古者使奉玉以藏之从車珏讀與服同房六切

文三 重一

气雲气也象形凡气之屬皆从气去既切

氛祥气也从气分聲符分切 雰氛或从雨

文二 重一

士事也數始於一終於十从一从十孔子曰推十合一爲士凡士之屬皆从士鉏里切

壻夫也从士胥聲詩曰女也不爽士貳其行士者夫也讀與細同穌計切 婿壻或从女 壯大也从士爿聲

側亮切

壿 舞也从士尊聲詩曰壿壿舞我慈損切

文四　重一

丨 上下通也引而上行讀若囟引而下行讀若退凡丨之屬皆从丨古本切

中 而也从口丨上下通陟弓切

中 古文中

中 籒文中

𠁁 旌旗杠皃从丨从㫃㫃亦聲丑善切

文三　重二

說文解字第一上

說文解字弟一下　漢太尉祭酒許氏記　一

銀青光祿大夫守右散騎常侍上柱國東海縣開國子食邑五百戶臣徐鉉等奉

敕校定

屮　屮木初生也象丨出形有枝莖也古文或以爲艸字讀若徹凡屮之屬皆从屮尹彤說 臣鉉等曰丨上下通也象艸木萌芽通徹地上也丑列切

屯　難也象艸木之初生屯然而難从屮貫一一地也尾曲易曰屯剛柔始交而難生陟倫切

每　艸盛上出也从屮母聲臣鉉等案左傳原田每每今別作莓非是武罪切

毒　厚也害人之艸往往而生从屮从毒徒沃切

𣫭　古文毒从刀葍

𡴂　艸初生其香分布从屮从分分亦聲撫文切

芬　𡴂或从艸

𡴆　菌𡴆地蕈叢生田中从屮六聲力竹切

𡴇　籀文𡴆从三𡴆

熏　火煙上出也从屮从黑屮黑熏黑也許云切

文七　重二

艸 百芔也从二屮凡艸之屬皆从艸倉老切

莊 上諱臣鉉等曰此漢明帝名也从艸从壯未詳側羊切 𤖸 古文莊

蓏 在木曰果在地曰蓏从艸从㼌郎果切

芝 神艸也从艸从之止而切

萐 萐莆瑞艸也堯時生於庖廚扇暑而涼从艸疌聲士洽切

莆 萐莆也从艸甫聲方矩切

虋 赤苗嘉穀也从艸釁聲莫奔切

荅 小尗也从艸合聲都合切

萁 豆莖也从艸其聲渠之切

藿 尗之少也从艸靃聲虛郭切

莥 鹿藿之實名也从艸狃聲敕久切

蓈 禾粟之采生而不成者謂之董蓈从艸郎聲魯當切

稂 蓈或从禾

莠 禾粟下生莠从艸秀聲讀若酉与久切

萉 枲實也从艸肥聲房未切

䕠 萉或从麻賁

芓 麻母也从艸子聲一曰芓即枲也疾吏切

䔢 芋也从艸異聲羊吏切

蘇 桂荏也从艸穌聲素孤切

荏 桂荏从艸任聲如甚切

苵 菜也从艸矢聲失匕切

⿱艹豈 菜之美者雲夢之⿱艹豈从艸豈聲驅喜切

葵 菜也从艸癸聲彊惟切

薑 禦溼之菜也从艸彊聲居良切

蓼 辛菜薔虞也从艸翏聲盧鳥切

⿱艹祖 菜也从艸祖聲則古切

⿱艹豦 菜也似蘇者从艸豦聲彊魚切

薇 菜也似藿从艸微聲無非切

⿱艹毄

蓶 菜也从艸唯聲以水切、𦯬 菜類蒿从艸近聲周禮有𦯬菹巨巾切、蘸 菜也从艸釀聲女亮切

莧 莧菜也从艸見聲侯澗切 芋 大葉實根駭人故謂之芋也从艸亏聲徐鍇曰芋猶言吁吁驚辭故曰駭人王遇切

莒 齊謂芋為莒从艸呂聲居許切 蘧 蘧麥也从艸遽聲彊魚切 菊 大菊蘧麥从艸匊聲居六切

葷 臭菜也从艸軍聲許云切 蘘 蘘荷也一名葍蒩从艸襄聲汝羊切 菁 韭華也从艸青聲子盈切

蘆 蘆菔也一曰薺根从艸盧聲落乎切 菔 蘆菔似蕪菁實如小尗者从艸服聲蒲北切 苹 蓱也無根浮水而生者从艸平聲符兵切

茞 艸也从艸臣聲稹鄰切 薲 大蓱也从艸賓聲符真切 藍 染青艸也从艸監聲魯甘切

䕲 令人忘憂艸也从艸憲聲詩曰安得䕲艸況袁切 蕿 或从煖 萱 或从宣

营 营藭香艸也从艸宮聲去弓切 芎 司馬相如說营或从弓 藭 营藭也从艸竆聲渠弓切

蘭 香艸也从艸闌聲落干切 葌 艸出吳林山从艸姦聲古顏切 葰 薑屬可以香口从艸俊聲息遺切

芄 芄蘭莞也从艸丸聲詩曰芄蘭之枝胡官切 虈 楚謂之蘺晉謂之虈齊謂之茝从艸嚻聲許嬌切 蘺 江蘺蘼蕪从艸

離聲呂之切 茝 繭也从艸𦣞聲昌改切 蘪 蘪蕪也从艸靡聲靡爲切 薰 香艸也从艸熏聲許云切 𧂇
水萹茿从艸从水毒聲讀若督徒沃切 萹 萹茿也从艸扁聲方沔切 茿 萹茿也从艸筑省聲陟玉切 藒
芞輿也从艸揭聲去謁切 芞 芞輿也从艸气聲去訖切 苺 馬苺也从艸母聲武罪切 茖 艸也从艸各聲古額切
苷 甘艸也从艸从甘古三切 芧 艸也从艸予聲可以爲繩直呂切 藎 艸也从艸盡聲徐刃切
蒁 艸也从艸述聲食聿切 荵 荵冬艸从艸忍聲而軫切 萇 萇楚跳弋一名羊桃从艸長聲直良
切 薊 芙也从艸魝聲古詣切 荲 艸也从艸里聲讀若釐里之切 藋 釐艸也一曰拜商藋从艸翟聲徒
弔切 芨 堇艸也从艸及聲讀若急居立切 葥 山莓也从艸前聲子賤切 蓩 毒艸也从艸務聲莫候切 䒷
卷耳也从艸务聲亡考切 蓡 人蓡藥艸出上黨从艸濅聲山林切 䖂 鳧葵也从艸攣聲洛官切 䓞 艸也可以染留
黃从艸戾聲郎計切 荍 蚍衃也从艸收聲渠遙切 蓖 蒿也从艸毗聲房脂切 萭 艸也从艸禹聲王矩切
荑 艸也从艸夷聲杜兮切 薛 艸也从艸辥聲私列切 苦 大苦苓也从艸古聲康杜切 菩

从艸咅聲步乃切

[艹啻] 薏苢从艸[艹啻]聲一曰[艹啻]英於力切

茅 菅也从艸矛聲莫交切

菅 茅也从艸官聲古顏切

蘄 艸也从艸蘄聲江夏有蘄春亭臣鉉等案說文無蘄字他字書亦無此篇下有蘄字注云江夏平春亭名疑相承誤重出一字渠支切

莞 艸也可以作席从艸完聲胡官切

藺 莞屬从艸閵聲良刃切

蒢 黃蒢職也从艸除聲直魚切

蒲 水艸也可以作席从艸浦聲薄胡切

蒻 蒲子可以為平席从艸弱聲而灼切

蓡 蒲蒻之類也从艸深聲之箴切

蓷 萑也从艸推聲詩曰中谷有蓷他回切

萑 艸多皃从艸隹聲職追切

茥 缺盆也从艸圭聲苦圭切

莙 井藻也从艸君聲讀若威渠殞切

[艹睆] 夫蘺也从艸睆聲胡官切

蒚 夫蘺上也从艸鬲聲力的切

苢 芣苢一名馬舃其實如李令人宜子从艸㠯聲周書所說羊止切

蕁 芫藩也从艸尋聲徒含切

[艹爻] 蕁或从爻

[艹毄] 艸也从艸毄聲古歷切

蓲 艸也从艸區聲去鳩切

[艹固] 艸也从艸固聲古慕切

[艹榦] 艸也从艸榦聲古案切

藷 藷蔗也从艸諸聲章魚切

蔗 藷蔗也从艸庶聲之夜切

[艹鼓] [illegible][illegible]可以作縻綆从艸鼓聲女庚切

[艹賜] 艸也从艸賜聲斯義切

[艹中] 艸也从艸中聲陟宮切

萯 王萯也从艸負

聲房九切芺艸也味苦江南食以下气从艸夭聲烏皓切[艸弦]艸也从艸弦聲胡田切[艸闢]艸也从艸闢聲闢籀
文囿于救切莩艸也从艸孚聲芳無切[艸寅]兔瓜也从艸寅聲翼真切荓馬帚也从艸并聲薄經切
蕕水邊艸也从艸猶聲以周切荌艸也从艸安聲烏旰切藄綦月爾也从艸綦聲渠之切莃
兔葵也从艸稀省聲香衣切䕒灌渝从艸夢聲讀若萌莫中切蕧盜庚也从艸復聲房六切苓卷耳也从
艸令聲郎丁切[艸贛]艸也从艸贛聲一曰薏苢古送切又古禫切藑茅葍也一名蕣从艸夐聲渠營切葍
蒚也从艸畐聲方布切蒚葍也从艸畐聲力六切蓨苗也从艸脩聲徒聊切又湯彫切苗蓨也从艸
由聲徒歷切又他六切[艸昜]艸枝枝相值葉葉相當从艸昜聲楮羊切薁嬰薁也从艸奥聲於六切葴
馬藍也从艸咸聲職深切[艸魯]艸也可以束从艸魯聲郎古切蓾[艸魯]或从鹵[艸㪿]艸也从艸㪿聲臣鉉等案說文
無㪿字當是歛字之省而聲不相近未詳苦怪切蔞艸也可以亨魚从艸婁聲力朱切藟艸也从艸畾聲詩曰
莫莫葛藟一曰秬鬯也力軌切蒬棘蒬也从艸冤聲於元切茈茈艸也从艸此聲將此切藐茈艸也从艸貌

聲莫覺切 萴 烏喙也从艸則聲阻力切 蒐 茅蒐茹藘人血所生可以染絳从艸从鬼所鳩切 茜 茅蒐也从艸西聲倉見切 蕼 赤蕼也从艸肆聲息利切 薜 牡贊也从艸辟聲蒲計切 莣 杜榮也从艸忘聲武方切

苞 艸也南陽以爲麤履从艸包聲布交切 艾 冰臺也从艸乂聲五蓋切 蔁 艸也从艸章聲諸良切

芹 楚葵也从艸斤聲巨巾切 薽 豕首也从艸甄聲側鄰切 蔦 寄生也从艸鳥聲詩曰蔦與女蘿都了切 樢 蔦或从木

芸 艸也似目宿从艸云聲淮南子說芸艸可以死復生王分切 [illegible] 艸也从艸毳聲麤最切

葎 艸也从艸律聲呂戌切 茦 莿也从艸朿聲楚革切 萿 苦婁果蓏也从艸昏聲古活切 葑 須從也从艸封聲府容切 薺 蒺棃也从艸齊聲詩曰牆有薺疾咨切又徂礼切 莿 茦也从艸刺聲七賜切

董 鼎董也从艸童聲杜林曰藕根多動切 蘻 狗毒也从艸繫聲古詣切 蓃 艸也从艸叜聲蘇老切 芐 地黃也从艸下聲禮記鈃毛牛藿羊芐豕薇是侯古切 薟 白薟也从艸僉聲良冉切 蘞 薟或从斂 菳 黃菳也从艸金聲具今切 芩 艸也从艸今聲詩曰食野之芩巨今切 藨 鹿藿也从艸麃聲讀若剽一曰蔽屬平表切

切蘮綬也从艸鶪聲詩曰邛有旨鷊是五狄切蔆芰也从艸淩聲楚謂之芰秦謂之薢茩力膺切遴司馬相如
說蔆从遴芰蔆也从艸支聲奇記切茤杜林說芰从多薢薢茩也从艸解聲胡買切茩薢茩
也从艸后聲胡口切芡雞頭也从艸欠聲巨險切蘜日精也以秋華从艸籟省聲居六切𦺇蘜或省
蘥爵麥也从艸龠聲以勺切䔩牡茅也从艸遬聲遬籒文速桑谷切𦯶茅秀也从艸私聲息夷切蒹
雚之未秀者从艸兼聲古恬切薍菼也从艸亂聲八月薍為葦也五患切菼雚之初生一曰薍一曰騅从艸剡聲土敢
切𦵴菼或从炎薕蒹也从艸廉聲力鹽切薠青薠似莎者从艸煩聲附袁切茚昌蒲也从艸卬
聲益州云五剛切䓺茚䓺也从艸邪聲以遮切芀葦華也从艸刀聲徒聊切茢芀也从艸列聲良辥
切菡菡藺也从艸圅聲胡感切藺菡藺芙蓉華未發為菡藺已發為芙蓉从艸閻聲徒感切蓮芙蕖
之實也从艸連聲洛賢切茄芙蕖莖从艸加聲古牙切荷芙蕖葉从艸何聲胡哥切蔤芙蕖本从艸密
聲美必切蕅芙蕖根从艸水禺聲五厚切蘢天蘥也从艸龍聲盧紅切蓍蒿屬生十歲百莖易以為數

天子蓍九尺諸侯七尺大夫五尺士三尺从艸耆聲式脂切
菣 香蒿也从艸臤聲去刃切
⿱艸堅 菣或从堅
莪 蘿莪蒿屬从艸我聲五何切
蘿 莪也从艸羅聲魯何切
菻 蒿屬从艸林聲力稔切
蔚 牡蒿也从艸尉聲於胃切
蕭 艾蒿也从艸肅聲蘇彫切
萩 蕭也从艸秋聲七由切
芍 鳧茈也从艸勺聲胡了切
⿱艸湔 王彗也从艸湔聲昨先切
蔿 艸也从艸爲聲于鬼切
⿱艸冘 艸也从艸冘聲直深切
蘜 治牆也从艸鞠聲居六切
蘠 蘠靡虋冬也从艸牆聲賤羊切
芪 芪母也从艸氏聲常之切
菀 茈菀出漢中房陵从艸宛聲於阮切
莔 貝母也从艸明省聲武庚切
⿱艸朮 山薊也从艸朮聲直律切
蓂 析蓂大薺也从艸冥聲莫歷切
菋 荎藸也从艸味聲無沸切
荎 荎藸艸也从艸至聲直尼切
藸 荎藸也从艸豬聲直魚切
葛 絺綌艸也从艸曷聲古達切
蔓 葛屬从艸曼聲無販切
⿱艸皋 葛屬白華从艸皋聲古勞切
莕 菨餘也从艸杏聲何梗切
荇 莕或从行同
菨 菨餘也从艸妾聲子葉切
⿱艸罤 艸也从艸罤聲古渾切
芫 魚毒也从艸元聲愚袁切
蘦 大苦也从艸霝聲郎丁切
蕛 蕛苵也从艸稊聲大兮切
苵 蕛苵也从艸失聲徒結切
艼 艼熒朐也从艸丁聲天經切
蔣 苽蔣

也从艸將聲子良切又即兩切 苽 雕苽一名蔣从艸瓜聲古胡切 蓸 艸也从艸育聲余六切 藣
艸也从艸罷聲符羈切 䕼 艸也从艸難聲如延切 莨 艸也从艸良聲魯當切 葽 艸也从艸要
聲詩曰四月秀葽劉向說此味苦苦葽也於消切 薖 艸也从艸過聲苦禾切 菌 地蕈也从艸囷聲渠殞切 蕈 桑萸
从艸覃聲慈荏切 䓴 木耳也从艸耎聲一曰萮茈而兗切 葚 桑實也从艸甚聲常衽切 蒟 果也从艸竘聲俱羽切
芘 艸也一曰芘茮木从艸比聲房脂切 蕣 木堇朝華暮落者从艸䑞聲詩曰顏如蕣華舒閏切 萸 茱萸也从艸臾
聲羊朱切 茱 茱萸茮屬从艸朱聲市朱切 茮 茮莍从艸尗聲子寮切 莍 茮樧實裏如表者从艸求聲巨鳩
切 荊 楚木也从艸刑聲舉卿切 𦳋 古文荊 菭 水衣从艸治聲徒哀切 芽 萌芽也从艸牙聲五加切
萌 艸芽也从艸明聲武庚切 茁 艸初生出地皃从艸出聲詩曰彼茁者葭鄒滑切 莖 枝柱也从艸巠聲戶耕切
莛 莖也从艸廷聲特丁切 葉 艸木之葉也从艸枼聲與涉切 蘮 艸之小者从艸𠛱𠛱古文銳字讀若芮居例切
芣 華盛从艸不聲一曰芣苢縛牟切 葩 華也从艸皅聲普巴切 芛 艸之葟榮也从艸尹聲羊捶切 蘳 黃華

从艸鮭聲讀若壞乎瓦切蔈苕之黃華也从艸㶾聲一曰末也方小切英艸榮而不實者一曰黃英从艸央聲
於京切薾華盛从艸爾聲詩曰彼薾惟何兒氏切萋艸盛从艸妻聲詩曰菶菶萋萋七稽切菶
艸盛从艸奉聲補蠓切薿茂也从艸疑聲詩曰黍稷薿薿魚己切蕤艸木華垂皃从艸甤聲儒隹切葼
青齊沇冀謂木細枝曰葼从艸㚇聲子紅切⿱艹移艸萎⿱艹移从艸移聲弋支切蒝艸木形从艸原聲愚袁切莢
艸實从艸夾聲古叶切芒艸耑从艸亾聲武方切⿱艹隋𦵯藍蓼秀从艸隨省聲羊捶切蔕瓜當也从艸帶
聲都計切荄艸根也从艸亥聲古哀切又古諧切荺茇也茅根也从艸均聲于敏切茇艸根也从艸犮聲春艸根
枯引之而發土爲撥故謂之茇一曰艸之白華爲茇北末切芃艸盛也从艸凡聲詩曰芃芃黍苗房戎切⿱艹傳華葉布从艸傳
聲讀若傅方遇切蓻艸木不生也一曰茅芽从艸執聲姊入切䓇艸多皃从艸䓇聲江夏平春有䓇亭語斤切
茂艸豐盛从艸戊聲莫候切⿱艹暘艸茂也从艸暘聲丑亮切蔭艸陰地从艸陰聲於禁切⿱艹造艸皃从艸造聲
初救切茲艸木多益从艸兹省聲子之切⿱艹俶艸旱盡也从艸俶聲詩曰⿱艹俶⿱艹俶山川徒歷切⿱艹歊艸皃从艸歊聲周禮

曰轂獘不藃許嬌切 蔇 艸多皃从艸既聲居味切 薋 艸多皃从艸資聲疾茲切 蓁 艸盛皃从艸秦聲側詵切

莦 惡艸皃从艸肖聲所交切 芮 芮芮艸生皃从艸内聲讀若汭而銳切 茬 艸皃从艸在聲濟北有茬平縣

仕甾切 薈 艸多皃从艸會聲詩曰薈兮蔚兮烏外切 ⿱艹敄 細艸叢生也从艸敄聲莫候切 芼 艸覆

蔓从艸毛聲詩曰左右芼之莫抱切 蒼 艸色也从艸倉聲七岡切 ⿱艹風 艸得風皃从艸風讀若婪盧含切 萃

艸皃从艸卒聲讀若瘁秦醉切 蒔 更別穜从艸時聲時更切 苗 艸生於田者从艸从田武鑣切 苛 小艸也从

艸可聲乎哥切 蕪 薉也从艸無聲武扶切 薉 蕪也从艸歲聲於廢切 荒 蕪也从艸巟聲一曰艸淹

地也呼光切 薴 艸亂也从艸寍聲杜林說艸莑薴皃女庚切 莑 莑薴皃从艸爭聲側莖切 落 凡艸曰零木曰

落从艸洛聲盧各切 蔽 蔽蔽小艸也从艸敝聲必袂切 蘀 艸木凡皮葉落陊地為蘀从艸擇聲詩曰十月隕蘀它

各切 薀 積也从艸溫聲春秋傳曰薀利生孽於粉切 蔫 菸也从艸焉聲於乾切 菸 鬱也从艸於聲一曰

殘也央居切 ⿱艹縈 艸旋皃也从艸縈聲詩曰葛纍⿱艹縈之於營切 蔡 艸也从艸祭聲蒼大切 茷 艸葉多从艸伐

聲春秋傳曰晉糴茷符發切 菜 艸之可食者从艸采聲蒼代切 𦯬 艸多葉皃从艸而聲沛城父有楊𦯬亭如之切

[艸乏] 艸浮水中皃从艸乏聲匹凡切 薄 林薄也一曰蠶薄从艸溥聲旁各切 苑 所以養禽獸也从艸夗聲於阮切

藪 大澤也从艸數聲九州之藪楊州具區荆州雲夢豫州甫田青州孟諸沇州大野雝州弦圃幽州奚養冀州楊紆并州

昭餘祁是也蘇后切 菑 不耕田也从艸甾易曰不菑畬徐鍇曰當言从艸从巛从田田不耕則艸塞之故从巛巛音灾若从甾則下有甾

缶字相亂側詞切 甾 菑或省艸 蘨 艸盛皃从艸繇聲夏書曰厥艸惟蘨余招切 薙 除艸也明

堂月令曰季夏燒薙从艸雉聲他計切 [艸耒] 耕多艸从艸耒耒亦聲盧對切 [艸致] 艸大也从艸致聲陟利切

蔪 艸相蔪苞也从艸斬聲書曰艸木蔪苞慈冉切 𧁐 蔪或从槧 茀 道多艸不可行从艸弗聲

分勿切 苾 馨香也从艸必聲毗必切 蔎 香艸也从艸設聲識列切 芳 香艸也从艸方聲敷方切 蕡

雜香艸从艸[illegible]聲浮分切 藥 治病艸从艸樂聲以勺切 䕻 艸木相附䕻土而生从艸麗聲易曰百穀艸木䕻

於地呂[illegible]切 蓆 廣多也从艸席聲祥易切 芟 刈艸也从艸从殳所銜切 荐 薦蓆也从艸存聲在甸切

藉 祭藉也一曰艸不編狼藉从艸耤聲慈夜切又秦昔切 蒩 茅藉也从艸租聲禮曰封諸侯以土藉以白茅子余切

蕝 朝會束茅表位曰蕝从艸絕聲春秋國語曰致茅蕝表坐子說切 茨 以茅葦蓋屋从艸次聲疾茲切

葺 茨也从艸咠聲七入切 蓋 苫也从艸盍聲古太切 苫 蓋也从艸占聲失廉切 ⿱艹渴 蓋也从艸渴聲於蓋

切 ⿱艹屈 刷也从艸屈聲區勿切 藩 屏也从艸潘聲甫煩切 菹 酢菜也从艸沮聲側魚切 ⿱艹⿱沮皿 或从皿 ⿱艹⿱沮缶 或从缶

荃 芥脃也从艸全聲此緣切 ⿱艹酤 韭鬱也从艸酤聲苦步切 蘫 瓜菹也从艸監聲魯甘切 ⿱艹泜 菹也从艸泜聲直宜切

⿱艹⿱泜皿 ⿱艹泜或从皿皿器也 ⿱艹橑 乾梅之屬从艸橑聲周禮曰饋食之籩其實乾⿱艹橑後漢長沙王始煑艸爲⿱艹橑盧皓切 ⿱艹潦 ⿱艹橑或

从潦 藙 煎茱萸从艸顡聲漢律會稽獻藙一斗魚既切 ⿱艹宰 羹菜也从艸宰聲阻史切 若 擇菜也从艸右右手也一

曰杜若香艸而灼切 蓴 蒲叢也从艸專聲常倫切 苪 以艸補缺从艸丙聲讀若陸或以爲綴一曰約空也直例切 ⿱艹尊 叢艸

也从艸尊聲慈損切 莜 艸田器从艸條省聲論語曰以杖荷莜今作蓧徒弔切 萆 雨衣一曰衰衣从艸卑聲一曰萆藨似烏韭扶

歷切 ⿱艹是 艸也从艸是聲是支切 苴 履中艸从艸且聲子余切 ⿱艹麤 艸履也从艸麤聲倉胡切 蕢 艸器也从

艸貴聲求位切 臾 古文蕢象形論語曰有荷臾而過孔氏之門 [illegible] 覆也从艸侵省聲七朕切 茵 車重席从艸因聲於眞切 鞇 司馬相如說茵从革 芻 刈艸也象包束艸之形叉愚切 茭 乾芻从艸交聲一曰牛蘄艸古肴切 荹 亂艸从艸步聲薄故切 茹 飤馬也从艸如聲人庶切 莝 斬芻从艸坐聲麤臥切 萎 食牛也从艸委聲於僞切 蓛 以穀萎馬置莝中从艸敕聲楚革切 ⿱艹曲 蠶薄也从艸曲聲丘玉切 蔟 行蠶蓐从艸族聲千木切 苣 束葦燒从艸巨聲臣鉉等曰今俗別作炬非是其呂切 蕘 薪也从艸堯聲如昭切 薪 蕘也从艸新聲息鄰切 蒸 折麻中榦也从艸烝聲煑仍切 𦳑 蒸或省火 蕉 生枲也从艸焦聲即消切 ⿱艹⿴囗㐅 糞也从艸胃省式視切 薶 瘞也从艸貍聲莫皆切 [illegible] 喪藉也从艸侵聲失廉切 折 斷也从斤斷艸譚長說 𣂚 籀文折从艸在仌中仌寒故折 折 篆文折从手 卉 艸之總名也从艸屮許律切 艽 遠荒也从艸九聲詩曰至于艽野巨鳩切 蒜 葷菜从艸祘聲蘇貫切

左文五十三 重二大篆从茻

芥 菜也从艸介聲古拜切 蔥 菜也从艸悤聲倉紅切 蒮 艸也从艸隺聲詩曰食鬱及蒮余六切 蕇 亭歷

蕇也从艸單聲多殄切　苟艸也从艸句聲古厚切　蕨鼈也从艸厥聲居月切　莎鎬侯也从艸沙聲蘇禾切　蓱苹也从艸洴聲薄經切　菫艸也根如薺葉如細柳蒸食之甘从艸堇聲居隱切　菲芴也从艸非聲芳尾切　芴菲也从艸勿聲文弗切　[illegible]艸也从艸鸛聲呼旰切　萑薍也从艸萑聲胡官切　葦大葭也从艸韋聲于鬼切　葭葦之未秀者从艸叚聲古牙切　萊蔓華也从艸來聲洛哀切　荔艸也似蒲而小根可作㕞从艸劦聲郎計切　蒙王女也从艸冡聲莫紅切　薻水艸也从艸从水巢聲詩曰于以采薻子皓切　藻薻或从澡　菉王芻也从艸录聲詩曰菉竹猗猗力玉切　蓸艸也从艸曹聲昨牢切　[illegible]艸也从艸卤聲以周切　[illegible]艸也从艸沼聲昨焦切　[illegible]艸也从艸吾聲楚詞有[illegible]蕭艸吾乎切　范艸也从艸氾聲房𠬝切　艿艸也从艸乃聲如乘切　[illegible]艸也从艸血聲呼決切　萄艸也从艸匋聲徒刀切　芑白苗嘉穀从艸己聲驅里切　藚水舃也从艸賣聲詩曰言采其藚似足切　苳艸也从艸冬聲都宗切　薔薔虞蓼从艸嗇聲所力切　苕艸也从艸召聲徒聊切　[illegible]艸也从艸楙聲莫厚切　萺艸也从艸冒聲莫報切　茆鳧葵也从艸丣聲詩曰言采其茆力久切　[illegible]

苦荼也从艸余聲同都切臣鉉等曰此即今之茶字

蘩 白蒿也从艸緐聲附袁切

蒿 菣也从艸高聲呼毛切

蓬 蒿也从艸逢聲薄紅切

𦺖 籀文蓬省

藜 艸也从艸黎聲郎奚切

蘬 薺實也从艸歸聲驅歸切

葆 艸盛皃从艸保聲博袌切

蕃 艸茂也从艸番聲甫煩切

茸 艸茸茸皃从艸聦省聲而容切

葏 艸皃从艸津聲子僊切

䕺 艸叢生皃从艸叢聲祖紅切

草 草斗櫟實也一曰象斗子从艸早聲自保切臣鉉等曰今俗以此為艸木之艸別作皁字為黑色之皁案櫟實可以染帛為黑色故曰草通用為草棧字今俗書皁或从白从十或从白从七皆無意義無以下筆

菆 麻蒸也从艸取聲一曰蓐也側鳩切

蓄 積也从艸畜聲丑六切

萅 推也从艸从日艸春時生也屯聲昌純切

菰 艸多皃从艸狐聲江夏平春有菰亭古狐切

菿 艸木倒从艸到聲都盜切

文四百四十五　重三十一

芙 芙蓉也从艸夫聲方無切

蓉 芙蓉也从艸容聲余封切

薳 艸也左氏傳楚大夫薳子馮从艸遠聲韋委切

荀 艸也从艸旬聲臣鉉等案今人姓荀氏本郇侯之後宜用郇字相倫切

莋 越巂縣名見史記从艸作聲在各切

蓀香艸也从艸孫聲思渾切 蔬菜也从艸疏聲許直切 芊艸盛也从艸千聲倉先切 茗荼芽也从艸名聲莫迥切 薌穀气也从艸鄉聲許良切 藏匿也臣鉉等案漢書通用臧字从艸後人所加昨郎切 蕆左氏傳以蕆陳事杜預注云蕆敕也从艸未詳丑善切 蘸以物没水也此蓋俗語从艸未詳斬陷切

文十三 新附

十三

蓐陳艸復生也从艸辱聲一曰蔟也凡蓐之屬皆从蓐 而蜀切

𦳝 籒文蓐从茻 薅 拔去田艸也从蓐好省聲呼毛切 䒃 籒文薅省 茠 薅或从休 詩曰既茠荼蓼

文二 重三

十四

茻衆艸也从四屮凡茻之屬皆从茻讀與冈同 模朗切

莫 日且冥也从日在茻中莫故切又慕各切

莽 南昌謂犬善逐菟艸中爲莽从犬从茻茻亦聲謀朗切

葬 藏也从死在茻中一其中所以薦之易曰古之葬者厚衣之以薪則浪切

文四

說文解字第一下

說文解字第二　漢太尉祭酒許愼記

銀青光祿大夫守右散騎常侍上柱國東海縣開國子食邑五百戶臣鉉等奉

敕校定

三十部　六百九十三文　重八十八

凡八千四百九十八字

文三十四新附

十五 小 物之微也从八丨見而分之凡小之屬皆从小 私兆切

少 不多也从小丿聲 書沼切　尐 少也从小乀聲讀若輟 子結切　文三

十六 八 別也象分別相背之形凡八之屬皆从八 博拔切

分 別也从八从刀刀以分別物也 甫文切　尒 詞之必然也从入丨八八象气之分散 兒氏切　曾 詞之舒也从八从曰㓁聲 昨稜切

尚　曾也庶幾也从八向聲時亮切

㒸　从意也从八豕聲徐醉切

詹　多言也从言从八从厃臣鉉等曰厃高也八分也多故可分也職廉切

介　畫也从八从人人各有介古拜切

㕕　分也从重八八別也亦聲孝經說曰故上下有別兵列切

公　平分也从八从厶音司八猶背也韓非曰背厶爲公古紅切

必　分極也从八弋弋亦聲卑吉切

余　語之舒也从八舍省聲以諸切

𠷎　二余也讀與余同

文十二　重一

十七

釆　辨別也象獸指爪分別也凡釆之屬皆从釆讀若辨蒲莧切

𠂔　古文釆

番　獸足謂之番从釆田象其掌附袁切

蹞　番或从足从煩

𤳅　古文番

寀　悉也知寀諦也从宀从釆徐鍇曰宀覆也釆別也包覆而深別之寀悉也式荏切

審　篆文寀从番

悉　詳盡也从心从釆息七切

𢙣　古文悉

釋　解也从釆釆取其分別物也从睪聲賞職切

文五　重五

十八

半　物中分也从八从牛牛爲物大可以分也凡

半之屬皆从半 博慢切

胖 半體肉也一曰廣肉从半从肉半亦聲 普半切

叛 半也从半反聲 薄半切

文三

牛 大牲也牛件也件事理也象角頭三封尾之形凡牛之屬皆从牛 徐鍇曰件若言物一件二件也封高起也 語求切

牡 畜父也从牛土聲 莫厚切

犅 特牛也从牛岡聲 古郎切

特 朴特牛父也从牛寺聲 徒得切

牝 畜母也从牛匕聲易曰畜牝牛吉 毗忍切

犢 牛子也从牛瀆省聲 徒谷切

㹀 二歲牛从牛巿聲 博蓋切

犙 三歲牛从牛參聲 穌含切

牭 四歲牛从牛从四四亦聲 息利切

⿰牜貳 籀文牭从貳

犗 騬牛也从牛害聲 古拜切

牻 白黑雜毛牛从牛尨聲 莫江切

㹁 牻牛也从牛京聲春秋傳曰牻㹁 呂張切

犡 牛白脊也从牛厲聲 洛帶切

㹂 黃牛虎文从牛余聲讀若塗 同都切

犖 駁牛也从牛勞省聲 呂角切

⿰牜寽 牛白脊也从牛寽聲 力輟切

㹊 牛駁如星从牛平聲 普耕切

犥 牛黃白色从牛麃聲 補嬌切

犉 黃牛黑脣也从牛𦎧聲詩曰九十其犉 如均切

⿰牜隺 白牛也从牛隺聲 五角切

⿰牜畺 牛長脊也从牛

畺聲居良切 ⿰牛攴 牛徐行也从牛攴聲讀若滔土刀切 犨 牛息聲从牛雔聲一曰牛名赤周切 牟 牛鳴也从牛象其聲

气从口出莫浮切 ⿰牛產 畜牷也从牛產聲所簡切 牲 牛完全从牛生聲所庚切 牷 牛純色从牛全聲疾緣切 牽

引前也从牛象引牛之縻也玄聲苦堅切 牿 牛馬牢也从牛告聲周書曰今惟牿牛馬古屋切 牢 閑養牛馬圈也

从牛冬省取其四周帀也魯刀切 犓 以芻莖養牛也从牛芻芻亦聲春秋國語曰犓豢幾何測愚切 犪 牛柔謹也从牛夒聲

而沼切 犕 易曰犕牛乘馬从牛𤰈聲平祕切 𤛮 耕也从牛黎聲郎奚切 ⿰牛非 兩壁耕也从牛非聲一曰覆耕種也讀若

匪非尾切 ⿰牛𦎧 牛羊無子也从牛𦎧聲讀若糗糧之糗徒刀切 牴 觸也从牛氐聲都禮切 𤜆 牛踶𤜆也从牛衛聲于歲切

⿱臤牛 牛很不從引也从牛从臤臤亦聲一曰大皃讀若賢喫善切 牼 牛厀下骨也从牛巠聲春秋傳曰宋司馬牼字牛口莖切 𤘴

牛舌病也从牛今聲巨禁切 犀 南徼外牛一角在鼻一角在頂似豕从牛尾聲先稽切 牣 滿也从牛刃聲詩曰於牣魚

躍而震切 物 萬物也牛為大物天地之數起於牽牛故从牛勿聲文弗切 犧 宗廟之牲也从牛羲聲賈侍中說此非古字許

羈切

文四十五　重一

犍 犗牛也从牛建聲亦郡名居言切 犝 無角牛也从牛童聲古通用僮徒紅切

文二 新附

犛 西南夷長髦牛也从牛𠩺聲凡犛之屬皆从犛 莫交切

氂 犛牛尾也从犛省从毛里之切 斄 彊曲毛可以箸起衣从犛省來聲洛哀切 庲 古文斄省

文三 重一

告 牛觸人角箸橫木所以告人也从口从牛易曰僮牛之告凡告之屬皆从告 古奧切

嚳 急告之甚也从告學省聲 苦沃切

文二

口 人所以言食也象形凡口之屬皆从口 苦后切

噭 吼也从口敫聲一曰噭呼也古弔切 噣 喙也从口蜀聲陟救切 喙 口也从口彖聲許穢切 吻 口邊也从口勿聲武粉切 [illegible]

𦝫吻或从肉从昏 嚨喉也从口龍聲盧紅切 喉咽也从口侯聲乎鉤切 噲咽也从口會聲讀若快一曰嚵噲也苦夬切

吞咽也从口天聲土根切 咽嗌也从口因聲烏前切 嗌咽也从口益聲伊昔切 𦤀籀文嗌上象口下象頸脈理也 喗

大口也从口軍聲牛殞切 哆張口也从口多聲丁可切 呱小兒嗁聲从口瓜聲詩曰后稷呱矣古乎切 啾小兒聲从口秋聲

即由切 喤小兒聲从口皇聲詩曰其泣喤喤乎光切 咺朝鮮謂兒泣不止曰咺从口宣省聲況晚切 唴秦晉謂兒泣不止曰

唴从口羌聲丘尚切 咷楚謂兒泣不止曰噭咷从口兆聲徒刀切 喑宋齊謂兒泣不止曰喑从口音聲於今切 嶷小兒有知也从

口疑聲詩曰克岐克嶷魚力切 咳小兒笑也从口亥聲戶來切 孩古文咳从子 嗛口有所銜也从口兼聲戶監切 咀含味

也从口且聲慈呂切 啜嘗也从口叕聲一曰喙也昌說切 ⿰口集噍也从口集聲讀若集子入切 嚌嘗也从口齊聲周書曰大保受同祭

嚌在詣切 噍齧也从口焦聲才肖切 嚼噍或从爵又才爵切 吮欶也从口允聲徂沇切 ⿰口率小歙也从口率聲讀若刷所劣切

嚵小啐也从口毚聲一曰喙也士咸切 噬啗也喙也从口筮聲時制切 啗食也从口臽聲讀與含同徒濫切 嘰小食

也从口幾聲居衣切 ⿰口尃噍皃从口尃聲補各切 含嗛也从口今聲胡男切 哺哺咀也从口甫聲薄故切 味滋味也从

口未聲無沸切 嚛 食辛嚛也从口樂聲火沃切 𠹖 口滿食从口竅聲丁滑切 噫 飽食息也从口意聲於介切 嘽 喘息也一曰喜也从口單聲詩曰嘽嘽駱馬他干切 唾 口液也从口垂聲湯臥切 涶 唾或从水 咦 南陽謂大呼曰咦从口夷聲以之切 呬 東夷謂息爲呬从口四聲詩曰大夷呬矣虛器切 喘 疾息也从口耑聲昌沇切 呼 外息也从口乎聲荒烏切 吸 内息也从口及聲許及切 噓 吹也从口虛聲朽居切 吹 噓也从口从欠昌垂切 喟 大息也从口胃聲丘貴切 嘳 喟或从貴 啍 口气也从口享聲詩曰大車啍啍他昆切 嚏 悟解气也从口疐聲詩曰願言則嚏都計切 𠻣 野人言之从口質聲之日切 唫 口急也从口金聲巨錦切又牛音切 噤 口閉也从口禁聲巨禁切 名 自命也从口从夕夕者冥也冥不相見故以口自名武并切 吾 我自稱也从口五聲五乎切 哲 知也从口折聲陟列切 悊 哲或从心 嚞 古文哲从三吉 君 尊也从尹發號故从口舉云切 𠸶 古文象君坐形 命 使也从口从令眉病切 咨 謀事曰咨从口次聲即夷切 召 評也从口刀聲直少切 問 訊也从口門聲亡運切 唯 諾也从口隹聲以水切 唱 導也从口昌聲尺亮切 和 相譍也从口禾聲戶戈切 咥 大笑也从口至聲詩曰咥其笑矣許旣切又直結切 啞 笑也从口亞聲易曰笑言啞啞於革切 噱 大笑也从口豦聲其虐切

唏 笑也从口稀省聲一曰哀痛不泣曰唏 虛豈切 听 笑皃从口斤聲 宜引切 呭 多言也从口世聲詩曰無然呭呭 余制切

嘄 聲嘄嘄也从口梟聲 古堯切 咄 相謂也从口出聲 當沒切 唉 膺也从口矣聲 讀若埃 烏開切 哉 言之閒也从口𢦏聲 祖才切

噂 聚語也从口尊聲詩曰噂沓背憎 子損切 咠 聶語也从口从耳詩曰咠咠幡幡 七入切 呷 吸呷也从口甲聲 呼甲切 嘒

小聲也从口彗聲詩曰嘒彼小星 呼惠切 嚖 或从慧 嘫 語聲也从口然聲 如延切 唪 大笑也从口奉聲讀若詩曰瓜瓞菶菶 方蠓切

嗔 盛气也从口真聲詩曰振旅嗔嗔 待年切 嘌 疾也从口票聲詩曰匪車嘌兮 撫招切 嘑 號也从口虖聲 荒烏切 喅

音聲喅喅然从口昱聲 余六切 嘯 吹聲也从口肅聲 穌弔切 歗 籒文嘯从欠 台 說也从口㠯聲 與之切 嗂 喜也

从口䍃聲 余招切 启 開也从戶从口 康礼切 嗿 聲也从口貪聲詩曰有嗿其饁 他感切 咸 皆也悉也从口从戌戌悉也 胡監切

呈 平也从口王聲 直貞切 右 助也从口从又 徐鍇曰言不足以左復手助之 于救切 啻 語時不啻也从口帝聲 一曰啻諟也 讀若鞮 施智

切 吉 善也从士口 居質切 周 密也从用口 職留切 𠬝 古文周字从古文及 唐 大言也从口庚聲 徒郎切

啺 古文唐从口昜 𠷎 誰也从口𠷎又聲 𠷎古文疇 直由切 嘾 含深也从口覃聲 徒感切 噎 飯窒也从口壹聲 烏結切

嗢咽也从口𥁑聲烏沒切　哯不歐而吐也从口見聲胡典切　吐寫也从口土聲他魯切　噦气啎也从口歲聲於月切

咈違也从口弗聲周書曰咈其耇長符弗切　嚘語未定皃从口憂聲於求切　吃言蹇難也从口气聲居乙切

嗜嗜欲喜之也从口耆聲常利切　啖噍啖也从口炎聲一曰噉徒敢切　哽語爲舌所介也从口更聲讀若井級綆古杏切

嘐誇語也从口翏聲古肴切　啁啁嘐也从口周聲陟交切　哇諂聲也从口圭聲讀若醫於佳切　㖧語相訶岠也从口岠辛辛惡聲也讀櫱五葛切

吺讘吺多言也从口投省聲當侯切　呧苛也从口氐聲都禮切　呰苛也从口此聲將此切

嗻遮也从口庶聲之夜切　唊妄語也从口夾聲讀若莢古叶切　嗑多言也从口盍聲讀若甲候榼切　嗙謌聲嗙喻也从口旁聲司馬相如說淮南宋蔡舞嗙喻也補盲切

噧高气多言也从口蠆省聲春秋傳曰噧言訶介切　㕤高气也从口九聲臨淮有㕤猶縣巨鳩切

嘮嘮呶讙也从口勞聲敕交切　呶讙聲也从口奴聲詩曰載號載呶女交切　叱訶也从口七聲昌栗切　噴吒也从口賁聲一曰鼓鼻普魂切

吒噴也叱怒也从口乇聲陟駕切　噊危也从口矞聲余律切　啐驚也从口卒聲七外切

唇驚也从口辰聲側鄰切　吁驚也从口于聲況于切　嘵懼也从口堯聲詩曰唯予音之嘵嘵許幺切　嘖大呼也从口責

聲士華切謮嘖或从言嗷眾口愁也从口敖聲詩曰哀鳴嗷嗷五牢切唸吚也从口念聲詩曰民之方唸吚都見切吚

唸吚呻也从口尸聲馨伊切㘎呻也从口嚴聲五銜切呻吟也从口申聲失人切吟呻也从口今聲魚音切𡁋

吟或从音訡或从言嗞嗟也从口茲聲子之切哤哤異之言从口尨聲一曰雜語讀若尨莫江切叫嘑也从口丩聲古弔切嘅

嘆也从口既聲詩曰嘅其嘆矣苦蓋切唌語唌嘆也从口延聲夕連切嘆吞歎也从口歎省聲一曰太息也他案切喝

㵣也从口曷聲於介切哨不容也从口肖聲才肖切吪動也从口化聲詩曰尚寐無吪五禾切噆嗛也从口朁聲子荅切吝

恨惜也从口文聲易曰以往吝臣鉉等曰今俗別作悋非是良刃切𠼯古文吝从彣各異辭也从口夂夂者有行而止之不

相聽也古洛切否不也从口从不方九切唁弔生也从口言聲詩曰歸唁衛侯魚變切哀閔也从口衣聲烏開切嗁

號也从口虒聲杜兮切㱿歐皃从口㱿聲春秋傳曰君將㱿之許角切咼口戾不正也从口冎聲苦媧切⿰口叔嗼

从口叔聲前歷切嗼啾嗼也从口莫聲莫各切𠯑塞口也从口氒省聲氒音厥古活切𠯑古文从甘嗾使犬聲从

口族聲春秋傳曰公嗾夫獒穌奏切吠犬鳴也从犬口符廢切咆嗥也从口包聲薄交切嗥咆也从口皋聲乎刀切獋

譚長說嗥从犬喈鳥鳴聲从口皆聲一曰鳳皇鳴聲喈喈古諧切哮豕驚聲也从口孝聲許交切喔雞聲也从口屋聲於

角切呝喔也从口戹聲烏格切咮鳥口也从口朱聲章俱切嚶鳥鳴也从口嬰聲烏莖切啄鳥食也从口豕聲竹

角切唬嗁聲也一曰虎聲从口从虎讀若暠呼訏切呦鹿鳴聲也从口幼聲伊虯切𡀑呦或从欠噳麋鹿羣口相聚

皃从口虞聲詩曰麀鹿噳噳魚矩切喁魚口上見从口禺聲魚容切局促也从口在尺下復局之一曰博所以行棊象形徐鍇曰人之無涯

者唯口故口在尺下則為局博局外有垠堮周限也渠綠切㕣山間陷泥地从口从水敗皃讀若沇州之沇九州之渥地也故以沇名焉以

轉切台古文谷

文一百八十　重二十一

哦吟也从口我聲五何切嗃嗃嗃嚴酷皃从口高聲呼各切售賣去手也从口雔省聲詩曰賈用不售承

臭切噞噞喁魚口上見也从口僉聲魚檢切唳鶴鳴也从口戾聲郎計切喫食也从口契聲苦擊切喚評也从口

奐聲古通用奐呼貫切咍蚩笑也从口从台呼來切嘲謔也从口朝聲漢書通用啁陟交切呀張口皃从口牙聲許加切

文十　新附

廿三、廿四

廿五、

廿六

凵 張口也象形凡凵之屬皆从凵 口犯切 文一

吅 驚嘑也从二口凡吅之屬皆从吅讀若讙 臣鉉等曰或通用讙今俗别作喧非是況袁切

𤕦 亂也从爻工交吅一曰窒𤕦讀若禳 徐鍇曰二口噂沓也爻物相交質也工人所作也己象交構形女庚切 𤕦 籀文𤕦 嚴 教命急也从吅厰聲語杴切 𠪚 古文 咢 譁訟也从吅屰聲五各切 單 大也从吅甲吅亦聲闕都寒切 喌 呼雞重言之从吅州聲讀若祝之六切

文六 重二

哭 哀聲也从吅獄省聲凡哭之屬皆从哭 苦屋切 喪 亡也从哭从亡會意亡亦聲息郎切

文二

走 趨也从夭止夭止者屈也凡走之屬皆从走 徐鍇曰走則足屈故从夭 子苟切

趨 走也从走芻聲七逾切
赴 趨也从走仆省聲臣鉉等曰春秋傳赴告用此字今俗作訃非是芳遇切
趣 疾也从走取聲七句切
超 跳也从走召聲敕宵切
趫 善緣木走之才从走喬聲讀若王子蹻去囂切
赳 輕勁有才力也从走丩聲讀若鐈居黝切
𧺆 緣大木也一曰行皃从走支聲巨之切
趮 疾也从走喿聲臣鉉等曰今俗別作躁非是則到切
趯 踊也从走翟聲以灼切
𧾩 蹠也从走厥聲居月切
越 度也从走戉聲王伐切
趁 𨄚也从走㐱聲讀若塵丑刃切
𧼯 趁也从走亶聲張連切
趞 趞趞也一曰行皃从走昔聲七雀切
趬 行輕皃一曰趬舉足也从走堯聲牽遙切
⿺走弦 急走也从走弦聲胡田切
趀 蒼卒也从走𠂔聲讀若資取私切
⿺走票 輕行也从走票聲撫招切
⿺走臤 行皃从走臤聲讀若菣弃忍切
趥 行皃从走酋聲千牛从
⿺走蜀 行皃从走蜀聲讀若燭之欲切
⿺走匠 行皃从走匠聲讀若匠疾亮切
⿺走叡 走皃从走叡聲讀若紃臣鉉等以爲叡聲遠疑从睿祥遵切
⿺走薊 走意从走薊聲讀若髽結之結古屑切
⿺走困 走意从走困聲丘忿切
趖 走意从走坐聲蘇和切
⿺走憲 走意从走憲聲許建切
⿺走臱 走意从走臱聲布賢切
⿺走𢧢 走也从走𢧢聲讀若詩威儀秩秩直質切
⿺走有 走也从走有聲讀若老又子救切
⿺走烏 走輕也从走烏聲讀若鄔安古切
⿺走瞿 走顧皃从走瞿聲讀若劬其俱切
⿺走蹇 走皃从走蹇省

聲也葦切⿺走才疑之等赴而去也从走才聲倉才切⿺走此淺渡也从走此聲雌氏切赹獨行也从走勻聲讀若煢渠營切⿺走與
安行也从走與聲余呂切起能立也从走巳聲墟里切𨑻古文起从辵⿺走里留意也从走里聲讀若小兒孩戶來切⿺走臭
行也从走臭聲香仲切⿺走金低頭疾行也从走金聲牛錦切趌趌趨怒走也从走吉聲去吉切⿺走曷趌趨也从走曷聲居謁切⿺走瞏
疾也从走瞏聲讀若讂况袁切⿺走气直行也从走气聲魚訖切⿺走翼趨進⿺走翼如也从走翼聲与職切趹踶也从走決省聲古穴切趩
行聲也一曰不行皃从走異聲讀若敕丑亦切趆趨也从走氐聲都礼切趍趍趙夂也从走多聲直离切趙趍趙也从走肖
聲治小切赾行難也从走斤聲讀若堇丘堇切⿺走夐走意也从走夐聲讀若繘居聿切趠遠也从走卓聲敕角切
⿺走龠趠⿺走龠也从走龠聲以灼切⿺走瞿大步也从走瞿聲丘縛切𧼴超特也从走契聲丑例切⿺走幾走也从走幾聲居衣切
⿺走弗走也从走弗聲敷勿切⿺走矞狂走也从走矞聲余律切⿺走曼行遲也从走曼聲莫還切趉走也从走出聲讀若無尾
之屈瞿勿切趜窮也从走匊聲居六切趑趑趄行不進也从走次聲取私切趄趑趄也从走且聲七余切⿺走虔蹇行
⿺走虔⿺走虔也从走虔聲讀若愆去虔切⿺走雚行⿺走雚趢也一曰行曲脊皃从走雚聲巨員切趢趢⿺走雚也从走录聲力玉切[illegible]行趚[illegible]也

从走夋聲七倫切 趚 側行也从走朿聲詩曰謂地蓋厚不敢不趚資昔切 趌 半步也从走圭聲讀若跬同丘弭切 ⿺走虒 輕薄也从走虒聲讀若池直离切 ⿺走音 僵也从走音聲讀若匐朋北切 ⿺走厈 距也从走厈省聲漢令曰趍張百人車者切 ⿺走樂 動也从走樂聲讀若春秋傳曰輔⿺走樂郎擊切 趡 動也从走隹聲春秋傳曰盟于趡趡地名千水切 ⿺走亘 趄田易居也从走亘聲羽元切 ⿺走眞 走頓也从走眞聲讀若顚都年切 ⿺走甬 喪辟⿺走甬从走甬聲余隴切 ⿺走畢 止行也一曰竈上祭名从走畢聲卑吉切 ⿺走斬 進也从走斬聲藏監切 趧 提婁四夷之舞各自有曲从走是聲都兮切 趒 雀行也从走兆聲徒遼切 赶 舉尾走也从走干聲巨言切

文八十五 重一

止 下基也象艸木出有址故以止爲足凡止之屬皆从止 諸市切

歱 跟也从止重聲之隴切 𣥂 歫也从止尚聲丑庚切 歭 踞也从止寺聲直离切 歫 止也从止巨聲一曰搶也一曰超歫其呂切 歬 不行而進謂之歬从止在舟上昨先切 歷 過也从止厤聲郎擊切 ⿰止叔 至也从止叔聲昌六切 ⿱辟止 人不能行也从止辟聲必益切 歸 女嫁也从止从婦省𠂤聲舉韋切 ⿰止帚 籒文省 疌 疾也从止从又又手也屮聲疾葉切 [illegible] 機下

廿八

廿九

三十

足所履者从止从又入聲尼輒切 𣥂 蹈也从反止讀若撻他達切 歰 不滑也从四止色立切 文十四 重一

癶 足剌癶也从止𣥂凡癶之屬皆从癶讀若撥 北末切

登 上車也从癶豆象登車形都滕切 𤼷 籒文登从収

發 以足蹋夷艸从癶从殳春秋傳曰發夷蘊崇之普活切

文二 重一

步 行也从止𣥂相背凡步之屬皆从步 薄故切

歲 木星也越歷二十八宿宣徧陰陽十二月一次从步戌聲律歷書名五星爲五步相銳切

文二

此 止也从止从匕匕相比次也凡此之屬皆从此 雌氏切

啙 窳也闕將此切 𣦸 識也从此朿聲一曰藏也遵誄切

文三

些 語辭也見楚辭从此从二其義未詳蘇箇切

文一 新附

說文解字弟二上

卅一 卅二 卅三

說文解字第二下　漢太尉祭酒許愼記

銀青光禄大夫守右散騎常侍上柱國東海縣開國子食邑五百户臣徐鉉等奉

敕校定

正　是也从止一以止凡正之屬皆从正　徐鍇曰守一以止也之盛切

𤴓　古文正从二二古上字　𤴔　古文正从一足足者亦止也　乏　春秋傳曰反正爲乏房法切　文二　重二

是　直也从日正凡是之屬皆从是　承旨切

昰　籀文是从古文正　韙　是也从是韋聲春秋傳曰犯五不韙于鬼切

愇　籀文韙从心　尟　是少也尟俱存也从是少賈侍中說酥典切　文三　重一

辵　乍行乍止也从彳从止凡辵之屬皆从辵讀若春秋公羊傳曰辵階而走　丑略切

迹步處也从辵亦聲資昔切 蹟或从足責 ⿺辶朿籀文迹从朿 䢜無違也从辵䇂聲讀若害胡蓋切 䢦先道

也从辵率聲疏密切 邁遠行也从辵蠆省聲莫話切 ⿺辶蠆邁或不省 巡延行皃从辵川聲詳遵切 遫恭謹行也从辵殷聲

讀若九居又切 ⿺辶土步行也从辵土聲同都切 ⿺辶䌛行⿺辶䌛徑也从辵䌛聲以周切 ⿺辶正正行也从辵正聲諸盈切 征⿺辶正或从彳

隨从也从辵𡐊省聲旬爲切 ⿺辶巿行皃从辵巿聲蒲撥切 迋往也从辵王聲春秋傳曰子無我迋于放切 逝往也

从辵折聲讀若誓時制切 ⿺辶且往也从辵且聲⿺辶且齊語全徒切 徂⿺辶且或从彳 ⿺辶虘籀文从虘 述循也从辵术聲食聿切

⿺辶秫籀文从秫 遵循也从辵尊聲將倫切 適之也从辵啻聲適宋魯語施隻切 過度也从辵咼聲古禾切 遦

習也从辵貫聲工患切 ⿺辶賣媟𧶠也从辵賣聲徒谷切 進登也从辵閵省聲即刃切 造就也从辵告聲譚長說造上士也七到切 艁

古文造从舟 逾𧾂進也从辵俞聲周書曰無敢昬逾羊朱切 遝迨也从辵眔聲徒合切 迨遝也从辵合聲侯閤切 迮

迮迮起也从辵作省聲阻革切 逪迹逪也从辵昔聲倉各切 遄往來數也从辵耑聲易曰目事遄往市緣切 速疾也从辵束聲桑谷切

⿺辶欶籀文从欶 ⿱欶言古文从欶从言 迅疾也从辵卂聲息進切 适疾也从辵𠯑聲讀與括同古活切 逆迎也从辵

屰聲關東曰逆關西曰迎宜戟切 迎逢也从辵卬聲語京切 交會也从辵交聲古肴切 遇逢也从辵禺聲牛具切 遭
遇也从辵曹聲一曰邐行作曹切 遘遇也从辵冓聲古候切 逢遇也从辵峯省聲符容切 遻相遇驚也从辵从遌遌亦聲五各切 迪
道也从辵由聲徒歷切 遞更易也从辵虒聲特計切 通達也从辵甬聲他紅切 徙迻也从辵止聲斯氏切 𢓊或从彳
𨓆古文徙 迻遷徙也从辵多聲弋支切 遷登也从辵䙴聲七然切 𨘢古文遷从手西 運迻徙也从辵軍聲王問切
遁遷也一曰逃也从辵盾聲徒困切 遜遁也从辵孫聲蘇困切 返還也从辵从反反亦聲商書曰祖甲返扶版切 彶春秋傳返从彳
還復也从辵睘聲戶關切 選遣也从辵巽巽遣之巽亦聲一曰選擇也思沇切 送遣也从辵倂省蘇弄切 𨔶
籒文不省 遣縱也从辵𠳋聲去衍切 邐行邐邐也从辵麗聲力紙切 逮唐逮及也从辵隶聲臣鉉等曰或作迨徒耐切 遲
徐行也从辵犀聲詩曰行道遲遲直尼切 𨒈遲或从尸 遟籒文遲从屖 𨔣徐也从辵黎聲郎奚切 遰去也从辵帶聲特
計切 𨘋行皃从辵肙聲烏玄切 𨕁不行也从辵䨣聲讀若住中句切 逗止也从辵豆聲田候切 迟曲行也从辵只聲綺戟切
逶逶迆衺去之皃从辵委聲於爲切 蟡或从虫爲 迆衺行也从辵也聲夏書曰東迆北會于匯移尔切 遹回避也从辵矞聲余律切

避 回也从辵辟聲毗義切
違 離也从辵韋聲羽非切
遴 行難也从辵粦聲易曰以往遴良刃切
僯 或从人
逡 復也从辵夋聲七倫切
⿺辶氐 怒不進也从辵氐聲都礼切
達 行不相遇也从辵羍聲詩曰挑兮達徒葛切
达 達或从大或曰迭
逯 行謹逯逯也从辵彔聲盧谷切
迵 迵迭也从辵同聲徒弄切
迭 更迭也从辵失聲一曰达徒結切
迷 或也从辵米聲莫兮切
連 貟連也从辵从車力延切
逑 斂聚也从辵求聲虞書曰旁逑孱功又曰怨匹曰逑巨鳩切
⿺辶貝 敗也从辵貝聲周書曰我興受其退薄邁切
逭 逃也从辵官聲胡玩切
⿺辶雚 逭或从雚从兆
遯 逃也从辵从豚徒困切
逋 亡也从辵甫聲博孤切
⿺辶捕 籒文逋从捕
遺 亡也从辵貴聲以追切
遂 亡也从辵㒸聲徐醉切
⿺辶⿰丷丷 古文遂
逃 亡也从辵兆聲徒刀切
追 逐也从辵𠂤聲陟隹切
逐 追也从辵从豚省徐鍇曰豚走而豕追之會意直六切
逎 迫也从辵酉聲字秋切
遒 逎或从酋
近 附也从辵斤聲渠遴切
⿱止斤 古文近
邋 㨖也从辵巤聲良涉切
迫 近也从辵白聲博陌切
⿺辶臸 近也从辵臸聲人質切
邇 近也从辵爾聲兒氏切
迩 古文邇
遏 微止也从辵曷聲讀若桑蟲之蝎烏割切
遮 遏也从辵庶聲止車切
⿺辶羨 遮遶也从辵羨聲于線切
迣 迾也晉趙曰迣从辵世聲讀若寘征例切
迾 遮也从辵列聲良辥切
迀 進也从辵干聲讀若干古寒切

𨘢遏也从辵侎聲去虔切 遱連遱也从辵婁聲洛侯切 𨑖前頡也从辵市聲賈侍中說一讀若拾又若郅北末切 迦迦互令不得行也从辵枷聲徐鍇曰迦互猶犬牙左右相制也古牙切 𨒪踰也从辵戉聲易曰雜而不越王伐切 逞通也从辵呈聲楚謂疾行爲逞春秋傳曰何所不逞欲丑郢切 遼遠也从辵尞聲洛蕭切 遠遼也从辵袁聲雲阮切 𢓊古文遠 逖遠也从辵狄聲他歷切 逷古文逖 迥遠也从辵冋聲戶穎切 逴遠也从辵卓聲一曰蹇也讀若棹苕之棹臣鉉等案棹苕今無此語未詳敕角切 迂避也从辵于聲憶俱切 𨔛目進極也从辵𦘒聲子僊切 道所行道也从辵从𩠐一達謂之道徒皓切 𨗜古文道从𩠐寸 遽傳也一曰窘也从辵豦聲其倨切 邍高平之野人所登从辵备录闕愚袁切 迒獸迹也从辵亢聲胡郎切 䢘迒或从足从更 𨔗至也从辵弔聲都歷切 邊行垂崖也从辵臱聲布賢切

文一百十八　重三十一

邂邂逅不期而遇也从辵解聲胡懈切 逅邂逅也从辵后聲胡遘切 遑急也从辵皇聲或从彳胡光切 逼近也从辵畐聲彼力切 邈遠也从辵貌聲莫角切 遐遠也从辵叚聲臣鉉等曰或通用假字胡加切 迄至也从辵气聲許訖切 迸散走也从辵并

聲比評切䟤跳也過也从辵秀聲他候切邏巡也从辵羅聲郎左切迢迢遰也从辵召聲徒聊切逍逍遥猶翱翔也从辵肖聲臣鉉等案詩只用消搖此二字字林所加相邀切遥逍遥也又遠也从辵䍃聲余招切

文十三　新附

彳小步也象人脛三屬相連也凡彳之屬皆从彳丑亦切

德升也从彳㥁聲多則切徑步道也从彳巠聲徐鍇曰道不容車故曰步道居正切復往來也从彳夏聲房六切⿰彳柔復也从彳从柔柔亦聲人九切徎徑行也从彳呈聲丑郢切往之也从彳㞷聲于兩切⿺辵㞷古文从辵忂行皃从彳瞿聲其俱切彼往有所加也从彳皮聲補委切徼循也从彳敫聲古堯切循行順也从彳盾聲詳遵切彶急行也从彳及聲居立切⿰彳歰行皃从彳歰聲一曰此與馺同蘇合切微隱行也从彳㪵聲春秋傳曰白公其徒微之無非切徥徥徥行皃从彳是聲爾雅曰徥則也是支切徐安行也从彳余聲似魚切⿰彳夷行平易也从彳夷聲以脂切⿰彳甹使也从彳甹聲普丁切⿰彳夆使也从彳夆聲讀若螽敷容切後迹也从彳戔聲慈衍切徬附行也从彳旁聲蒲浪切徯待也从彳奚聲胡計切𨂝徯或从足待竢也从彳寺聲徒在切⿰彳由行⿰彳由⿰彳由也从彳由聲徒歷切徧帀也从彳扁聲比薦切徦至也从彳叚聲

卅五 卅六 卅七

古雅切 退卻也一曰行遲也从彳从日从夊他内切 衲退或从内 𢓴古文从辵 後遲也从彳幺夊者後也徐鍇曰幺猶

躡躓之也胡口切 𨒌古文後从辵 徲久也从彳犀聲讀若遲杜兮切 很不聽从也一曰行難也一曰盭也从彳皀聲胡懇切

𢕟相迹也从彳重聲之隴切 得行有所得也从彳㝵聲多則切 㝵古文省彳 徛舉脛有渡也从彳奇聲去奇切 𢓕

行示也从彳匀聲司馬法斬以𢓕詞閏切 律均布也从彳聿聲呂戌切 御使馬也从彳从卸徐鍇曰卸解車馬也或彳或卸皆御者之職

牛據切 馭古文御从又从馬 亍步止也从反彳讀若畜丑玉切 文三十七 重七

廴長行也从彳引之凡廴之屬皆从廴余忍切

廷朝中也从廴壬聲特丁切 𢌬行也从廴正聲諸盈切 建立朝律也从聿从廴臣鉉等曰聿律省也居萬切 文四

㢟安步㢟㢟也从廴从止凡㢟之屬皆从㢟丑連切

延長行也从㢟丿聲以然切 文二

行人之步趨也从彳从亍凡行之屬皆从行户庚切

卌八

術 邑中道也从行术聲食聿切 街 四通道也从行圭聲古膎切 衢 四達謂之衢从行瞿聲其俱切 衝 通道也从行童聲春秋傳曰反衝以戈擊之昌容切 衕 通街也从行同聲徒弄切 𧗱 迹也从行戔聲才綫切 衙 行皃从行吾聲魚舉切又音牙 衎 行喜皃从行干聲空旱切 𧗳 行且賣也从行从言 衒 𧗳或从玄 𧗾 將衛也从行率聲所律切 衛 宿衞也从韋帀从行行列衞也于歲切

文十二　重一

齒 口齗骨也象口齒之形止聲凡齒之屬皆从齒昌里切 𠚕 古文齒字 齗 齒本也从齒斤聲語斤切 齔 毀齒也男八月生齒八歲而齔女七月生齒七歲而齔从齒从七初堇切 𪘂 齒相值也一曰齧也从齒責聲春秋傳曰晳𪘂士革切 齜 齒相齗也一曰開口見齒之皃从齒柴省聲讀若柴仕街切 齘 齒相切也从齒介聲胡介切 齞 口張齒見从齒只聲研繭切 𪘁 齒差也从齒兼聲五銜切 齺 齒擠也一曰齰也一曰馬口中橛也从齒芻聲側鳩切 齵 齒不正也从齒禺聲五婁切 䶌 齱齒也从齒虘聲側加切 齱 䶌齱也从齒取聲側鳩切 齹 齒參差从齒差聲楚宜切 𪘏 齒差跌皃从齒佐聲春秋傳曰鄭有子𪘏臣鉉等曰說文無佐字此字當从𨑊傳寫之誤昨何切 齤 缺齒也一曰曲齒从齒𢍏聲讀若權巨員切 齳

無齒也从齒軍聲魚吻切

齾 缺齒也从齒獻聲五鎋切

𪘒 齗腫也从齒巨聲區主切

齯 老人齒从齒兒聲五雞切

齮 齧也从齒奇聲魚綺切

𪗬 齚齒也从齒出聲仕乙切

齰 齧也从齒昔聲側革切

齚 齰或从乍

⿰齒咸 齧也从齒咸聲工咸切

齦 齧也从齒艮聲康很切

⿰齒干 齒見皃从齒干聲五版切

⿰齒卒 齰齗也从齒卒聲昨沒切

⿰齒列 齒分骨聲从齒列聲讀若剌盧達切

齩 齧骨也从齒交聲五巧切

⿰齒屑 齒差也从齒屑聲讀若切千結切

⿰齒吉 齒堅聲从齒吉聲赫鎋切

⿰齒豈 [illegible]牙也从齒豈聲五來切

齝 吐而噍也从齒台聲爾雅曰牛曰齝丑之切

齕 齧也从齒气聲戶骨切

⿰齒聯 齒見皃从齒聯聲力延切

齧 噬也从齒㓞聲五結切

齭 齒傷酢也从齒所聲讀若楚創舉切

齨 老人齒如臼也一曰馬八歲齒臼也从齒从臼臼亦聲其久切

齬 齒不相值也从齒吾聲魚舉切

齛 羊粻也从齒世聲私列切

齸 鹿麋粻从齒益聲伊昔切

⿰齒至 齒堅也从齒至聲陟栗切

⿰齒骨 齧骨聲从齒从骨骨亦聲戶八切

⿰齒昏 噍聲从齒昏聲古活切

⿰齒博 噍堅也从齒博省聲補莫切

文四十四　重二

齡 年也从齒令聲臣鉉等案禮記夢帝與我九齡疑通用靈武王初聞九齡之語不達其義乃云西方有九國若當時有此齡字則武王豈不達也蓋後人所加郎丁切

文一　新附

牙 牡齒也象上下相錯之形凡牙之屬皆从牙 五加切

古文牙 𤘍 武牙也从牙从奇奇亦聲 去奇切 𤘈 齒蠹也从牙禹聲 區禹切 齲 𤘈或从齒

文三 重二

足 人之足也在下从止口凡足之屬皆从足 徐鍇曰口象股脛之形 即玉切

蹏 足也从足虒聲 杜兮切 跟 足踵也从足皀聲 古痕切 䟴 跟或从止 踝 足踝也从足果聲 胡瓦切 跖 足下也从足石聲 之石切 踦 一足也从足奇聲 去奇切 跪 拜也从足危聲 去委切 跽 長跪也从足忌聲 渠几切 踧 行平易也从足叔聲 詩云踧踧周道 子六切 躣 行皃从足瞿聲 其俱切 踖 長脛行也从足昔聲 一曰踧踖 資昔切 踽 疏行皃从足禹聲 詩曰獨行踽踽 區主切 蹡 行皃从足將聲 詩曰管磬蹡蹡 七羊切 𨃨 踐處也从足斷省聲 徒管切 𨀈 趣越皃从足卜聲 芳遇切 踰 越也从足俞聲 羊朱切 𨁽 輕也从足戉聲 王伐切 蹻 舉足行高也从足喬聲 詩曰小子蹻蹻 居勺切 𨂂 疾也長也从足攸聲 式竹切 蹌 動也从足倉聲 七羊切 踊 跳也从足甬聲 余隴切 躋 登也从足齊聲 商書曰予顛躋 祖雞切 躍 迅也从足翟聲 以灼切 跧 蹴也

[illegible]絭也从[illegible]莊緣切　蹴　躡也从足就聲七宿切　躡　蹈也从足聶聲尼輒切　跨　渡也从足夸聲苦化切　蹋　踐也从足

[illegible]聲徒盍切　踄　蹈也从足步聲旁各切又音步　蹈　踐也从足舀聲徒到切　躔　踐也从足廛聲直連切　踐　履也从足戔聲

[illegible]切　踵　追也从足重聲一曰往來皃之隴切　踔　踶也从足卓聲知教切　蹛　踶也从足帶聲當蓋切　蹩　踶也从足敝聲一曰

[illegible]切　踶　躗也从足是聲特計切　躗　衛也从足衛聲于歲切　[illegible]　[illegible]足也从足執聲徒叶切　[illegible]　訃也从足氏聲承旨切

[illegible]切　蹢　住足也从足適省聲或曰蹢躅賈侍中說足垢也直隻切　躅　蹢躅也从足蜀聲直錄切　踤　觸也从足卒聲一曰駭也一曰蒼踤昨

[illegible]切　蹶　僵也从足厥聲一曰跳也亦讀若橜居月切　蹷　蹶或从闕　跳　蹶也从足兆聲一曰躍也徒遼切　[illegible]　動也从足[illegible]聲

[illegible]　𨇡　峙𨇡不前也从足屠聲直魚切　[illegible]　跳也从足弗聲敷勿切　蹠　楚人謂跳躍曰蹠从足庶聲之石切　[illegible]　[illegible]也一曰[illegible]从足[illegible]

[illegible]合切　[illegible]　跳也从足䍃聲余招切　趿　進足有所擷取也从足及聲爾雅曰趿謂之擷穌合切　[illegible]　[illegible]行[illegible]从足貝聲[illegible]

[illegible]切　躓　跲也从足質聲詩曰載躓其尾陟利切　跲　躓也从足合聲居怯切　跇　述也从足世聲丑例切　蹎　跋也从足真聲[illegible]

[illegible]　跋　蹎跋也从足犮聲北末切　蹐　小步也从足脊聲詩曰不敢不蹐資昔切　跌　踼也从足失聲一曰越也徒結切　踼　[illegible]从

跀 當从足刖省聲

足易聲一曰搶也徒郎切

蹲 踞也从足尊聲徂尊切

踞 蹲也从足居聲居御切

跨 踞也从足夸聲苦化切

躩 足躩如也从足矍聲丘縛切

踣 僵也从足咅聲春秋傳曰晉人踣之蒲北切

跛 行不正也从足皮聲一曰足排之讀若彼布火切

蹇 跛也从足寒省聲臣鉉等案易王臣蹇蹇今俗作蹇非九輦切

蹁 足不正也从足扁聲一曰拖後足馬讀若苹或曰徧部田切

𨂝 脛肉也一曰曲脛从足夅聲讀若逵渠追切

踒 足跌也从足委聲烏過切

跣 足親地也从足先聲穌典切

跔 天寒足跔也从足句聲其俱切

𨃞 瘃足也从足囷聲苦本切

距 雞距也从足巨聲其呂切

躧 舞履也从足麗聲所綺切

鞿 或从革

𨁈 足所履也从足段聲乎加切

䠊 跀也从足非聲讀若匪扶味切

跀 斷足也从足月聲魚厥切

𧿒 跀或从兀

趽 曲脛馬也从足方聲讀與彭同薄庚切

趹 馬行皃从足決省聲古穴切

趼 獸足企也从足幵聲五甸切

路 道也从足从各臣鉉等曰言道路人各有適也洛故切

蹸 轢也从足粦聲良忍切

跂 足多指也从足支聲巨支切

文八十五　重四

蹮 蹁蹮旋行从足䙴聲穌前切

蹭 蹭蹬失道也从足曾聲七鄧切

蹬 蹭蹬也从足登聲徒亘切

蹉 蹉跎失時也从足差聲臣鉉等案經史通用差此亦後人所加七何切

跎 蹉跎也从足它聲徒何切

蹙 迫也从足戚聲臣鉉等案李善文選注通

蹴字子六切

踸 踸踔行無常皃从足甚聲丑甚切

文七 新附

四一 疋 足也上象腓腸下从止弟子職曰問疋何止古文以爲詩大疋字亦以爲足字或曰胥字一曰疋記也凡疋之屬皆从疋 所菹切

𤴔 門戶疏窻也从疋疋亦聲囱象𤴔形讀若疏所菹切

㽰 通也从爻从疋疋亦聲所菹切

文三

四二 品 衆庶也从三口凡品之屬皆从品 丕飮切

嵒 多言也从品相連春秋傳曰次于嵒北讀與聶同尼輒切

喿 鳥羣鳴也从品在木上穌到切

文三

四三 龠 樂之竹管三孔以和衆聲也从品侖侖理也凡龠之屬皆从龠 以灼切

龡 籥音律管壎之樂也从龠炊聲昌垂切

𪛉 管樂也从龠虒聲直离切

篪 𪛉或从竹

龢 調也从龠禾聲讀與

和同戶戈切

龤 樂和龤也从龠皆聲虞書曰八音克龤戶皆切

文五　重一

冊 符命也諸侯進受於王也象其札一長一短中有二編之形凡冊之屬皆从冊楚革切

䇲 古文冊从竹

嗣 諸侯嗣國也从冊从口司聲徐鍇曰冊必於廟史讀其冊故从口祥吏切

孠 古文嗣从子

扁 署也从戶冊戶冊者署門戶之文也方沔切

文三　重二

說文解字弟二下

說文解字第三上　漢太尉祭酒許慎記

銀青光祿大夫守右散騎常侍上柱國東海縣開國子食邑五百戶臣徐鉉等奉

敕校定

五十三部　文六百三十　重百四十五

凡八千六百八十四字

文十六新附

㗊　衆口也从四口凡㗊之屬皆从㗊讀若戢　阻立切

又讀若呶

嚚　語聲也从㗊臣聲　語巾切　𡆠　古文嚚　囂　聲也气出頭上从㗊从頁頁首也　許嬌切　𡅅　囂或省　嘂　高聲也一曰大呼也从㗊丩聲春秋公羊傳曰魯昭公嘂然而哭　古弔切　𡅡　呼也从㗊莧聲讀若讙　呼官切　器　皿也象器之口犬所以守

之去冀切　文六　重二

舌　在口所以言也別味也从干从口干亦聲凡舌之屬皆从舌　徐鍇曰凡物入口必干於舌故从干食列切

䑙　歠也从舌沓聲他合切

舓　以舌取食也从舌易聲神旨切

䑛　舓或从也

文三　重一

干　犯也从反入从一凡干之屬皆从干古寒切

𢆍　撥也从干入一為干入二為𢆍讀若能言稍甚也如審切

屰　不順也从干下屮屰之也魚戟切

文三

𧮫　口上阿也从口上象其理凡𧮫之屬皆从𧮫其虐切

[illegible]　𧮫或如此

臄　或从肉从豦

㐁　舌皃从𧮫省象形他念切

𠊿　古文㐁讀若三年道服之導一曰竹上皮讀若沾一曰讀若誓弼字从此

文二　重二

只　語已詞也从口象气下引之形凡只之屬皆从只諸氏切

䎽聲也从只甹聲讀若馨呼形切　文二

五十

㕯言之訥也从口从内凡㕯之屬皆从㕯女滑切
矞以錐有所穿也从矛从㕯一曰滿有所出也余律切
商从外知内也从㕯章省聲式陽切　𧆸古文商　𠻝亦古文商　𧇡籒文商
文三　重三

五一

句曲也从口丩聲凡句之屬皆从句古矦切又九遇切
拘止也从句从手句亦聲舉朱切
笱曲竹捕魚笱也从竹从句句亦聲古厚切
鉤曲也从金从句句亦聲古矦切
文四

五二

丩相糾繚也一曰瓜瓠結丩起象形凡丩之屬皆从丩居虯切
𦬫艸之相丩者从茻从丩丩亦聲居虯切
糾繩三合也从糸丩居黝切
文三

五三

古故也从十口識前言者也凡古之屬皆从古臣鉉等曰十口

五四

五五

五六

所傳是前言也公戶切 𠖠 古文古 嘏 大遠也从古叚聲古雅切 文二 重一

十 數之具也一爲東西丨爲南北則四方中央備矣凡十之屬皆从十 是執切

丈 十尺也从又持十直兩切 千 十百也从十从人此先切 肸 響布也从十从𦙶臣鉉等曰𦙶振𦙶也羲乙切 甚 斟斟盛也从十从甚汝南名蠶盛曰斟子入切 博 大通也从十从尃尃布也補各切 㔹 材十人也从十力聲盧則切 廿 二十幷也古文省人汁切 卙 詞之卙矣从十咠聲秦入切 文九

卅 三十幷也古文省凡卅之屬皆从卅 蘇沓切

世 三十年爲一世从卅而曳長之亦取其聲也舒制切 文二

言 直言曰言論難曰語从口䇂聲凡言之屬皆从言 語軒切

譻 聲也从言賏聲烏莖切 謦 欬也从言殸聲殸籀文磬字去挺切 語 論也从言吾聲魚舉切 談 語也从言炎聲
徒甘切 謂 報也从言胃聲于貴切 諒 信也从言京聲力讓切 詵 致言也从言从先先亦聲詩曰螽斯羽詵詵兮所臻
切 請 謁也从言青聲七井切 謁 白也从言曷聲於歇切 許 聽也从言午聲虛呂切 諾 譍也从言
若聲奴各切 譍 以言對也从言雁聲於證切 讎 猶譍也从言雔聲市流切 諸 辯也从言者聲章魚切 詩
志也从言寺聲書之切 𧥺 古文詩省 讖 驗也从言韱聲楚蔭切 諷 誦也从言風聲芳奉切 誦 諷也从言
甬聲似用切 讀 誦書也从言賣聲徒谷切 訲 快也从言从中於力切 訓 說教也从言川聲許運切 誨 曉教
也从言每聲荒內切 譔 專教也从言巽聲此緣切 譬 諭也从言辟聲匹至切 謜 徐語也从言原孟子曰故謜謜而
來魚怨切 詇 早知也从言央聲於亮切 諭 告也从言俞聲羊戍切 詖 辯論也古文以爲頗字从言皮聲彼義切 諄
告曉之孰也从言𦎫聲讀若庉章倫切 䛐 語諄䛐也从言屖聲直離切 詻 論訟也傳曰詻詻孔子容容从言各聲五陌切 誾
和說而諍也从言門聲語巾切 謀 慮難曰謀从言某聲莫浮切 𠵹 古文謀 𧥧 亦古文 謨 議謀也从言

聲虞書曰咎繇謨莫胡切 𧦥 古文謨从口 訪 汎謀曰訪从言方聲敷亮切 諏 聚謀也从言取聲子于切 論

議也从言侖聲盧昆切 議 語也从言義聲宜寄切 訂 平議也从言丁聲他頂切 詳 審議也从言羊聲似羊切

諟 理也从言是聲承旨切 諦 審也从言帝聲都計切 識 常也一曰知也从言戠聲賞職切 訊 問也从言

卂聲思晉切 𧦝 古文訊从鹵 詧 言微親詧也从言察省聲楚八切 謹 慎也从言堇聲居隱切 䚮

厚也从言乃聲如乘切 諶 誠諦也从言甚聲詩曰天難諶斯是吟切 信 誠也从人从言會意息晉切 㐰 古文

从言省 訫 古文信 訦 燕代東齊謂信訦从言冘聲是吟切 誠 信也从言成聲氏征切 誡 敕也

从言戒聲古拜切 誋 誡也从言忌聲渠記切 諱 誋也从言韋聲許貴切 誥 告也从言告聲古到切 𧦧

古文誥 詔 告也从言从召召亦聲之紹切 誓 約束也从言折聲時制切 譣 問也从言僉聲周書曰勿以譣人息廉切

詁 訓故言也从言古聲詩曰詁訓公戶切 譪 臣盡力之美从言葛聲詩曰譪譪王多吉士於害切 誎 餔旋促也

从言束聲桑谷切 諝 知也从言胥聲私呂切 証 諫也从言正聲之盛切 諫 証也从言柬聲古晏切 諗

深諫也从言念聲春秋傳曰辛伯諗周桓公式荏切

課　試也从言果聲苦卧切

試　用也从言式聲虞書曰明試以功式吏切

諴　和也从言咸聲周書曰不能諴于小民胡毚切

䚻　徒歌从言肉余招切

詮　具也从言全聲此緣切

訢　喜也从言斤聲許斤切

說　說釋也从言兌一曰談說失爇切又弋雪切

計　會也筭也从言从十古詣切

諧　詥也从言皆聲戶皆切

詥　諧也从言合聲候閤切

調　和也从言周聲徒遼切

話　合會善言也从言𠯑聲傳曰告之話言胡快切

譮　籀文話从會

諈　諈諉累也从言垂聲竹寘切

諉　纍也从言委聲女恚切

警　戒也从言从敬敬亦聲居影切

謐　靜語也从言㿻聲一曰無聲也彌必切

謙　敬也从言兼聲苦兼切

誼　人所宜也从言宜宜亦聲儀寄切

詡　大言也从言羽聲況羽切

諓　善言也从言戔聲一曰謔也慈衍切

誐　嘉善也从言我聲詩曰誐以溢我五何切

詷　共也一曰譀也从言同聲周書曰在夏后之詷徒紅切

設　施陳也从言从殳殳使人也識列切

護　救視也从言蒦聲胡故切

譞　譞慧也从言圜省聲許緣切

誧　大也一曰人相助也从言甫聲讀若逋博孤切

諰　思之意从言从思胥里切

託　寄也从言乇聲他各切

記　疏也从言己聲居吏切

譽　稱也从言與聲羊茹切

譒　敷也从言番聲商書曰王譒告之補過切

謝　辭去也从言䠶聲辭夜切

謳

齊歌也从言區聲烏侯切
詠 歌也从言永聲爲命切
咏 詠或从口
諍 止也从言爭聲側迸切
評 召也从言乎聲荒烏切
謼 評謼也从言虖聲荒故切
訖 止也从言气聲居迄切
諺 傳言也从言彥聲魚變切
訝 相迎也从言牙聲周禮曰諸侯有卿訝發吾駕切
迓 訝或从辵
詣 候至也从言旨聲五計切
講 和解也从言冓聲古項切
謄 迻書也从言朕聲徒登切
訒 頓也从言刃聲論語曰其言也訒而振切
訥 言難也从言从內內骨切
謯 謯娽也从言虘聲側加切
[言伿] 待也从言伿聲讀若餐胡禮切
譥 痛呼也从言敫聲古弔切
譊 恚呼也从言堯聲女交切
謍 小聲也从言熒省聲詩曰謍謍青蠅余傾切
諎 大聲也从言昔聲讀若笮壯革切
唶 諎或从口
諛 諂也从言臾聲羊朱切
讇 諛也从言閻聲丑琰切
諂 讇或省
諼 詐也从言爰聲況袁切
謷 不肖人也从言敖聲一曰哭不止悲聲謷謷五牢切
訹 誘也从言术聲思律切
訑 沇州謂欺曰訑从言它聲託何切
謾 欺也从言曼聲母官切
譇 譇拏羞窮也从言奢聲陟加切
[言乍] 慙語也从言作聲鉏駕切
謺 謺讘也从言執聲之涉切
謰 謰謱也从言連聲力延切
謱 謰謱也从言婁聲陟侯切
詒 相欺詒也一曰遺也从言台聲與之切
謲 相怒使也从言參聲倉南切
誑 欺也从言狂聲居況切
[illegible] [illegible]駭也从言

聲五介切

[言+畀] 相誤也从言畀聲古罵切

訕 謗也从言山聲所晏切

譏 誹也从言幾聲居衣切

誣 加也从言巫聲武扶切

誹 謗也从言非聲敷尾切

謗 毁也从言旁聲補浪切

譸 訓也从言壽聲讀若醻周書曰無或譸張爲幻張流切

詶 譸也从言州聲市流切

詛 詶也从言且聲莊助切

䛆 詶也从言由聲直又切

誃 離別也从言多聲讀若論語跢予之足周景王作路陽誃臺尺氏切

誖 亂也从言孛聲蒲沒切

悖 誖或从心

䛭 籒文誖从二或

䜌 亂也一曰治也一曰不絕也从言絲呂員切

𡬼 古文䜌

誤 謬也从言吳聲五故切

詿 誤也从言圭聲古賣切

誒 可惡之辭从言矣聲一曰誒然春秋傳曰誒誒出出許其切

譆 痛也从言喜聲火衣切

詯 膽气滿聲在人上从言自聲讀若反目相睞荒內切

謧 謧詍多言也从言离聲呂之切

詍 多言也从言世聲詩曰無然詍詍余制切

訾 不思稱意也从言此聲詩曰翕翕訿訿將此切

[言+匋] 往來言也一曰小兒未能正言也一曰祝也从言匋聲大牢切

䛌 [言+匋]或从包

[言+并] [illegible]謂各[illegible]也从言[illegible]聲樂浪有詽邯縣陟閣切

謎 語相反謎也从言遝聲他合切

誻 謎誻也从言沓聲徒合切

詽 諍語詽詽也从言幵聲呼堅切

讗 言壯皃一曰數相怒也从言巂聲讀若畫呼麥切

訇 騃言聲从言勻省聲漢中西城有訇鄉又讀若玄虎橫切

訇 籒文不省

[illegible]

諞 便巧言也从言扁聲周書曰截截善諞言論語曰友諞佞部田切
䛎 匹也从言頻聲符眞切
𧦝 扣也如求婦先𡆥叕之从言从口口亦聲苦后切
䚳 言相䚳司也从言兒聲女家切
誂 相呼誘也从言兆聲徒了切
譄 加也从言从曾聲作滕切
詄 忘也从言失聲徒結切
諅 忌也从言其聲周書曰上不諅于凶德渠記切
譀 誕也从言敢聲下闞切
⿰言忘 俗譀从忘
誇 譀也从言夸聲苦瓜切
誕 詞誕也从言延聲徒旱切
𧫹 籀文誕省正
𧬄 譀也从言萬聲莫話切
謔 戲也从言虐聲詩曰善戲謔兮虛約切
詪 眼戾也从言皀聲乎懇切
訌 讃也从言工聲詩曰蟊賊內訌戶工切
讃 中止也从言貴聲司馬法曰師多則人讃讃止也胡對切
䜐 聲也从言歲聲詩曰有䜐其聲呼會切
𧩜 疾言也从言咼聲呼卦切
⿰言雖 譟也从言雖聲杜回切
譟 擾也从言喿聲蘇到切
訆 大呼也从言丩聲春秋傳曰或訆于宋大廟古弔切
諕 號也从言从虎呼訝切
讙 譁也从言雚聲呼官切
譁 讙也从言華聲呼瓜切
謣 妄言也从言雩聲羽俱切
𧮫 謣或从荂
譌 譌言也从言爲聲詩曰民之譌言五禾切
詿 誤也从言佳省聲古賣切
誤 謬也从言吳聲五故切
謬 狂者之妄言也从言翏聲靡幼切
詤 夢言也从言㐬聲呼光切
謈 大呼自勉也从言暴省聲蒲角切
訬 訬擾也一曰訬獪从言少聲讀

聲讀若嫢 諆 欺也从言其 譎 權詐也益梁曰謬欺天下 詐 欺也从

交切 聲去其切 曰譎从言矞聲古穴切 言乍聲

側駕 訏 詭譌也从言于聲一曰訏 ⿰言差 咨也一曰痛惜也 讋 失气

切 謩齊楚謂信曰訏况于切 从言差聲子邪切 言一

曰不止也从言龖省聲 讋 籀文讋 謵 言謵讋也从言 ⿰言亞 相毀

傅毅讀若慴之涉切 不省 習聲秦入切 也从

言亞聲一曰 ⿰言䙴 相毀也从言䙴 讟 讟也从言賣 訩 說也从言匈 𧦝

畏亞宛古切 省聲譬遙切 聲徒盍切 聲許容切

或 詾 訩或 訟 爭也从言公聲 訟 古文 謓 恚也从言眞聲賈侍

省 从兇 曰謌訟似用切 訟 中說謓笑一曰讀若

振 讘 多言也从言聶聲河 訶 大言而怒也从

昌眞切 東有狐讘縣之涉切 言可聲虎何切

[illegible] 訐 面相厈罪相告訐也 訴 告也从言厈省聲論語曰訴子路於季

[illegible] 从言干聲居謁切 孫臣鉉等曰厈非聲蓋古之字音多與

今異如皀亦音香釁亦音門乃亦音仍 𧦝 訴或从 愬 訴或从 譖

他皆放此古今失傳不可詳究桑故切 言朔 朔心

愬也从言朁 讒 譖也从言毚 譴 謫問也从言 謫 罰也从言啻 諯

聲莊蔭切 聲士咸切 遣聲去戰切 聲陟革切

數也一曰相讓也从言 讓 相責讓从言 譙 嬈譊也从言焦聲 誚 古

耑聲讀若專尺絹切 襄聲人漾切 讀若嚼才肖切 文

誚从肖周書曰亦未敢誚公 諫 數諫也从言朿聲七賜切 誶 讓也从言卒聲國語曰誶申胥雖遂切 詰 問也从言

吉聲去吉切 䛿 責望也从言望聲巫放切 詭 責也从言危聲過委切 證 告也从言登聲諸應切 詘 詰詘也一

曰屈襞从言出聲區勿切 誳 詘或从屈 𧦝 尉也从言夗聲於願切 詗 知處告言之从言冋聲朽正切 讂 流言也从

言夐聲火縣切 詆 苛也一曰訶也从言氐聲都禮切 誰 何也从言隹聲示隹切 諽 飾也一曰更也从言革聲讀若戒

古覈切 讕 詆讕也从言闌聲洛干切 譋 讕或从閒 診 視也从言㐱聲直刃切又之忍切 𧫢 悲聲也从言斯省聲

先稽切 訧 罪也从言尤聲周書曰報以庶訧羽求切 誅 討也从言朱聲陟輸切 討 治也从言从寸他皓切

諳 悉也从言音聲烏含切 讄 禱也累功德以求福論語云讄曰禱尔于上下神祇从言纍省聲力軌切 𧬘 讄或不省

諡 行之迹也从言兮皿闕徐鍇曰兮聲也神至切 誄 謚也从言耒聲力軌切 謑 恥也从言奚聲胡禮切 䚷 謑或

从奊 詬 謑詬恥也从言后聲呼寇切 訽 詬或从句 諜 軍中反間也从言枼聲徒叶切 該 軍中約也从言亥聲

讀若心中滿該古哀切 譯 傳譯四夷之言者从言睪聲羊昔切 訄 迫也从言九聲讀若求巨鳩切 謚 笑皃从言益聲

五七

五八

伊昔切又呼狄切

譶　疾言也从三言讀若沓徒合切

文二百四十五　重三十三

詢　謀也从言旬聲相倫切　讜　直言也从言黨聲多朗切　譜　籍録也从言普聲史記从並博古切　詎　詎猶豈也从言巨聲其呂切　謏　小也誘也从言叜聲禮記曰足以謏聞先鳥切　謎　隱語也从言迷迷亦聲莫計切　誌　記誌也从言志聲職吏切　訣　訣別也一曰法也从言決省聲古穴切

文八　新附

誩　競言也从二言凡誩之屬皆从誩讀若競渠慶切

譱　吉也从誩从羊此與義美同意常衍切　善　篆文譱从言　競　彊語也一曰逐也从誩从二人渠慶切　讟　痛怨也从誩賣聲春秋傳曰民無怨讟徒谷切

文四　重一

音　聲也生於心有節於外謂之音宮商角徵羽聲絲竹金石匏土革木音也从言含一凡音

之屬皆从音於今切

響聲也从音鄉聲許兩切　韽下徹聲从音酓聲恩甘切　韶虞舜樂也書曰簫韶九成鳳皇來儀从音召聲市招切　章樂竟爲一章从音从十十數之終也諸良切　竟樂曲盡爲竟从音从人居慶切　文六

韻和也从音員聲裴光遠云古與均同未知其審王問切　文一新附

五九

䇂辠也从干二二古文上字凡䇂之屬皆从䇂讀若愆張林說去虔切

童男有辠曰奴奴曰童女曰妾从䇂重省聲徒紅切　𥫕籀文童中與竊中同从廿廿以爲古文疾字　妾有辠女子給事之得接於君者从䇂从女春秋云女爲人妾妾不娉也七接切　文三　重一

六十

丵叢生艸也象丵嶽相竝出也凡丵之屬皆从丵讀若浞士角切

業 大版也所以飾縣鐘鼓捷業如鋸齒以白畫之象其鉏鋙相承也从丵从巾巾象版詩曰巨業維樅魚怯切 𦅸 古文業

叢 聚也从丵取聲徂紅切 對 譍無方也从丵从口从寸都隊切 對 對或从士漢文帝以為責對而為言多非誠對故去其口以从士也

文四 重二

菐 瀆菐也从丵从廾廾亦聲凡菐之屬皆从菐 臣鉉等曰瀆讀為煩瀆之瀆一本注云丵眾多也兩手奉之是煩瀆也蒲沃切

僕 給事者从人从菐菐亦聲蒲沃切 𦡑 古文从臣 ⿱八菐 賦事也从菐从八八分之也八亦聲讀若頒一曰讀若非布還切

文三 重一

廾 竦手也从𠂇从又凡廾之屬皆从廾 居竦切今變隸作廾

𢪒 楊雄說廾从兩手 奉 承也从手从廾丯聲扶隴切 丞 翊也从廾从卪从山山高奉承之義署陵切 奐 取奐也一曰大也从廾夐省臣鉉等曰夐營求也取之義也呼貫切 弇 蓋也从廾从合古南切又一儉切 𢍏 古文弇 ⿱睪廾 引給也从廾睪聲羊益切 ⿱由廾 舉也从廾由聲春秋傳曰晉人或以廣墜楚人畁之黃顥說廣車陷楚人為舉之杜林以為騏麟字渠記切 ⿱㠯廾 舉也

从廾㠯聲虞書曰岳曰异哉羊吏切

弄 玩也从廾持玉盧貢切

[篆] 兩手盛也从廾𦥑聲余六切

[篆] 摶飯也从廾釆聲釆古文辦字讀若書卷居劵切

[篆] 持弩拊从廾肉讀若逵渠追切

戒 警也从廾持戈以戒不虞居拜切

兵 械也从廾持斤并力之皃補明切 [篆] 古文兵从人廾干 [篆] 籒文

龏 愨也从廾龍聲紀庸切

弈 圍棊也从廾亦聲論語曰不有博弈者乎羊益切

具 共置也从廾从貝省古以貝爲貨其遇切

文十七 重四

六三

𠬜 引也从反廾凡𠬜之屬皆从𠬜普班切今變隸作大

樊 鷙不行也从𠬜从棥棥亦聲附袁切

[篆] 樊也从𠬜䜌聲呂員切

攀 𠬜或从手从樊

文三 重一

六四

共 同也从廿廾凡共之屬皆从共渠用切

[篆] 古文共

龔 給也从共龍聲俱容切

文二 重一

六五

異分也从廾从畀畀予也凡異之屬皆从異 羊吏切 — 徐鍇曰將欲與人物先分異之也禮曰賜君子小人不同日

戴分物得增益曰戴从異𢦏聲 都代切 𢍰籀文戴

文二　重一

六六

舁共舉也从臼从廾凡舁之屬皆从舁讀若余 以諸切

䙴升高也从舁囟聲 七然切 𨑢䙴或从卩 𢍆古文

與黨與也从舁从与 余吕切 𦦔古文與

興起也从舁从同同力也 虛陵切

文四　重三

六七

臼叉手也从𠂢彐凡臼之屬皆从臼 居玉切

要身中也象人要自臼之形从臼交省聲 於消切又於笑切 𡚾古文要

文二　重一

六八

晨早昧爽也从臼从辰辰時也辰亦聲丮夕爲𡖍臼辰爲晨皆同意凡晨之屬皆从晨 食鄰切

農 耕也从晨囟聲 徐鍇曰囟當从凶乃得聲 奴冬切 𨑇 籀文農从林 𨐍 古文農 𨑃 亦古文農

文二　重三

爨 齊謂之炊爨𦥑象持甑冂爲竈口廾推林内火凡爨之屬皆从爨 七亂切

𤍽 籀文爨省 䰞 所以枝鬲者从爨省鬲省 渠容切 釁 血祭也象祭竈也从爨省从酉酉所以祭也从分分亦聲 臣鉉等曰分布也 虛振切

文三　重一

說文解字弟三上

說文解字第三下　漢太尉祭酒許慎記

銀青光祿大夫守右散騎常侍上柱國東海縣開國子食邑五百戶臣徐鉉等奉

敕校定

革 獸皮治去其毛革更之象古文革之形凡革之屬皆从革 古覈切

古文革从三十三十年爲一世而道更也臼聲

鞹 去毛皮也論語曰虎豹之鞹从革郭聲苦郭切

靬 靬乾革也武威有麗靬縣从革干聲苦旰切

䩻 生革可以爲縷束也从革各聲盧各切

鞄 柔革工也从革包聲讀若朴周禮曰柔皮之工鮑氏鞄即鮑也蒲角切

韗 攻皮治鼓工也从革軍聲讀若運王問切 韗或从韋

鞣 耎也从革从柔柔亦聲耳由切

靼 柔革也从革从旦聲旨熱切 古文靼从亶

鞼 韋繡也从革貴聲求位切

鞶 大帶也易曰或錫之鞶帶男子帶鞶婦人帶絲从革般聲薄官切

鞏 以韋束也易曰鞏用黃牛之革从革巩聲居竦切

鞔 履空也从革免聲徐鍇曰履空猶言履殼也

母官切靸小兒履也从革及聲讀若沓穌合切䩕角鞮屬从革卬聲五岡切鞮革履也从革是聲都兮切𩋙鞮𩋙沙也从革从夾夾亦聲古洽切𩌦鞮屬从革徙聲所綺切鞵革生鞮也从革奚聲戶佳切靪補履下也从革丁聲當經切鞠蹋鞠也从革匊聲居六切𩍣鞠或从䈞鞀鞀遼也从革召聲徒刀切鞉鞀或从鼓兆磬籀文鞀从殸召𩌃量物之𩌃一曰抒井𩌃古以革从革冤聲於袁切𩊚𩌃或从宛鞞刀室也从革卑聲并頂切鞎車革前曰鞎从革艮聲戶恩切鞃車軾也从革弘聲詩曰鞹鞃淺幭讀若穹丘弘切鞪車軸束也从革敄聲莫卜切𩌨車束也从革必聲毗必切𩏂車衡三束也曲轅鞼縛直轅𥳒縛从革爨聲讀若論語鑽燧之鑽借官切鑽𩏂或从革贊䩭蓋杠絲也从革旨聲徐鍇曰絲其繫系也脂利切鞁車駕具也从革皮聲平祕切鞥轡鞥从革弇聲讀若譍一曰龍頭繞者烏合切靶轡革也从革巴聲必駕切𩏋著掖鞥也从革顯聲呼典切靳當膺也从革斤聲居近切𩋘驂具也从革蚩聲讀若騁蜃丑郢切靷引軸也从革引聲余忍切𩍆籀文靷䩪車鞁具也从革官聲古滿切鞁車鞁具也从革豆聲田候切靬輨內環靼也从革于聲羽俱切䪇車下索也从革尃聲補各切[illegible]

車具也从革奄聲烏合切 ⿰革叕 車具也从革叕聲陟劣切 鞌 馬鞁具也从革从安烏寒切 ⿰革茸 鞌毳飾也从革茸聲而隴切 鞊 鞌飾从革占聲他叶切 鞈 防汗也从革合聲古洽切 勒 馬頭絡銜也从革力聲盧則切 鞙 大車縛軛靼从革肙聲狂沇切 ⿰革面 勒靼也从革面聲弥沇切 靲 鞮也从革今聲巨今切 鞬 所以戢弓矢从革建聲居言切 韇 弓矢韇也从革賣聲徒谷切 ⿰革巂 綏也从革巂聲山垂切 ⿰革亟 急也从革亟聲紀力切 鞭 驅也从革㥯聲卑連切 ⿱亼攴 古文鞭 鞅 頸靼也从革央聲於兩切 韄 佩刀絲也从革蒦聲乙白切 ⿰革它 馬尾⿰革它也从革它聲今之般緧徒何切 ⿰革見 繫牛脛也从革見聲己彳切

文五十七 重十一

鞘 刀室也从革肖聲私妙切 韉 馬鞁具也从革薦聲則前切 鞾 鞮屬从革華聲許矊切 靮 馬韁也从革勺聲都歷切

文四 新附

鬲 鼎屬實五觳斗二升曰觳象腹交文三足凡鬲之屬皆从鬲郎激切

𤮺鬲或从瓦 䰛漢令鬲从瓦厤聲 䰙三足鍑也一曰滫米器也从鬲支聲魚綺切 鬹三足釜也有柄喙讀若嬀从鬲規聲居隨切 鬷釜屬从鬲㚇聲子紅切 䰚秦名土釜曰䰚从鬲午聲讀若過古禾切 鬵大釜也一曰鼎大上小下若甑曰鬵从鬲兓聲讀若岑才林切 𩱅籒文鬵 䰝鬵屬从鬲曾聲子孕切 鬴鍑屬从鬲甫聲扶雨切 釜鬴或从金父聲 鬳鬲屬从鬲虍聲牛建切 融炊气上出也从鬲蟲省聲以戎切 䰫籒文融不省 䰜炊气皃从鬲嚻聲許嬌切 鬺煑也从鬲羊聲式羊切 䰞涫也从鬲沸聲芳未切

文十三　重五

䰜歷也古文亦鬲字象孰飪五味气上出也凡䰜之屬皆从䰜　郎激切

𩱦鬻也从䰜侃聲諸延切 餰鬻或从食衍聲 飦或从干聲 𩜸或从建聲 鬻鍵也从䰜米聲武悲切臣鉉等曰今俗鬻作粥音之六切 𩱨鍵也从䰜古聲戶吳切 𩱽五味盉羹也从䰜从羔詩曰亦有和𩱽古行切 羹

鬻或省 羹 鬻或从美鬻省 羹 小篆从羔从美 鬻 鼎實惟葦及蒲陳留謂健爲鬻从䰜速聲桑谷切

餗 鬻或从食束聲 䰞 鬻也从䰜毓聲余六切 䊢 䰛或省从米 䰛 涼州謂鬻爲䰛从䰜機聲莫結切

粖 䰛或省从末 䰘 粉餅也从䰜耳聲仍吏切 餌 䰘或从食耳聲 䰙 熬也从䰜芻聲臣鉉等曰今俗作煼別作炒非是尺沼切

䰝 内肉及菜湯中薄出之从䰜翟聲以勺切 鬻 孚也从䰜者聲章與切 𩰪 鬻或从火 𩱩 鬻或从水在其中 䰡 吹聲沸也从䰜孛聲蒲沒切

文十三 重十二

爪 丮也覆手曰爪象形凡爪之屬皆从爪 側狡切

孚 卵孚也从爪从子一曰信也徐鍇曰鳥之孚卵皆如其期不失信也鳥袌恒以爪反覆其卵也芳無切 𤔺 古文孚从禾禾古文保

爲 母猴也其爲禽好爪爪母猴象也下腹爲母猴形王育曰爪象形也薳支切 𤔔 古文爲象兩母猴相對形

爫 亦丮也从反爪闕諸兩切

文四 重二

丮 持也象手有所丮據也凡丮之屬皆从丮

讀若𣪍九辟切

埶 種也从坴丮持亟種之書曰我埶黍稷徐鍇曰坴土也魚祭切 孰 食飪也从丮𦎫聲易曰孰飪殊六切 ⿰𩙿丮 設飪也从丮从食才聲讀若載作代切 巩 褢也从丮工聲居悚切 𢀜 巩或加手 谻 相踦之也从丮谷聲其虐切 ⿰丮戈 擊踝也从丮从戈讀若踝胡瓦切 ⿰丮反 拖持也从反丮闕居玉切

文八　重一

鬥 兩士相對兵杖在後象鬥之形凡鬥之屬皆从鬥 都豆切

鬭 遇也从鬥斲聲都豆切 鬨 鬭也从鬥共聲孟子曰鄒與魯鬨下降切 ⿵鬥翏 經繆殺也从鬥翏聲力求切 鬮 鬭取也从鬥龜聲讀若三合繩糾古侯切 ⿵鬥爾 智少力劣也从鬥爾聲奴礼切 ⿵鬥燹 鬭連結𩰭紛相牽也从鬥燹聲臣鉉等案燹今先典切从豩聲豩呼還切蓋燹亦有豩音故得為聲一本从燹說文無燹字撫文切 ⿵鬥賓 鬭也从鬥賓省聲讀若賓匹賓切 鬩 恆訟也詩云兄弟鬩于牆从鬥从兒兒善訟者也許激切 ⿵鬥戈 試力士錘也从鬥从戈或从戰省讀若縣胡畎切

文十

鬧 不靜也从市鬥 奴教切

文一 新附

又 手也象形三指者手之刿多略不過三也凡又之屬皆从又 于救切

右 手口相助也从又从口 臣鉉等曰今俗别作佑 于救切

厷 臂上也从又从古文 古薨切 [古文] 古文厷象形 肱 厷或从肉

叉 手指相錯也从又象叉之形 初牙切

叉 手足甲也从又象叉形 側狡切

父 矩也家長率教者从又舉杖 扶雨切

叜 老也从又从灾 闕 穌后切 [籒文] 籒文从寸 傁 叜或从人

燮 和也从言从又炎 籒文燮从羊 羊音飪 讀若溼 臣鉉等案燮字義大孰也从炎从又即孰物可持也此燮蓋从燮省言語以和之也二字義相出入故也 穌叶切

曼 引也从又冒聲 無販切

[illegible] 引也从又𦥔聲 𦥔古文申 失人切

夬 分決也从又中象決形 徐鍇曰ㄐ物也丨所以決之 古賣切

尹 治也从又丿握事者也 余準切 [古文] 古文

𠭥 又卑也从又虘聲 側加切

[illegible] 引也从又𠩺聲 里之切

㕞 拭也从又持巾在尸下 所劣切

及 逮也从又从人 徐鍇曰及前人也 巨立切

乁 古文及秦刻石及如此

[古文] 亦古文及

𨕬 亦古文及

禾束也从又持禾兵永切

反 覆也从又厂反形府遠切

𠬡 古文

𠬝 治也从又从卪卪事之節也房六切

𠬢 滑也詩云𠬢兮達兮从又屮一曰取也土刀切

𠭊 楚人謂卜問吉凶曰𠭊从又持祟祟亦聲讀若贅之芮切

叔 拾也从又尗聲汝南名收芌為叔式竹切

⿰尗寸 叔或从寸

𠬚 入水有所取也从又在回下回古文回回淵水也讀若沬莫勃切

取 捕取也从又从耳周禮獲者取左耳司馬法曰載獻聝聝者耳也七庾切

彗 埽竹也从又持甡祥歲切

篲 彗或从竹

⿱竹習 古文彗从竹从習

叚 借也闕古雅切

𠬋 古文叚

𠬛 譚長說叚如此

友 同志為友从二又相交友也云久切

𦒱 古文友

⿱友自 亦古文友

度 法制也从又庶省聲徒故切

文二十八 重十六

七七

𠂇 ナ手也象形凡ナ之屬皆从ナ臧可切

卑 賤也執事也从ナ甲 徐鍇曰右重而左卑故在甲下 補移切

文二

七八

史 記事者也从又持中中正也凡史之屬皆从史疏士切

七九

事 職也从史之省聲鉏史切 𠭖 古文事

文二　重一

支 去竹之枝也从手持半竹凡支之屬皆从支 章移切

𡭟 古文支　攲 持去也从支奇聲去奇切

文二　重一

八十

𦘒 手之疌巧也从又持巾凡𦘒之屬皆从𦘒 尼輒切

肄 習也从𦘒𢒠聲羊至切　𩰭 籀文肄　肆 篆文肄

肅 持事振敬也从𦘒在𣶒上戰戰兢兢也息逐切　𢗇 古文肅从心从卪

文三　重三

八一

聿 所以書也楚謂之聿吳謂之不律燕謂之弗从𦘒一聲凡聿之屬皆从聿 余律切

筆 秦謂之筆从聿从竹 徐鍇曰筆尚便疌故从聿 鄙密切

𦘔 聿飾也从聿从彡俗語以書好爲𦘔讀若津 將鄰切

書 箸也从聿者聲商魚切 文四

八二 畫 界也象田四界聿所以畫之凡畫之屬皆从畫胡麥切

畫 古文畫省 畫 亦古文畫 晝 日之出入與夜爲界从畫省从日陟救切 晝 籀文晝

文二 重三

八三 隶 及也从又从尾省又持尾者从後及之也凡隶之屬皆从隶徒耐切

隸 及也从隶枲聲詩曰隸天之未陰雨臣鉉等曰枲非聲未詳徒耐切 隸 附箸也从隶柰聲郎計切 隸 篆文隸从古文之體臣鉉等未詳古文所出

文三 重一

八四 臤 堅也从又臣聲凡臤之屬皆从臤讀若鏗鏘

之鏗古文以爲賢字 苦閑切

緊 纏絲急也从臤从絲省 糾忍切 堅 剛也从臤从土 古賢切 豎 豎立也从臤豆聲 臣庾切 豎 籀文豎从殳

文四 重一

八五

臣 牽也事君也象屈服之形凡臣之屬皆从臣 植鄰切

臦 乖也从二臣相違讀若誑 居況切 臧 善也从臣戕聲 則郎切 𦣝 籀文

文三 重一

八六

殳 以杸殊人也禮殳以積竹八觚長丈二尺建於兵車旅賁以先驅从又几聲凡殳之屬皆从殳 市朱切

祋殳也从殳示聲或說城郭市里高縣羊皮有不當入而欲入者暫下以驚牛馬曰祋故从示殳詩曰何戈與祋丁外切

杸軍中士所持殳也从木从殳司馬法曰執羽从杸市朱切毄相擊中也如車相擊故从殳从軎古歷切𣪊上

擊下也一曰素也从殳青聲苦角切青苦江切𣪒下擊上也从殳冘聲知朕切𣪌繇擊也从殳豆聲古文投如此度侯

切𣪐縣物毄擊从殳𠱠聲市流切豛椎毄物也从殳豕聲冬毒切毆捶毄物也从殳區聲烏后切毃

擊頭也从殳高聲口卓切殿擊聲也从殳屍聲堂練切殹擊中聲也从殳医聲於計切段椎物也从殳耑省聲徒玩

切𣪠擊空聲也从殳宮聲徒冬切又火宮切殽相雜錯也从殳肴聲胡茅切毅妄怒也一曰有決也从殳豙聲

魚旣切𣪕揉屈也从殳从𠧪𠧪古文叀字廄字从此臣鉉等曰叀小謹也亦屈服之意居又切役戍邊也从殳从彳臣鉉等

曰彳步也彳亦聲營隻切𠈈古文役从人𣪏毅改大剛卯也以逐精鬼从殳亥聲古哀切　文二十　重一

殺戮也从殳杀聲凡殺之屬皆从殺臣鉉等曰說文無杀字相

傳云音察未知所出所八切

𣪠 古文殺 𢦏 古文殺 𣏂 古文殺 弒 臣殺君也易曰臣弒其君从殺省式聲式吏切

文二　重四

八八

几 鳥之短羽飛几几也象形凡几之屬皆从几讀若殊市朱切

㐱 新生羽而飛也从几从彡之忍切 鳧 舒鳧鶩也从鳥几聲房無切

文三

八九

寸 十分也人手卻一寸動𧖴謂之寸口从又从一凡寸之屬皆从寸倉困切

寺 廷也有法度者也从寸之聲祥吏切 將 帥也从寸牆省聲即諒切 尋 繹理也从工从口从又从寸工口亂也又寸分理之彡聲此與㲋同意度人之兩臂爲尋八尺也徐林切 專 六寸簿也从寸叀聲一曰專紡專職緣切 尃 布也从寸甫聲芳無切

導 導引也从寸道聲徒皓切

文七

九十

皮 剝取獸革者謂之皮从又爲省聲凡皮之屬皆从皮 符羈切

𠬡 古文皮 𠭯 籀文皮 皰 面生气也从皮包聲旁教切 皯 面黑气也从皮干聲古旱切

文二 重二

皸 足坼也从皮軍聲矩云切 皴 皮細起也从皮夋聲七倫切

文二 新附

九一

㼱 柔韋也从北从皮省从夐省凡㼱之屬皆从㼱讀若耎一曰若雋 臣鉉等曰北者反覆柔治之也夐營也而兖切

𤿭 古文㼱 𤿯 籀文㼱从夐省 𤿻 羽獵韋絝从㼱灷聲而隴切 𧝌 或从衣从朕虞書曰鳥獸𧝌毛

文三 重二

九二

攴 小擊也从又卜聲凡攴之屬皆从攴 普木切

啟 教也从攴启聲論語曰不憤不啓康礼切
徹 通也从彳从攴从育丑列切 𢾎 古文徹
肈 擊也从攴肈省聲治小切
敏 疾也从攴每聲眉殞切
敃 彊也从攴民聲眉殞切
敄 彊也从攴矛聲亡遇切
敀 迮也从攴白聲周書曰常敀常任博陌切
整 齊也从攴从束从正正亦聲之郢切
效 象也从攴交聲胡教切
故 使為之也从攴古聲古慕切
政 正也从攴从正正亦聲之盛切
⿰也攴 敷也从攴也聲讀與施同式支切
敷 ⿰也攴也从攴尃聲周書曰用敷遺後人芳無切
敟 主也从攴典聲多殄切
⿰麗攴 數也从攴麗聲力米切
數 計也从攴婁聲所矩切
⿰湅攴 辟漱鐵也从攴从湅郎電切
孜 汲汲也从攴子聲周書曰孜孜無怠子之切
攽 分也从攴分聲周書曰乃惟孺子攽亦讀與彬同布還切
⿰旱攴 止也从攴旱聲周書曰⿰旱攴我于艱侯旰切
敳 有所治也从攴豈聲讀若豤五來切
敞 平治高土可以遠望也从攴尚聲昌兩切
敒 理也从攴伸聲直刃切
改 更也从攴己李陽冰曰已有過攴之即改古亥切
變 更也从攴䜌聲祕戀切
更 改也从攴丙聲古孟切又古行切
敕 誡也臿地曰敕从攴束聲恥力切
⿰耳攴 使也从攴耴省聲而涉切
斂 收也从攴僉聲良冉切
敹 擇也从攴𡨄聲周書曰敹乃甲

冑絡蕭切 敿 擊連也从攴喬聲周書曰敿乃干讀若矯居夭切 敆 合會也从攴从合合亦聲古沓切

敶 列也从攴陳聲直刃切 敵 仇也从攴啻聲徒歷切 救 止也从攴求聲居又切 敓 彊取也周書曰敓攘矯虔从攴兌聲徒活切 斁 解也从攴睪聲詩云服之無斁斁猒也一曰終也羊益切 赦 置也从攴赤聲始夜切 䞒 赦或从亦 攸 行水也从攴从人水省徐鍇曰攴入水所杖也以周切 汥 秦刻石繹山文攸字如此

𢼊 撫也从攴亾聲讀與撫同芳武切 敉 撫也从攴米聲周書曰亦未敉公功讀若弭緜婢切 侎 敉或从人

敡 侮也从攴从易易亦聲以豉切 敳 戾也从攴韋聲羽非切 敦 怒也詆也一曰誰何也从攴𦎫聲都昆切又丁回切

𢿙 朋侵也从攴从羣羣亦聲渠云切 敗 毀也从攴貝敗賊皆从貝會意薄邁切 𢿚 籀文敗从賏 𢿣 煩也从攴从𤔔𤔔亦聲郎段切

寇 暴也从攴从完徐鍇曰當其完聚而欲寇之苦候切 𢾁 刺也从攴蚩聲豬几切 𢾈 閉也从攴度聲讀若杜徒古切 剫 𢾈或从刀 𢻜 塞也从攴念聲周書曰𢻜乃穽奴叶切 𢿑 盡也从攴畢聲卑吉切

收 捕也从攴丩聲式州切 鼓 擊鼓也从攴从壴壴亦聲公戶切 攷 敂也从攴丂聲苦浩切

敂擊也从攴句聲讀若扣苦候切　攻擊也从攴聲古洪切　敲橫擿也从攴高聲口交切　⿰豖攴擊也从攴豖聲竹角切　⿰㞷攴放也从攴㞷聲迂往切　⿰⿸厂未攴坼也从攴从厂厂之性坼果孰有味亦坼故謂之⿰⿸厂未攴从未聲徐鍇曰厂厓也許其切　斀去陰之刑也从攴蜀聲周書曰刵劓斀黥竹角切　敯冒也从攴昏聲周書曰敯不畏死眉殞切　敔禁也一曰樂器椌楬也形如木虎从攴吾聲魚舉切　敤研治也从攴果聲舜女弟名敤首苦果切　⿰金攴持也从攴金聲讀若琴巨今切　⿰𠷎攴棄也从攴𠷎聲周書以爲討詩云無我⿰𠷎攴兮市流切　畋平田也从攴田周書曰畋尒田待年切　攺㱾攺大剛卯以逐鬼鬽也从攴巳聲讀若巳古亥切　敘次弟也从攴余聲徐呂切　⿰卑攴毀也从攴卑聲辟米切　⿰見攴戰也从攴見聲五計切　牧養牛人也从攴从牛詩曰牧人乃夢莫卜切　⿰朿攴擊馬也从攴朿聲楚革切　⿰算攴小舂也从攴算聲初絭切　⿰堯攴⿰堯攴田也从攴堯聲牽遙切

文七十七　重六

敎上所施下所效也从攴从孝凡敎之屬皆从敎古孝切

𢽈 古文教 𤕝 亦古文教 斆 覺悟也从教从冂冂尚矇也臼聲胡覺切 學 篆文斆省

文二 重三

九四

卜 灼剥龜也象灸龜之形一曰象龜兆之從横也凡卜之屬皆从卜 博木切

𠁿 古文卜 卦 筮也从卜圭聲臣鉉等曰圭字聲不相近當从挂省聲古壞切 卟 卜以問疑也从口卜讀與稽同書云卟疑 貞 卜問也从卜貝以爲贄一曰鼎省聲京房所説陟盈切 𠧪 易卦之上體也商書曰貞曰𠧪从卜每聲荒内切 占 視兆問也从卜从口職廉切 𥅽 卜問也从卜召聲市沼切 兆 灼龜坼也从卜兆象形治小切 𠁼 古文兆省

文八 重二

九五

用 可施行也从卜从中衛宏説凡用之屬皆从用 臣鉉等曰卜中乃可用也余訟切

九六

九七

用古文用 甫男子美稱也从用父父亦聲方矩切 庸用也从用从庚庚更事也易曰先庚三日余封切

葡具也从用苟省臣鉉等曰苟急敕也會意平祕切 甯所願也从用寧省聲乃定切

文五　重一

爻交也象易六爻頭交也凡爻之屬皆从爻胡茅切

棥藩也从爻从林詩曰營營青蠅止于棥附袁切

文二

㸚二爻也凡㸚之屬皆从㸚力几切

爾麗爾猶靡麗也从冂从㸚其孔㸚介聲此與爽同意兒氏切 爽明也从㸚从大徐鍇曰大其中隙縫光也疏兩切 𡙁篆文爽

文三　重一

說文解字第三下

說文解字弟四上　漢太尉祭酒許慎記

銀青光祿大夫守右散騎常侍上柱國東海縣開國子食邑五百戶臣徐鉉等奉

敕校定

四十五部　文七百四十八　重百一十二

凡七千六百三十八字

文二十四新附

𥄎 舉目使人也从攴从目凡𥄎之屬皆从𥄎讀若䦕 火劣切

敻 營求也从𥄎从人在穴上商書曰高宗夢得說使百工敻求得之傅巖 巖穴也徐鍇曰人與目隔穴經營而見之然後指使以求之攴所指畫也 朽正切

闅 低目視也从𥄎門聲弘農湖縣有闅鄉汝南西平有闅亭 無分切

䝮 大視也从大𥄎讀若齤 況晚切

文四

目 人眼象形重童子也凡目之屬皆从目莫六切

𥃩 古文目

眼 目也从目艮聲五限切

⿰目瞏 兒初生瞥者从目瞏聲邦免切

眩 目無常主也从目玄聲黃絢切

眥 目匡也从目此聲在詣切

䀹 目旁毛也从目夾聲子葉切

⿰目縣 盧童子也从目縣聲胡畎切

⿰目喜 目童子精也从目喜聲讀若禧許其切

矈 目旁薄緻宀宀也从目𦟝聲武延切

𥈖 大目也从目非聲芳微切

⿱臤目 大目也从目臤聲矦簡切

睅 大目也从目旱聲戶版切

睆 睅或从完

⿰目爰 大目也从目爰聲況晚切

瞞 平目也从目㒼聲母官切

睴 大目出也从目軍聲古鈍切

矕 目矕矕也从目䜌聲武版切

睔 目大也从目侖春秋傳有鄭伯睔古本切

盼 詩曰美目盼兮从目分聲匹莧切

盰 目多白也一曰張目也从目干聲古旱切

眅 多白眼也从目反聲春秋傳曰鄭游眅字子明普班切

睍 出目也从目見聲胡典切

矔 目多精也从目雚聲益州謂瞋目曰矔古玩切

瞵 目精也从目粦聲力珍切

窅 深目也从穴中目烏皎切

眊 目少精也从目毛聲虞書耄字从此亡報切

矘 目無精直視也从目黨聲他朗切

睒 暫視皃从目炎聲讀若白蓋謂之苫相似失冉切

眮 吴[illegible]瞋目[illegible]視曰眮从目同聲徒弄切

⿰目必 直視也从目必聲讀若詩云泌彼泉水兵媚切

瞴 瞴婁微視也从目無聲莫浮切

䀏 蔽人視[illegible]从目幵[illegible]

讀若攜手一曰直視也又苦兮切 睯 睯或在下 睌 睌賢目視皃从目免聲武限切 眂 眂皃从目氏聲承旨切 睨

目兒聲研計切 䀿 低目視也从目冒聲周書曰武王惟䀿亡保切 眓 視高皃从目戉聲讀若詩曰施罛濊濊呼哲切 眈

遠从目冘聲易曰虎視眈眈丁含切 𥄂 相顧視而行也从目从延延亦聲于線切 盱 張目也从目于聲一曰朝鮮謂盧童子曰盱況于切 睘

目驚視也从目袁聲詩曰獨行睘睘渠營切 䁪 視而止也从目亶聲旨善切 䀛 目冥遠視也从目勿聲一曰久也一曰旦明也莫佩切 眕

目有所恨而止也从目㐱聲之忍切 瞟 瞭也从目票聲敷沼切 䁟 察也从目祭聲戚細切 睹 見也从目者聲當古切 覩

古文从見 眔 目相及也从目从隶省徒合切 睽 目不相聽也从目癸聲苦圭切 眛 目不明也从目未聲莫撥切 𥈈 轉目視也从目

般聲薄官切 辩 小兒白眼也从目辡聲蒲莧切 眽 目財視也从目𠂢聲莫獲切 䁗 失意視也从目脩聲他歷切 瞫

目也从目韋聲之閏切 瞤 目動也从目閏聲如勻切 矉 恨張目也从目賓聲詩曰國步斯矉符真切 䀽 目無明也从目夗聲一丸切 𥉬

仰目也从目隹聲許惟切 旬 目搖也从目勻省聲黃絢切 眴 旬或从旬 矆 大視也从目蒦聲許縛切 睦 目順也从目坴聲一曰敬和也

莫卜切 𡙧 古文睦 瞻 臨視也从目詹聲職廉切 瞀 氐目謹視也从目敄聲莫侯切 䁍 小視也从目買聲莫佳切 䁠

視也从目監聲古銜切

〓 省視也从目啓省聲苦系切

相 省視也从目从木易曰地可觀者莫可觀於木詩曰相鼠有皮息良切

瞋 張目也从目真聲昌真切

〓 秘書瞋从戌

〓 目孰視也从目鳥聲讀若雕都僚切

睗 目疾視也从目易聲施隻切

睊 視皃从目肙聲於絢切

〓 目深皃从目窅讀若易曰勿卹之卹於悅切

睼 迎視也从目是聲讀若珥瑱之瑱他計切

〓 目相戲也从目晏聲詩曰〓婉之求於殄切

〓 短深目皃从目取聲烏括切

眷 顧也从目𠔉聲詩曰乃眷西顧居倦切

督 察也一曰目痛也从目叔聲冬毒切

睎 望也从目稀省聲海岱之間謂眄曰睎香衣切

看 睎也从手下目苦寒切

〓 看或从倝

瞫 深視也一曰下視也又竊見也从目覃聲式荏切

睡 坐寐也从目垂是僞切

瞑 翕目也从目冥冥亦聲臣鉉等曰今俗別作眠非是武延切

眚 目病生翳也从目生聲所景切

瞥 過目也又目翳也从目敝聲一曰財見也普滅切

眵 目傷眥也从目多聲一曰瞢兜叱支切

〓 目眵也从目蔑省聲莫結切

〓 涓目也从目夬聲臣鉉等曰當从決省古穴切

〓 目病也从目良聲力讓切

眛 目不明也从目未聲莫佩切

瞯 戴目也从目閒聲江淮之間謂眄曰瞯戶間切

眯 艸入目中也从目米聲莫禮切

眺 目不正也从目兆聲他弔切

睞 目童子不正也从目來聲洛代切

睩 目睞謹也从目彔聲讀若鹿盧谷切

〓 眣也从目攸聲敕鳩切

〓 脩或从丩

眣

目不正也从目失聲丑栗切 矇 童矇也一曰不明也从目蒙聲莫中切 眇 一目小也从目从少少亦聲亡沼切 眄 目偏合也一曰衺視也秦語从目丏聲莫甸切 ⿰目各 眄也从目各聲盧各切 盲 目無牟子从目亡聲武庚切 ⿰目咸 目陷也从目咸聲苦夾切 瞽 目但有眹也从目鼓聲公戶切 瞍 無目也从目叜聲穌后切 ⿱𤇾目 惑也从目熒省聲戶扃切 睉 目小也从目坐聲臣鉉等曰案尚書元首叢脞哉叢睉猶細碎也今从肉非是昨禾切 ⿰目叉 捾目也从目又烏括切 睇 目小視也从目弟聲南楚謂眄曰睇特計切 瞚 開闔目數搖也从目寅聲臣鉉等曰今俗別作瞬非是舒問切 眙 直視也从目台聲丑吏切 眝 長眙也一曰張目也从目宁聲陟呂切 盻 恨視也从目兮聲胡計切 ⿱弗目 目不明也从目弗聲普未切

文百十三 重八

瞼 目上下瞼也从目僉聲居奄切 眨 動目也从目乏聲側洽切 眭 深目也亦人姓从目圭聲許規切 眹 目精也从目灷聲案勝字賸皆从朕聲疑古以朕為眹直引切 眸 目童子也从目牟聲說文直作牟莫浮切 睚 目際也从目厓五隘切

文六 新附

䀠 左右視也从二目凡䀠之屬皆从䀠讀若拘又若良士瞿瞿九遇切

百一　百二　百三　百四

䀠 目圍也从䀠丿讀若書卷之卷古文以爲醜字居倦切　奭 目衺也从䀠从大大人也舉朱切　文三

眉 目上毛也从目象眉之形上象頟理也凡眉之屬皆从眉 武悲切

省 視也从眉省从屮臣鉉等曰屮通識也所景切　𡕛 古文从少从囧　文二　重一

盾 瞂也所以扞身蔽目象形凡盾之屬皆从盾 食閏切

瞂 盾也从盾犮聲扶發切　𥅻 盾握也从盾圭聲苦圭切　文三

自 鼻也象鼻形凡自之屬皆从自 疾二切

𦣹 古文自　臱 宮不見也闕武延切　文二　重一

白 此亦自字也省自者詞言之气从鼻出與口相助也凡白之屬皆从白 疾二切

皆 俱詞也从比从白古諧切 魯 鈍詞也从白羨省聲論語曰參也魯郎古切 者 別事詞也从白𣥒聲𣥒古文旅字之也切 𠷎 詞也从白𠷎聲𠷎與疇同虞書帝曰𠷎咨直由切 𥏼 識詞也从白从亏从知知義切 𢇃 古文𥏼 百 十十也从一白數十百爲一貫相章也博陌切 𦣻 古文百从自

文七　重二

鼻 引气自畀也从自畀凡鼻之屬皆从鼻父二切 齅 以鼻就臭也从鼻从臭臭亦聲讀若畜牲之畜許救切 鼾 臥息也从鼻干聲讀若汗侯幹切 鼽 病寒鼻窒也从鼻九聲巨鳩切 𪖙 臥息也从鼻隶聲讀若虺許介切

文五

皕 二百也凡皕之屬皆从皕讀若祕彼力切 奭 盛也从大从皕皕亦聲此燕召公名讀若郝史篇名醜徐鍇曰史篇謂所作蒼頡十五篇也詩亦切 𡙡 古文奭

文二　重一

習 數飛也从羽从白凡習之屬皆从習似入切

翫 習猒也。从習元聲。春秋傳曰翫歲而愒日。五換切

文二

羽 鳥長毛也。象形。凡羽之屬皆从羽。王矩切

翨 鳥之彊羽猛者。从羽是聲。俱豉切

翰 天雞赤羽也。从羽倝聲。逸周書曰：大翰若翬雉，一名鷐風。周成王時蜀人獻之。侯幹切

翟 山雉尾長者。从羽从隹。徒歷切

翡 赤羽雀也。出鬱林。从羽非聲。房味切

翠 青羽雀也。出鬱林。从羽卒聲。七醉切

翦 羽生也。一曰矢羽。从羽前聲。即淺切

翁 頸毛也。从羽公聲。烏紅切

翄 翼也。从羽支聲。施智切

𦐖 翄或从氏

䎓 翅也。从羽革聲。古翮切

翹 尾長毛也。从羽堯聲。渠遙切

翭 羽本也。一曰羽初生皃。从羽侯聲。乎溝切

翮 羽莖也。从羽鬲聲。下革切

翑 羽曲也。从羽句聲。其俱切

羿 羽之羿風。亦古諸侯也。一曰射師。从羽幵聲。五計切

翥 飛舉也。从羽者聲。章庶切

翕 起也。从羽合聲。許及切

翾 小飛也。从羽睘聲。許緣切

翬 大飛也。从羽軍聲。一曰伊雒而南，雉五采皆備曰翬。詩曰：如翬斯飛。臣鉉等曰：當从揮省。許歸切

翏 高飛也。从羽从㐱。力救切

翩 疾飛也。从羽扁聲。芳連切

翜 捷也。飛之疾也。从羽夾聲。讀若瀒。一曰俠也。山洽切

翊 飛皃。从羽立聲。與職切

𦐇 飛盛皃。从羽从冃。臣鉉等曰：犯冒而飛，是盛也。土盍切

𦐒 飛盛皃。从羽之聲。侍之切

翱 翱翔也。从羽皋聲。五牢切

翔 回飛也。从羽羊聲。似羊切

翽 飛聲

也从羽歲聲詩曰鳳皇于飛翽翽其羽呼會切 翯 鳥白肥澤皃从羽高聲詩云白鳥翯翯胡角切 𦏺 樂舞以羽翿自翳其首以祀星辰也从羽王聲讀若皇胡光切 翇 樂舞執全羽以祀社稷也从羽犮聲讀若紱分勿切 翿 翳也所以舞也从羽𠷎聲詩曰左執翿徒到切

翳 華蓋也从羽殹聲於計切 翣 棺羽飾也天子八諸侯六大夫四士二下垂从羽妾聲山洽切 文三十四 重二

翻 飛也从羽番聲孚袁切 翎 羽也从羽令聲郎丁切 羾 飛聲从羽工聲戶公切 文三 新附

隹 鳥之短尾總名也象形凡隹之屬皆从隹 職追切

雅 楚烏也一名鸒一名卑居秦謂之雅从隹牙聲臣鉉等曰今俗別作鴉非是五下切又烏加切 隻 鳥一枚也从又持隹持一隹曰隻二隹曰雙之石切 雒 鵋䳢也从隹各聲盧各切 閵 今閵似鴝鵒而黃从隹𨶒省聲良刃切 藺 籀文不省 巂 周燕也从隹屮象其冠也㕯聲一曰蜀王望帝婬其相妻慙亡去為子巂鳥故蜀人聞子巂鳴皆起云望帝戶圭切 雃 鳥也从隹方聲讀若方府良切 雀 依人小鳥也从小隹讀與爵同即略切 猚 鳥也从隹犬聲睢陽有猚水五加切 雗 雗鷽也从隹倝聲侯幹切

雉 有十四種盧諸雉喬雉鳪雉鷩雉秩秩海雉翟山雉翰雉卓雉伊洛而南曰翬江淮而南曰搖南方曰𠷎東方曰甾北方曰稀西方曰蹲

从隹矢聲 直几切 䧅 古文雉从弟 雊 雄雌鳴也雷始動雉鳴而雊其頸从隹从句句亦聲古侯切 雞 知時畜也从隹

奚聲 古兮切 鷄 籀文雞从鳥 雛 雞子也从隹芻聲士于切 鶵 籀文雛从鳥 雡 鳥大雛也从隹翏聲一曰雉之

莫子爲雡 力救切 離 黃倉庚也鳴則蠶生从隹离聲呂支切 雕 鷻也从隹周聲都僚切 鵰 籀文雕从鳥 䧹

鳥也从隹瘖省聲或从人人亦聲徐鍇曰鷹隨人所指蹤故从人於陵切 鷹 籀文䧹从鳥 䧿 雖也从隹氐聲處脂切 鴟 籀文

鳥 䧳 䧿也从隹垂聲是僞切 雃 石鳥一名雝鸔一曰精𠛔从隹幵聲春秋傳秦有士雃苦堅切 雝 雝𪆫也从隹邕聲於容切

雂 鳥也从隹今聲春秋傳有公子苦雂巨淹切 雁 鳥也从隹从人厂聲讀若鴈臣鉉等曰雁知時鳥大夫以爲摯昏禮用之故从人五晏

切 䨀 䨀黃也从隹黎聲一曰楚雀也其色黎黑而黃郎兮切 雐 鳥也从隹虍聲荒烏切 雓 牟毋也从隹奴聲人諸切 鴽

雓或从鳥 雇 九雇農桑候鳥扈民不婬者也从隹戶聲春雇鳻盾夏雇竊玄秋雇竊藍冬雇竊黃棘雇竊丹行雇唶唶宵雇嘖嘖桑雇竊

脂老雇鷃也侯古切 𩿾 雇或从雩 鳸 籀文雇从鳥 𨾊 雗屬从隹𦎧聲常倫切 䧴 雗屬从隹酓聲恩含

切 鵮 籀文䧴从鳥 𨾙 鳥也从隹支聲一曰雄度章移切 䧆 鳥肥大唯唯也从隹工聲戶工切 䲨 唯或从鳥

百十

百十一

繳檄也从隹椒聲一曰飛檄也臣鉉等曰繳之若切矰繳以取鳥也穌肝切 隿 繳射飛鳥也从隹弋聲與職切 雄 鳥父也从隹厷聲羽弓切 雌 鳥母也从隹此聲此移切 罩 覆鳥令不飛走也从网隹讀若到都校切 雋 肥肉也从弓所以射隹長沙有下雋縣徂沇切

飛也从隹隓聲山垂切

文三十九　重十二

奞 鳥張毛羽自奮也从大从隹凡奞之屬皆从奞讀若睢息遺切

奪 手持隹失之也从又从奞徒活切 奮 翬也从奞在田上詩曰不能奮飛方問切

文三

萑 鴟屬从隹从𦫳有毛角所鳴其民有旤凡萑之屬皆从萑讀若和胡官切

蒦 規蒦商也从又持萑一曰視遽皃一曰蒦度也徐鍇曰商度也萑善度人禍福也乙虢切 彠 蒦或从尋尋亦度也楚詞曰求矩彠之所同

雚 小爵也从萑吅聲詩曰雚鳴于垤工奐切 舊 雖舊舊留也从萑臼聲巨救切 鵂 舊或从鳥休聲

文四　重二

百十二

𦫳　羊角也象形凡𦫳之屬皆从𦫳讀若乖工瓦切

𦫵　戾也从𦫳而兆兆古文別臣鉉等曰兆兵列切篆文分別字也古懷切　𦫴　相當也闕讀若宀母官切

文三

百十三

苜　目不正也从𦫳从目凡苜之屬皆从苜莧从此讀若末徐鍇曰𦫳角戾也徒結切

瞢　目不明也从苜从旬旬目數搖也木空切　𥉾　火不明也从苜从火苜亦聲周書曰布重莫席織蒻席也讀與蔑同莫結切　蔑　勞目無精也从苜人勞則蔑然从戍莫結切

文四

百十四

羊　祥也从𦫳象頭角足尾之形孔子曰牛羊之字以形舉也凡羊之屬皆从羊與章切

羋　羊鳴也从羊象聲气上出與牟同意緜婢切　羔　羊子也从羊照省聲古牢切　䍮　五月生羔也从羊宁聲讀若煑

煑切

䍪 六月生羔也从羊孜聲讀若霧已遇切又亡遇切

羍 小羊也从羊大聲讀若達他末切

𦍒 羍或省

䍦 羊未卒歲也从羊兆聲或曰夷羊百斤左右爲䍦讀若春秋盟于洮治小切

羝 牡羊也从羊氐聲都兮切

羒 牂羊也从羊分聲符分切

牂 牡羊也从羊爿聲則郎切

羭 夏羊牡曰羭从羊俞聲羊朱切

羖 夏羊牡曰羖从羊殳聲公戶切

羯 羊羖犗也从羊曷聲居謁切

羠 騬羊也从羊夷聲徐姊切

羳 黃腹羊从羊番聲附袁切

羥 羊名从羊巠聲口莖切

𦏁 羊名从羊執聲汝南平輿有𦏁亭讀若晉臣鉉曰執非聲未詳卽刃切

羸 瘦也从羊羸聲臣鉉等曰羊主給膳以瘦爲病故从羊力爲切

⿰羊委 羊相⿰羊責也从羊委聲於僞切

⿰羊責 ⿰羊委⿰羊責也从羊責聲子賜切

羣 輩也从羊君聲臣鉉等曰羊性好羣故从羊渠云切

⿰羊垔 羣羊相⿰羊責也一曰黑羊从羊垔聲烏閑切

⿱此羊 羊名蹏皮可以割桼从羊此聲此思切

美 甘也从羊从大羊在六畜主給膳也美與善同意臣鉉等曰羊大則美故从大無鄙切

羌 西戎牧羊人也从人从羊羊亦聲南方蠻閩从虫北方狄从犬東方貉从豸西方羌从羊此六種也西南僰人焦僥从人蓋在坤地頗有順理之性唯東夷从大大人也夷俗仁仁者壽有君子不死之國孔子曰道不行欲之九夷乘桴浮於海有以也去羊切

⿱⿰𠂉𠂉⿻十人 古文羌如此

羑 進善也从羊久聲文王拘羑里在湯陰與久切

文二十六　重二

百十五

羴 羊臭也从三羊凡羴之屬皆从羴 式連切

羼 羴或从亶

羼 羊相厠也从羴在尸下尸屋也一曰相出前也 初限切

文二 重一

百十六

瞿 鷹隼之視也从隹从䀠䀠亦聲凡瞿之屬皆从瞿讀若章句之句 九遇切 又音衢

矍 隹欲逸走也从又持之矍矍也讀若詩云穬彼淮夷之穬一曰視遽皃 九縛切

文二

百十七

雔 雙鳥也从二隹凡雔之屬皆从雔讀若醻 市流切

靃 飛聲也雨而雙飛者其聲靃然 呼郭切

雙 隹二枚也从雔又持之 所江切

文三

百十八

雥 羣鳥也从三隹凡雥之屬皆从雥 徂合切

𨿽 鳥羣也从雥淵聲 烏玄切

雧 羣鳥在木上也从雥从木 秦入切

集 雧或省

文三 重一

鳥 長尾禽總名也象形鳥之足似匕从匕凡鳥之屬皆从鳥　都了切

鳳 神鳥也天老曰鳳之象也鴻前麐後蛇頸魚尾鸛顙鴛思龍文虎背燕頷雞喙五色備舉出於東方君子之國翱翔四海之外過崐崘飲砥柱濯羽弱水莫宿風穴見則天下大安寧从鳥凡聲　馮貢切

𠕋 古文鳳象形鳳飛羣鳥從以萬數故以爲朋黨字

鵬 亦古文鳳

鸞 亦神靈之精也赤色五采雞形鳴中五音頌聲作則至从鳥䜌聲周成王時氏羌獻鸞鳥　洛官切

鸑 鸑鷟鳳屬神鳥也从鳥獄聲春秋國語曰周之興也鸑鷟鳴於岐山江中有鸑鷟似鳧而大赤目　五角切

鷟 鸑鷟也从鳥族聲　士角切

鷫 鷫鷞也五方神鳥也東方發明南方焦明西方鷫鷞北方幽昌中央鳳皇从鳥肅聲　息逐切

𩿧 司馬相如說从叜聲

鷞 鷫鷞也从鳥爽聲　所莊切

鳩 鶻鵃也从鳥九聲　居求切

鶌 鶌鳩也从鳥屈聲　九勿切

鵻 祝鳩也从鳥隹聲　思允切

隼 鵻或从隹一　一曰鶉字

鶻 鶻鵃也从鳥骨聲　古忽切

鵃 鶻鵃也从鳥舟聲　張流切

鵴 秸鵴尸鳩从鳥𥷚聲臣鉉等曰𥷚居六切與𥷚同　居六切

鴿 鳩屬从鳥合聲　古沓切

鴠 渴鴠也从鳥旦聲　得案切

鶪 伯勞也从鳥狊聲　古闃切

鵙 鶪或从隹

鷚 天龠也从鳥翏聲　力救切

鸒 卑居也从鳥與聲　羊茹切

鷽 雗鷽山鵲

知來事鳥也从鳥學省聲胡角切

雤 鷽或从隹

鷲 鳥黑色多子師曠曰南方有鳥名曰羌鷲黃頭赤目五色皆備从鳥就聲疾僦切

鴞 鴟鴞寧鴂也从鳥号聲于嬌切

鴂 寧鴂也从鳥夬聲古穴切

⿰祟鳥 鳥也从鳥祟聲辛聿切

鴋 澤虞也从鳥方聲分兩切

⿰截鳥 鳥也从鳥截聲子結切

⿰桼鳥 鳥也从鳥桼聲親吉切

鴩 鋪豉也从鳥失聲臣鉉等曰鋪豉鳥名徒結切

鶤 鶤雞也从鳥軍聲讀若運古渾切

⿰芺鳥 鳥也从鳥芺聲烏浩切

⿰臼鳥 鳥也从鳥臼聲居玉切

鷦 鷦䳭桃蟲也从鳥焦聲即消切

䳭 鷦䳭也从鳥眇聲亡沼切

鶹 鳥少美長醜爲鶹離从鳥留聲力求切

鷬 鳥也从鳥堇聲那干切

難 鷬或从隹

古文鷬

古文鷬

古文鷬

鶨 欺老也从鳥彖聲丑絹切

⿰兌鳥 鳥也从鳥說省聲弋雪切

⿰主鳥 鳥也从鳥主聲天口切

鴖 鳥也从鳥昏聲武巾切

鷯 刀鷯剖葦食其中蟲从鳥尞聲洛蕭切

鶠 鳥也其雌皇从鳥匽聲一曰鳳皇也於幰切

鴲 瞑鴲也从鳥旨聲旨夷切

鵅 烏鸔也从鳥各聲盧各切

鸔 烏鸔也从鳥暴聲蒲木切

鶴 鳴九皋聲聞于天从鳥隺聲下各切

鷺 白鷺也从鳥路聲洛故切

鵠 鴻鵠也从鳥告聲胡沃切

鴻 鴻鵠也从鳥江聲戶工切

𩿬 禿𩿬也从鳥赤聲臣鉉等曰赤非聲未詳七由切

鶖 𩿬或从秋

鴛 鴛鴦也从鳥夗聲於袁切

鴦 鴛鴦也从鳥央聲於良切

鵽 鵽鳩也从鳥叕聲丁刮切

鵱 蔞鵝也从鳥坴聲力竹切
鴚 鴚鵝也从鳥可聲古俄切
鵝 鴚鵝也从鳥我聲五何切
鴈 鵝也从鳥人厂聲臣鉉等曰从人从厂義無所取當从雁省聲五晏切
鶩 舒鳧也从鳥敄聲亡遇切
鷖 鳧屬从鳥殹聲詩曰鳧鷖在梁烏雞切
䴋 䴋𪈭也从鳥契聲古節切
𪈭 䴋𪈭也从鳥辥聲私列切
鸏 水鳥也从鳥蒙聲莫紅切
鷸 知天將雨鳥也从鳥矞聲禮記曰知天文者冠鷸余律切
鷸 鷸或从遹
鸊 鸊鷉也从鳥辟聲普擊切
鷉 鸊鷉也从鳥虒聲土雞切
鸕 鸕鷀也从鳥盧聲洛乎切
鷀 鸕鷀也从鳥茲聲疾之切
鷧 鷀也从鳥壹聲乙冀切
鴔 鵖鴔也从鳥乏聲平立切
鵖 鵖鴔也从鳥皀聲彼及切
鴇 鳥也肉出尺胾从鳥𠦝聲博好切
鳵 鴇或从包
鸈 [illegible]鸈也从鳥渠聲強魚切
鷗 水鴞也从鳥區聲烏侯切
䳊 鳥也从鳥犮聲讀若撥蒲達切
鷛 [illegible]鳥也从鳥庸聲余封切
鶃 鳥也从鳥兒聲春秋傳曰六鶃退飛五歷切
鷊 鶃或从鬲
䳜 司馬相如說鶃从赤
鴺 鴺胡污澤也从鳥夷聲杜兮切
鵜 鴺或从弟
鴗 天狗也从鳥立聲力入切
鶬 麋鴰也从鳥倉聲七岡切
𩿥 鶬或从隹
鴰 麋鴰也从鳥昏聲古活切
鵁 鵁鶄也从鳥交聲一曰鵁鸕也古肴切
鶄 鵁鶄也从鳥青聲子盈切
鳽 鵁鶄也从鳥幵聲古賢切
[illegible] [illegible]
鴜 [illegible]鴜也从鳥此聲即夷切
鷻 雕也从鳥敦聲詩曰匪鷻匪鳶度官切
鳶 鷙鳥也从鳥屰聲臣鉉等曰屰非聲一本从屰

……从雈省。今俗別作鳶，非是。與專切。

鷳 鴟也。从鳥閒聲。戶閒切。

鷂 鷙鳥也。从鳥䍃聲。弋笑切。

鷢 白鷢，王鵙也。从鳥厥聲。居月切。

鵙 王鵙也。从鳥且聲。七余切。

鸛 鸛專，畐蹂。如誰，短尾。射之，銜矢射人。从鳥雚聲。呼官切。

鸇 鷐風也。从鳥亶聲。諸延切。

𪈽 籀文鸇从廛。

鷐 鷐風也。从鳥晨聲。植鄰切。

鷙 擊殺鳥也。从鳥執聲。脂利切。

鴥 鸇飛皃。从鳥穴聲。詩曰：鴥彼晨風。余律切。

鶯 鳥也。从鳥，熒省聲。詩曰：有鶯其羽。烏莖切。

鴝 鴝鵒也。从鳥句聲。其俱切。

鵒 鴝鵒也。从鳥谷聲。古者鴝鵒不踰泲。余蜀切。

鵒或从隹从臾。

鷩 赤雉也。从鳥敝聲。周禮曰：孤服鷩冕。并列切。

鵔 鵔鸃，鷩也。从鳥夋聲。私閏切。

鸃 鵔鸃也。从鳥義聲。秦漢之初，侍中冠鵔鸃冠。魚羈切。

鸐 雉屬，戇鳥也。从鳥，適省聲。都歷切。

鶡 似雉，出上黨。从鳥曷聲。胡割切。

鴧 鳥似鶡而青，出羌中。从鳥介聲。古拜切。

鷮 走鳴長尾雉也。乘輿以為防釳，著馬頭上。从鳥喬聲。巨嬌切。

鸚 鸚䳇，能言鳥也。从鳥嬰聲。烏莖切。

䳇 鸚䳇也。从鳥母聲。文甫切。

鷕 雌雉鳴也。从鳥唯聲。詩曰：有鷕雉鳴。以沼切。

鸓 鼠形。飛走且乳之鳥也。从鳥畾聲。力軌切。

𪇆 籀文鸓。

鶾 雉肥鶾音者也。从鳥倝聲。魯郊以丹雞祝曰：以斯鶾音赤羽，去魯侯之咎。侯幹切。

鴳 雇也。从鳥安聲。烏諫切。

鴆 毒鳥也。从鳥冘聲。一名運日。直禁切。

鷇 鳥子生哺者。从鳥㱿聲。口豆切。

鳴 鳥聲也。从鳥从口。武兵切。

鶱 飛皃。从鳥，寒省聲。虛言切。

鳻 鳥聚皃。一曰飛皃。从鳥分

聲府文切

文百十六　重十九

鷓　鷓鴣鳥名从鳥庶聲之夜切　鴣　鷓鴣也从鳥古聲古乎切　鴨　鶩也俗謂之鴨从鳥甲聲烏狎切　𪄀　鸂𪄀水鳥从鳥式聲恥力切

文四　新附

烏　孝鳥也象形孔子曰烏盱呼也取其助气故以爲烏呼凡烏之屬皆从烏哀都切臣鉉等曰今俗作嗚非是

𢏽　古文烏象形　於　象古文烏省　舄　䧿也象形七雀切　䧿　篆文舄从隹昔　焉　焉鳥黃色出於江淮象形凡字朋者羽蟲之屬烏者日中之禽舄者知太歲之所在燕者請子之候作巢避戊己所貴者故皆象形焉亦是也有乾切

文三　重三

說文解字弟四上

說文解字第四下　漢太尉祭酒許氏記

銀青光祿大夫守右散騎常侍上柱國東海縣開國子食邑五百戶臣徐鉉等奉

敕校定

百廿一

華　箕屬所以推棄之器也象形凡華之屬皆从華　官溥說　北潘切

畢　田罔也从華象畢形微也或曰由聲臣鉉等曰由音弗卑吉切

糞　棄除也从廾推華糞釆也官溥說似米而非米者矢字方問切

棄　捐也从廾推華棄之从𠫓𠫓逆子也臣鉉等曰𠫓他忽切詰利切　弃　古文棄　𠦅　籀文棄

文四　重二

百廿二

冓　交積材也象對交之形凡冓之屬皆从冓　古候切

再　一舉而二也从冓省作代切　爯　并舉也从爪冓省處陵切

文三

百廿三

幺　小也象子初生之形凡幺之屬皆从幺　於堯切

幼　少也从幺从力　伊謬切

文二

麼　細也从幺麻聲　亡果切

文一　新附

百廿四

𢆶　微也从二幺凡𢆶之屬皆从𢆶　於虯切

幽　隱也从山中𢆶𢆶亦聲　於虯切

幾　微也殆也从𢆶从戍戍兵守也𢆶而兵守者危也　居衣切

文三

百廿五

叀　專小謹也从幺省屮屮財見也屮亦聲凡叀之屬皆从叀　職緣切

𠀐　古文叀　𠃬　亦古文叀

惠　仁也从心从叀　徐鍇曰為惠者心專也　胡桂切

𢡟　古文惠从芔

疐　礙不行也从叀引而止之也叀者如叀馬之鼻从此與牽同意　陟利切

文三　重三

百廿六

玄　幽遠也黑而有赤色者為玄象幽而入覆之

百廿七 百廿八 百廿九

也凡玄之屬皆从玄 胡涓切

𢆯 古文 玆 黑也从二玄春秋傳曰何故使吾水玆 子之切 文二 重一

玈 黑色也从玄旅省聲義當用驢洛乎切 文一 新附

予 推予也象相予之形凡予之屬皆从予 余呂切

舒 伸也从舍从予予亦聲一曰舒緩也傷魚切 幻 相詐惑也从反予周書曰無或譸張爲幻胡辦切 文三

放 逐也从攴方聲凡放之屬皆从放 甫妄切

敖 出游也从出从放五牢切 敫 光景流也从白从放讀若龠以灼切 文二

𠬪 物落上下相付也从爪从又凡𠬪之屬皆从𠬪

讀若詩摽有梅 平小切

爰 引也从𠬪从于籒文以爲車轅字羽元切 𤔔 治也幺子相亂𠬪治之也讀若亂同一曰理也徐鍇曰冂坰也界也郎段切 𤔔

古文𠬪

受 相付也从受舟省聲殖酉切

𤔰 撮也从受从己臣鉉等曰己者物也又爪掫取之指事力輟切

爭 引也从受ノ臣鉉等曰ノ音曳受二手也而曳之爭之道也側莖切

𤔌 所依據也从受工讀與隱同於謹切

寽 五指持也从受一聲讀若律呂戌切

𠭥 進取也从受古聲古覽切

𣪊 籀文敢

㪚 古文敢

文九　重三

百三十

𣦼 殘穿也从又从歺凡𣦼之屬皆从𣦼讀若殘　昨干切

𣦿 溝也从𣦼从谷讀若郝呼各切

壑 叡或从土

𣧅 𣦼探堅意也从𣦼从貝貝堅寶也讀若概古代切

𣧈 坑也从𣦼从井井亦聲疾正切

叡 深明也通也从𣦼从目从谷省以芮切

睿 古文叡

壡 籀文叡从土

文五　重三

百卅一

歺 列骨之殘也从半冎凡歺之屬皆从歺讀若櫱岸之櫱 徐鍇曰冎剔肉置骨也歺殘骨也故从半冎臣鉉等曰義不應有中一秦刻石文有之五割切

𣦵 古文歺

𣦸

𣨙 病也从歺委聲於爲切

殙 瞀也从歺昏聲呼昆切

殰 胎敗也从歺賣聲徒谷切

歾 終也从歺勿聲莫勃切

𣩠 歾或从昷

𣨛 大夫死曰𣨛从歺卒聲子聿切

殊 死也从歺朱聲漢令曰蠻夷長有罪當殊之市朱切

殟 胎敗也从歺𥁕聲烏沒切
殤 不成人也人年十九至十六死爲長殤十五至十二死爲中殤十一至八歲死爲下殤从歺傷省聲式陽切
殂 往死也从歺且聲虞書曰勛乃殂昨胡切
𣦸 古文殂从歺从作
殛 殊也从歺亟聲虞書曰殛鯀于羽山己力切
殪 死也从歺壹聲於計切
[死壹] 古文殪从死
𣩄 死宗𣩄也从歺莫聲莫各切
殯 死在棺將遷葬柩賓遇之从歺从賓賓亦聲夏后殯於阼階殷人殯於兩楹之間周人殯於賓階必刃切
殔 瘞也从歺隶聲羊至切
殣 道中死人人所覆也从歺堇聲詩曰行有死人尚或殣之渠吝切
殠 腐气也从歺臭聲尺救切
殨 爛也从歺貴聲胡對切
[歺丂] 腐也从歺丂聲許久切
朽 死或从木
殆 危也从歺台聲徒亥切
殃 咎也从歺央聲於良切
殘 賊也从歺戔聲昨干切
殄 盡也从歺㐱聲徒典切
[古文殄] 古文殄如此
殲 微盡也从歺韱聲春秋傳曰齊人殲于遂子廉切
殫 殛盡也从歺單聲都寒切
殬 敗也从歺睪聲商書曰彝倫攸殬當故切
[歺羸] 畜産疫病也从歺从羸郎果切
[歺豈] 殺羊出其胎也从歺豈聲五來切
[歺肉] 禽獸所食餘也从歺从肉昨干切
殖 脂膏久殖也从歺直聲常職切
[歺古] 枯也从歺古聲苦孤切
[歺奇] 棄也从歺奇聲俗語謂死曰大[歺奇]去其切

文三十二 重六

死 澌也人所離也从歺从人凡死之屬皆从死息姊切

□古文死如此
薨公侯殍也从死瞢省聲呼肱切
薧死[illegible]从死蒿省聲呼毛切
㱙[illegible]見血曰傷亂[illegible]爲惛死而復生爲㱙从死次聲咨四切

文四　重一

百卅三

冎剔人肉置其骨也象形頭隆骨也凡冎之屬皆从冎　古瓦切

別分解也从冎从刀憑列切
𠔁別也从冎卑聲讀若罷府移切

文三

百卅四

骨肉之覈也从冎有肉凡骨之屬皆从骨　古忽切

髑髑髏頂也从骨蜀聲徒谷切
髏髑髏也从骨婁聲洛侯切
髆肩甲也从骨尃聲補各切
髃肩前也从骨禺聲午口切
骿并脅也从骨并聲晉文公骿脅臣鉉等曰骿胝字同今別作胼非部田切
髀股也从骨卑聲并弭切
□古[illegible]髀
髁髀骨也从骨果聲苦臥切
⿰骨厥骨也从骨厥聲居月切
髖髀上也从骨寬聲苦官切
髕厀耑也[illegible]骨賓聲[illegible]忍切
䯏骨耑也从骨昏聲古活切
⿰骨賫厀脛閒骨也从骨賫聲丘媿切
骹脛也从骨交聲口交切
骭骹也[illegible]

古案切

骸 脛骨也从骨亥聲戶皆切

髓 骨中脂也从骨隓聲息委切

𩨨 骨間黃汁也从骨易聲讀若易曰夕惕若厲他歷切

體 總十二屬也从骨豊聲他禮切

𩩲 㿉病也从骨麻聲莫鄙切

骾 食骨留咽中也从骨更聲古杏切

骼 禽獸之骨曰骼从骨各聲古覈切

骴 鳥獸殘骨曰骴骴可惡也从骨此聲明堂月令曰掩骼薶骴

髊 骴或从肉資四切

骫 骨耑骫奊也从骨丸聲於詭切

䯤 骨擿之可會髮者从骨會聲詩曰䯤弁如星古外切

文二十五　重一

肉 胾肉象形凡肉之屬皆从肉如六切

䏰 婦始孕䏰兆也从肉某聲莫桮切

胚 婦孕一月也从肉不聲匹桮切

胎 婦孕三月也从肉台聲土來切

肌 肉也从肉几聲居夷切

臚 皮也从肉盧聲力居切

膚 籀文臚

肫 面頯也从肉屯聲章倫切

䐢 頰肉也从肉幾聲讀若畿居衣切

脣 口耑也从肉辰聲食倫切

㖸 古文脣从頁

脰 項也从肉豆聲徒候切

肓 心上鬲下也从肉亡聲春秋傳曰病在肓之下呼光切

腎 水藏也从肉臤聲時忍切

肺 金藏也从肉巿聲芳吠切

脾 土藏也从肉卑聲符支切

肝 木藏也从肉干聲古案切

膽 連肝之府从肉詹聲都敢切

胃 穀府也从肉圂象形云貴切

脬 膀光也从肉孚聲匹交切

腸 大小腸也从肉昜聲

直良切 **膏** 肥也从肉高聲古勞切 **肪** 肥也从肉方聲甫良切 **膺** 胷也从肉雁聲於陵切 **肊** 胷骨也从肉乙聲於

力切 **臆** 肊或从意 **背** 脊也从肉北聲補妹切 **脅** 兩膀也从肉劦聲虛業切 **膀** 脅也从肉旁聲步光切 **髈**

膀或从骨 **脟** 脅肉也从肉寽聲一曰脟腸間肥也一曰膫也力輟切 **肋** 脅骨也从肉力聲盧則切 **胂** 夾脊肉也从肉申聲

矢人切 **脢** 背肉也从肉每聲易曰咸其脢莫桮切 **肩** 髆也从肉象形古賢切 **肩** 俗肩从戶 **胳** 亦下也从肉各聲古

各切 **胠** 亦下也从肉去聲去劫切 **臂** 手上也从肉辟聲卑義切 **臑** 臂羊矢也从肉需聲讀若襦那到切 **肘** 臂節也从

肉从寸寸手寸口也陟柳切 **齎** 肶齎也从肉齊聲徂兮切 **腹** 厚也从肉复聲方六切 **腴** 腹下肥也从肉臾聲羊朱切

脽 尻也从肉隹聲示隹切 **肤** 孔也从肉決省聲讀若決水之決古穴切 **胯** 股也从肉夸聲苦故切 **股** 髀也从肉

殳聲公戶切 **腳** 脛也从肉卻聲居勺切 **脛** 胻也从肉巠聲胡定切 **胻** 脛耑也从肉行聲戶更切 **腓** 脛腨也从肉非

聲符飛切 **腨** 腓腸也从肉耑聲市沇切 **胑** 體四胑也从肉只聲章移切 **肢** 胑或从支 **胲** 足大指毛也从肉亥聲古

哀切 **肖** 骨肉相似也从肉小聲不似其先故曰不肖也私妙切 **胤** 子孫相承續也从肉从八象其長也从幺象重累也羊晉切 **𦙍**

古文肎

胄 胄也从肉由聲直又切

肸 振肸也从肉八聲許訖切

膻 肉膻也从肉亶聲詩曰膻裼暴虎徒旱切

䐑 益州鄙言人盛諱其肥謂之䐑从肉襄聲如兩切

⿰月皆 臞也从肉皆聲古諧切

臞 少肉也从肉瞿聲其俱切

脫 消肉臞也从肉兌聲徒活切

脙 齊人謂臞脙也从肉求聲讀若休止巨鳩切

臠 臞也从肉䜌聲一曰切肉臠也詩曰棘人臠臠兮力沇切

膌 瘦也从肉脊聲資昔切

𤸜 古文膌从疒从朿朿亦聲

脀 騬也从肉丞聲讀若丞署陵切

胗 脣瘍也从肉㐱聲之忍切

疹 籀文胗从疒

腄 瘢胝也从肉垂聲竹垂切

胝 腄也从肉氏聲丁尼切

肬 贅也从肉尤聲羽求切

黕 籀文肬从黑

肒 搔生創也从肉丸聲胡岸切

腫 癰也从肉重聲之隴切

胅 骨差也从肉失聲讀與跌同徒結切

𦙫 創肉反出也从肉希聲香近切

⿰月引 瘢也从肉引聲一曰遽也羊晉切

臘 冬至後三戌臘祭百神从肉巤聲盧盍切

膢 楚俗以二月祭飲食也从肉婁聲一曰祈穀食新曰離膢力俱切

脁 祭也从肉兆聲土了切

胙 祭福肉也从肉乍聲臣鉉等曰今俗別作祚非是昨誤切

隋 裂肉也从肉从隓省徒果切

膳 具食也从肉善聲常衍切

腬 [illegible]善肉也从肉柔聲耳由切

肴 啖也从肉爻聲徐鍇曰謂已修庖之可食也胡茅切

腆 設膳腆腆多也从肉典聲他典切

𡨄 古文腆

腯 牛羊曰肥豕曰腯从肉盾聲他骨切

䏰 肥肉

也从肉必聲蒲結切
胡 牛■垂也从肉古聲戶孤切
胘 牛百葉也从肉弦省聲胡田切
膍 牛百葉也从肉毘聲一曰鳥膍胵房脂切
肶 膍或从比
胵 鳥胃也从肉至聲一曰胵五藏總名也處脂切
膘 牛脅■髀前合革肉也从肉票聲讀若繇敷紹切
𦞤 血祭肉也从肉帥聲呂戌切
膟 𦞤或从率
膫 牛腸脂也从肉尞聲詩曰取其血膫洛蕭切
膋 膫或从勞省聲
脯 乾肉也从肉甫聲方武切
脩 脯也从肉攸聲息流切
膎 脯也从肉奚聲戶皆切
脼 膎肉也从肉兩聲良獎切
膊 薄脯膊之屋上从肉尃聲匹各切
脘 胃府也从肉完聲讀若患舊昊脘古卵切
朐 脯挺也从肉句聲其俱切
膴 無骨腊也楊雄說鳥腊也从肉無聲周禮有膴判讀若謨荒烏切
胥 蟹醢也从肉疋聲相居切
腒 北方謂鳥腊曰腒从肉居聲傳曰堯如腊舜如腒九魚切
肍 孰肉醬也从肉九聲讀若舊巨鳩切
䐹 乾魚尾䐹䐹也从肉𦘒聲周禮有腒䐹所鳩切
腝 有骨醢也从肉耎聲人移切
臡 腝或从難
脠 生肉醬也从肉延聲丑連切
䏬 豕肉醬也从肉否聲薄口切
胹 爛也从肉而聲如之切
䐣 切孰肉內於血中和也从肉員聲讀若遜穌本切
胜 犬膏臭也从肉生聲一曰不孰也桑經切
臊 豕膏臭也从肉喿聲穌遭切
膮 豕肉羹也从肉堯聲許幺切
腥 星見食豕令肉中生小息肉也从肉从星星亦聲穌佞切
脂 戴角者脂無角者膏从肉旨聲旨夷切

□ [illegible]也从肉肖聲蘇果切 膩 上記也从肉貳聲女利切 膜 肉閒胲膜也从肉莫聲慕各切 □ 肉表革裏也从肉弱聲
而勺切 臛 肉羹也从肉隺聲呼各切 膹 臛也从肉賁聲房吻切 臇 臛也从肉雋聲讀若纂子沇切 □ 臇或从火巽
胾 大臠也从肉𢦒聲側吏切 䐑 薄切肉也从肉枼聲直葉切 膾 細切肉也从肉會聲古外切 腌 漬肉也从肉奄聲於業切
脃 小耎易斷也从肉从絕省此芮切 膬 耎易破也从肉毳聲七絕切 散 雜肉也从肉𢽾聲穌旰切 膞 切肉也从肉專聲市沇切
腏 挑取骨閒肉也从肉叕聲讀若詩曰啜其泣矣陟劣切 𦚧 食所遺也从肉仕聲易曰噬乾𦚧阻史切 胏 楊雄說𦚧从𠂔
⿰月臽 食肉不猒也从肉臽聲讀若陷戶猪切 肰 犬肉也从犬肉讀若然如延切 □ 古文然 □ 亦古文然 □ 起也
从肉□具聲昌具切 䏲 肉汁滓也从肉冘聲他感切 □ 昵也作之以皮从肉豙聲古肴切 □ 或曰嘼名象形闕郎果切
胆 蠅乳肉中也从肉且聲七余切 肙 小蟲也从肉口聲一曰空也烏玄切臣鉉等曰口音韋 腐 爛也从肉府聲扶雨切
肎 骨閒肉肎肎箸也从肉从冎省一曰骨無肉也苦等切 □ 古文肎 肥 多肉也从肉从卪臣鉉等曰肉不可過多故从卪符非切

文一百四十　重二十

䏿 肥腸也从肉啓省聲康禮切 朘 赤子陰也从肉夋聲或从血子回切 腔 内空也从肉从空空亦聲苦江切 胊 胊䏰蟲名漢中有胊䏰縣地下多此蟲因以爲名从肉句聲考其義當作潤蠢如順切 䏰 胊䏰也从肉忍聲尺尹切

文卅五 新附

百卅六

筋 肉之力也从力从肉从竹竹物之多筋者凡筋之屬皆从筋 居銀切

𥯤 筋之本也从筋从夗省聲渠建切 腱 𥯤或从肉建 䈥 手足指節鳴也从筋省勺聲北角切 肑 䈥或省竹

文三 重三

百卅七

刀 兵也象形凡刀之屬皆从刀 都牢切

𠛈 刀握也从刀缶聲方九切 㓵 刀劍刃也从刀咢聲臣鉉等曰今俗作鍔非是五各切 𠛱 籀文㓵从㓞从各 削 鞞也一曰析也从刀肖聲息約切 𠛎 鐮也从刀句聲古侯切 剴 大鐮也一曰摩也从刀豈聲五來切 剞 剞劂曲刀也从刀奇聲居綺切 劂 剞劂也从刀屈聲九勿切 利 銛也从刀和然後利从和省易曰利者義之和也力至切 𥝢 古文利 剡 銳利也从刀炎聲

以冄切 初 始也从刀从衣裁衣之始也楚居切 前 齊斷也从刀歬聲子善切 則 等畫物也从刀从貝貝古之物貨也子德切

𠟭 古文則 𠞾 亦古文則 𠟪 籀文則从鼎 剛 彊斷也从刀岡聲古郎切 㓻 古文剛如此 剬

斷齊也从刀耑聲旨兗切 劊 斷也从刀會聲古外切 切 刌也从刀七聲千結切 刌 切也从刀寸聲倉本切 [illegible] 斷也从刀

辥聲私列切 刉 劃傷也从刀气聲一曰斷也又讀若殪一曰刀不利於瓦石上刉之古外切 劌 利傷也从刀歲聲居衞切 刻 鏤也从刀

亥聲苦得切 副 判也从刀畐聲周禮曰副辜祭芳逼切 疈 籀文副 剖 判也从刀咅聲浦后切 辨 判也从刀辡聲蒲莧切

判 分也从刀半聲普半切 剫 判也从刀度聲徒洛切 刳 判也从刀夸聲苦孤切 列 分解也从刀𡿪聲良辥切 刊 剟也

从刀干聲苦寒切 剟 刊也从刀叕聲陟劣切 删 剟也从刀冊冊書也所姦切 劈 破也从刀辟聲普擊切 剝 裂也从刀从彔彔刻割也彔

亦聲北角切 𠞈 剝或从卜 割 剝也从刀害聲古達切 剺 剝也劃也从刀𠩺聲里之切 劃 錐刀曰劃从刀从畫畫亦聲呼麥

切 䀀 挑取也从刀肙聲一曰窐也烏玄切 劀 刮去惡創肉也从刀矞聲周禮曰劀殺之齊古鎋切 劑 齊也从刀从齊齊亦聲在詣切

刷 刮也从刀㕞省聲禮布刷巾所劣切 刮 掊把也从刀𠯑聲古八切 剽 砭刺也从刀票聲一曰剽劫人也匹妙切 刲 刺也从刀

百卅八

圭聲易曰士刲羊苦圭切

剉 折傷也从刀坐聲麤臥切

劋 絕也从刀喿聲周書曰天用劋絕其命子小切

刖 絕也从刀月聲魚厥切

刜 擊也从刀弗聲分勿切

㓼 傷也从刀桼聲親結切

劖 斷也从刀毚聲一曰剽也釗也鉏銜切

刓 剸也从刀元聲一曰齊也五丸切

釗 刓也从刀从金周康王名止遙切

制 裁也从刀从未未物成有滋味可裁斷一曰止也征例切

𠛐 古文制如此

㓠 缺也从刀占聲詩曰白圭之㓠丁念切

罰 辠之小者从刀从詈未以刀有所賊但持刀罵詈則應罰房越切

刵 斷耳也从刀从耳仍吏切

劓 刑鼻也从刀臬聲易曰天且劓魚器切

劓 臬或从鼻

刑 剄也从刀幵聲戶經切

剄 刑也从刀巠聲古零切

𠞊 減也从刀尊聲玆損切

魝 楚人謂治魚也从刀从魚讀若鍥古屑切

券 契也从刀𢍏聲券別之書以刀判契其旁故曰契券去願切

刺 君殺大夫曰刺刺直傷也从刀从朿朿亦聲七賜切

剔 解骨也从刀易聲他歷切

文六十二 重九

刎 剄也从刀勿聲武粉切

剜 削也从刀宛聲一丸切

劇 尤甚也从刀未詳豦聲渠力切

刹 柱也从刀未詳殺省聲初轄切

文四 新附

刃 堅也象刀有刃之形凡刃之屬皆从刃 而振切

刅 傷也从刃从一楚良切 創 或从刀倉聲臣鉉等曰今俗別作瘡非是也 劒 人所帶兵也从刃僉聲居欠切 劔 籀文劒从刀

文三　重二

百卅九

㓞 巧㓞也从刀丯聲凡㓞之屬皆从㓞 恪八切

𡙇 齘契刮也从㓞夬聲一曰契畫堅也古黠切 栔 刻也从㓞从木苦計切

文三

百四十

丯 艸蔡也象艸生之散亂也凡丯之屬皆从丯 讀若介 古拜切

𦓤 枝格也从丯各聲古百切

文二

百四一

耒 手耕曲木也从木推丯古者垂作耒枱以振民也凡耒之屬皆从耒 盧對切

耕 犂也从耒井聲一曰古者井田古莖切 耦 耒廣五寸爲伐二伐爲耦从耒禺聲五口切 耤 帝耤千畝也古者使民如

借故謂之耤从耒昔聲秦昔切 ⿰耒圭 冊叉可以劃麥河內用之从耒圭聲古攜切 ⿰耒員 除苗間穢也从耒員聲羽文切 ⿰耒芸 或从芸 耡 商人七十而耡耡耤稅也从耒助聲周禮曰以興耡利萌牀倨切

文七 重一

角 古岳切

角 獸角也象形角與刀魚相似凡角之屬皆从角

⿰角雚 揮角皃从角雚聲梁隱縣有⿰角雚亭又讀若繮況袁切 觻 角也从角樂聲張掖有觻得縣盧谷切 䚡 角中骨也从角思聲穌來切 觠 曲角也从角𠔉聲巨員切 觬 角觬曲也从角兒聲西河有觬氏縣研啟切 觢 一角仰也从角㓞聲易曰其牛觢尺制切 ⿰角虒 角傾也从角虒聲敕豕切 觭 角一俛一仰也从角奇聲去奇切 觓 角皃从角丩聲詩曰兕觵其觓渠幽切 ⿰角畏 角曲中也从角畏聲烏賄切 ⿰角爿 角長皃从角爿聲士角切 ⿰角厥 角有所觸發也从角厥聲居月切 觸 抵也从角蜀聲尺玉切 觲 用角低仰便也从羊牛角詩曰觲觲角弓息營切 ⿰角公 舉角也从角公聲古雙切 觷 治角也从角學省聲胡角切 衡 牛觸横大木其角从角从大行聲詩曰設其楅衡户庚切 㮣 古文衡如此 ⿰角耑 角⿰角耑獸也狀似豕角善為

弓出胡休多國。从角耑聲。多官切

觰 觰拏，獸也。从角者聲。一曰下大者也。陟加切

觤 羊角不齊也。从角危聲。過委切

觟 牝牂羊生角者也。从角圭聲。下瓦切

觡 骨角之名也。从角各聲。古百切

觜 鴟舊頭上角觜也。一曰觜觿也。从角此聲。遵爲切

解 判也。从刀判牛角。一曰解廌獸也。佳買切。又，戶賣切

觿 佩角，銳耑可以解結。从角巂聲。詩曰：童子佩觿。戶圭切

觵 兕牛角可以飲者也。从角黃聲。其狀觵觵，故謂之觵。古橫切

觥 俗觵从光。

觶 鄉飲酒角也。禮曰：一人洗舉觶。觶受四升。从角單聲。臣鉉等曰：當从戰省乃得聲。之義切

[角辰] 觶或从辰。

觗 禮經觶。

觛 小觶也。从角旦聲。徒旱切

觴 觶實曰觴，虛曰觶。从角，煬省聲。式陽切

[籀文觴] 籀文觴从爵省。

觚 鄉飲酒之爵也。一曰觴受三升者謂之觚。从角瓜聲。古乎切

[角亘] 角匕也。从角亘聲。讀若讙。臣鉉等曰：亘音宣，俗作古鄧切，篆文有異。況袁切

[角𣪘] 校耑角也。从角𣪘聲。胡狄切

觼 環之有舌者。从角夐聲。古穴切

鐍 觼或从金矞。

[角弜] 調弓也。从角，弱省聲。於角切

[角發] 唯射收繁具也。从角發聲。方肺切

[角酋] 唯射收繳具。从角酋聲。讀若鰌。字秋切

觳 盛觵卮也。一曰射具。从角㱿聲。讀若斛。胡谷切

觱 羌人所吹角屠觱，以驚馬也。从角𩰲聲。𩰲，古文誖字。卑吉切

文三十九　重六

（漢）許慎　撰

宋本說文解字

第二册

國家圖書館出版社

第二册目録

說文解字弟五上　漢太尉祭酒許慎記

銀青光祿大夫守右散騎常侍上柱國東海縣開國子食邑五百戶臣徐鉉等奉

敕校定

六十三部　五百二十七文　重百二十二

凡七千二百七十三字

文十五新附

竹 冬生艸也象形下垂者箁箬也凡竹之

屬皆从竹　陟玉切

箭 矢也从竹前聲子賤切 箘 箘簬也从竹囷聲一曰博棊也渠隕切 簬 箘簬也从竹路聲夏書曰惟箘簬楛

洛故切 簵 古文簬从輅 筱 箭屬小竹也从竹攸聲先杳切 簜 大竹也从竹湯聲夏書曰瑤琨筱簜簜可爲幹筱可爲

矢徒朗切䈽竹也从竹微聲無非切𥳑籒文从微省筍竹胎也从竹旬聲思允切箈竹萌也从竹怠聲徒哀切
箁竹箬也从竹音聲薄侯切箬楚謂竹皮曰箬从竹若聲而勺切節竹約也从竹即聲子結切筡折竹笢也从竹
余聲讀若絮同都切䉧筡也从竹麋聲武移切笢竹膚也从竹民聲武盡切笨竹裏也从竹本聲布忖切䈵
竹皃从竹翁聲烏紅切篸差也从竹參聲所今切篆引書也从竹彖聲持兖切籒讀書也从竹擢聲春秋傳曰卜籒云直又
切篇書也一曰關西謂榜曰篇从竹扁聲芳連切籍簿書也从竹耤聲秦昔切篁竹田也从竹皇聲戶光切䈝剖竹
未去節謂之䈝从竹將聲即兩切䈎籥也从竹枼聲与接切籥書僮竹笘也从竹龠聲以灼切䉮竹聲也从竹劉聲力
求切簡牒也从竹閒聲古限切笐竹列也从竹亢聲古郎切篰滿爰也从竹部聲薄口切等齊簡也从竹从寺寺官
曹之等平也多肯切笵法也从竹竹簡書也氾聲古法有竹刑防𡖅切箋表識書也从竹戔聲則前切符信也漢制以竹長六寸
分而相合从竹付聲防無切筮易卦用蓍也从竹从𢍰𢍰古文巫字時制切笄簪也从竹幵聲古兮切䈂取蟣比也从竹𦣞聲
居之切籆收絲者也从竹蒦聲王縛切䉀籆或从竹从閒筳繀絲筦也从竹廷聲特丁切筦筟也从竹完聲古滿切

筟筳也从竹孚聲讀若春秋魯公子彄芳無切笮迫也在瓦之下棼上从竹乍聲阻厄切簾堂簾也从竹廉聲力鹽
切簀牀棧也从竹責聲阻厄切笫牀簀也从竹𠂔聲阻史切筵竹席也从竹延聲周禮曰度堂以筵筵一丈以然切簟
竹席也从竹覃聲徒念切籧籧篨粗竹席也从竹遽聲彊魚切篨籧篨也从竹除聲直魚切籭竹器也可以取粗去
細从竹麗聲所宜切籓大箕也从竹潘聲一曰蔽也甫煩切籅漉米籔也从竹奧聲於六切籔炊籅也从竹數聲蘇后切箅
蔽也所以蔽甑底从竹畀聲必至切⿱竹稍飯筥也受五升从竹稍聲秦謂筥曰⿱竹稍山樞切䈾陳留謂飯帚曰䈾从竹捎聲一曰飯器容五升一
曰宋魏謂箸筩爲䈾所交切筥箱也从竹呂聲居許切笥飯及衣之器也从竹司聲相吏切簞笥也从竹單聲漢律令
簞小匡也傳曰簞食壺漿都寒切簁簁箄竹器也从竹徙聲所綺切箄簁箄也从竹卑聲并弭切篿圜竹器也从竹專聲
度官切箸飯攲也从竹者聲陟慮切又遲倨切簍竹籠也从竹婁聲洛侯切筤籃也从竹良聲盧黨切籃大篝也从
竹監聲魯甘切𥫗古文籃如此篝笿也可熏衣从竹冓聲宋楚謂竹篝牆以居也古侯切笿桮笿也从竹各聲盧各切⿱竹夅
桮笿也从竹夅聲或曰盛箸籠古送切籢鏡籢也从竹斂聲力鹽切籫竹器也从竹贊聲讀若纂一曰叢作管切[illegible]

从竹嬴聲以成切 ⿱竹刪 竹器也从竹刪聲蘇旰切 簋 黍稷方器也从竹从皿从皀居洧切 𠥩 古文簋从匚飢 𠤳 古文簋或从从軌

朹 亦古文簋 簠 黍稷圜器也从竹从皿甫聲方矩切 𠤱 古文簠从匚从夫 籩 竹豆也从竹邊聲布玄切

𠥓 籀文籩 ⿱竹屯 篅也从竹屯聲徒損切 篅 以判竹圜以盛穀也从竹耑聲市緣切 簏 竹高篋也从竹鹿聲盧谷切

箓 簏或从录 ⿱竹昜 大竹筩也从竹昜聲徒朗切 筩 斷竹也从竹甬聲徒紅切 箯 竹輿也从竹便聲旁連切 笯 鳥籠

也从竹奴聲乃故切 竿 竹梃也从竹干聲古寒切 籗 罩魚者也从竹靃聲竹角切 篧 籗或省 箇 竹枚也从竹固聲古

賀切 筊 竹索也从竹交聲胡茅切 筰 筊也从竹作聲在各切 ⿱竹沾 蔽絮簀也从竹沾聲讀若錢昨鹽切 箑 扇也从竹

疌聲山洽切 ⿱竹妾 箑或从妾 籠 舉土器也一曰笭也从竹龍聲盧紅切 ⿱竹襄 褱也从竹襄聲如兩切 ⿱竹互 可以收繩也从竹象

形中象人手所推握也胡誤切 互 ⿱竹互或省 簝 宗廟盛肉竹器也从竹尞聲周禮供盆簝以待事洛蕭切 ⿱竹豦 飲牛筐也从竹

豦聲方曰筐圜曰⿱竹豦居許切 篼 飲馬器也从竹兜聲當侯切 籚 積竹矛戟矜也从竹盧聲春秋國語曰朱儒扶籚洛乎切 箝

籋也从竹拑聲巨淹切 籋 箝也从竹爾聲臣鉉等曰爾非聲未詳尼輒切 簦 笠蓋也从竹登聲都滕切 笠 簦無柄也从竹立聲

力文切箱大車牝服也从竹相聲息良切篚車笭也从竹匪聲敷尾切笭車笭也从竹令聲一曰笭籯也郎丁切⿱竹剡
搔馬也从竹剡聲丑廉切策馬箠也从竹朿聲楚革切箠擊馬也从竹垂聲之壘切⿱竹朵箠也从竹朵聲陟瓜切笍
羊車騶箠也箸箴其耑長半分从竹內聲陟衛切籣所以盛弩矢人所負也从竹闌聲洛干切箙弩矢箙也从竹服聲周禮
仲秋獻矢箙房六切⿱竹朱棒雙也从竹朱聲陟輸切笘折竹箠也从竹占聲潁川人名小兒所書寫為笘失廉切笪笞也从竹旦聲當
割切笞擊也从竹台聲丑之切籤驗也一曰銳也貫也从竹韱聲七廉切𥳑榜也从竹殿聲臣鉉等曰當从臀省聲徒魂切箴
綴衣箴也从竹咸聲職深切箾以竿擊人也从竹削聲虞舜樂曰箾韶所角切又音簫竽管三十六簧也从竹亏聲羽俱切笙
十三簧象鳳之身也笙正月之音物生故謂之笙大者謂之巢小者謂之和从竹生聲古者隨作笙所庚切簧笙中簧也从竹黃聲古者
女媧作簧戶光切⿱竹是簧屬从竹是聲是支切簫參差管樂象鳳之翼从竹肅聲穌彫切筒通簫也从竹同聲徒弄切
籟三孔龠也大者謂之笙其中謂之籟小者謂之箹从竹賴聲洛帶切箹小籟也从竹約聲於角切管如篪六孔十二月之
音物開地牙故謂之管从竹官聲古滿切琯古者玉琯以玉舜之時西王母來獻其白琯前零陵文學姓奚於伶道舜祠下得笙玉琯夫以玉

作音故神人以和鳳皇來儀也从玉官聲 篎 小管謂之篎从竹眇聲亡沼切 笛 七孔筩也从竹由聲羌笛三孔徐鍇曰當从胄省乃得聲徒歷切 筑 以竹曲五弦之樂也从竹从巩巩持之也竹亦聲張六切 筝 鼓弦竹身樂也从竹爭聲側莖切 箛 吹鞭也从竹孤聲古乎切 篍 吹筩也从竹秋聲七肖切 籌 壺矢也从竹壽聲直由切 簺 行棊相塞謂之簺从竹从塞塞亦聲先代切 簙 局戲也六箸十二棊也从竹博聲古者烏胄作簙補各切 篳 藩落也从竹畢聲春秋傳曰篳門圭窬卑吉切 ⿱竹愛 蔽不見也从竹㤅聲烏代切 ⿱竹嚴 惟射所蔽者也从竹嚴聲語杴切 篽 禁苑也从竹御聲春秋傳曰澤之目篽魚舉切 ⿱竹⿰魚又 篽或从又魚聲 筭 長六寸計歷數者从竹从弄言常弄乃不誤也蘇貫切 算 數也从竹从具讀若筭蘇管切 笑 此字本闕臣鉉等案孫愐唐韻引說文云喜也从竹从犬而不述其義今俗皆从犬又案李陽冰刊定說文从竹从夭義云竹得風其體夭屈如人之笑未知其審私妙切

文百四十四 重十五

簃 閣邊小屋也从竹移聲說文通用誃弋支切 筠 竹皮也从竹均聲王春切 笏 公及士所搢也从竹勿聲案籀文作𦣞象形義云佩也古笏佩之此字後人所加呼骨切 篦 導也今俗謂之篦从竹毘聲邊兮切 篙 所以進船也从竹高聲古牢切 文五新附

百四四

箕 簸也从竹𠀠象形下其丌也凡箕之屬皆从箕 居之切

𠀠 古文箕省 𠔀 亦古文箕 𠀠 亦古文箕 𠁎 籀文箕 匚 籀文箕 簸 揚米去糠也切箕皮聲布火切

文二 重五

百四五

丌 下基也薦物之丌象形凡丌之屬皆从丌讀若箕同 居之切

䢃 古之遒人以木鐸記詩言从辵从丌丌亦聲讀與記同徐鍇曰遒人行而求之故从辵丌薦而進之於上也居吏切 典 五帝之書也从冊在丌上尊閣之也莊都說典大冊也多殄切 𥮊 古文典从竹 顨 巽也从丌从頭此易顨卦爲長女爲風者臣鉉等曰頭之義亦選具也蘇困切 畀 相付與之約在閣上也从丌甶聲必至切 巽 具也从丌𠬝聲臣鉉等曰庶物皆具丌以薦之蘇困切 𢁉 古文巽 巽 篆文巽 奠 置祭也从酋酋酒也下其丌也禮有奠祭者堂練切

文七 重三

百四六 左手相左助也从𠂇工凡左之屬皆从左則箇切臣鉉等曰今俗别作佐

差貳也差不相值也从左从𠂹徐鍇曰左於事是不當值也初牙切又楚佳切 𢀩籒文差从二 文二 重一

百四七 工巧飾也象人有規榘也與巫同意凡工之屬皆从工徐鍇曰為巧必遵規矩法度然後為工否則目巧也巫事無形失在於詭亦當遵規榘故曰與巫同意古紅切

𢒄古文工从彡 式法也从工弋聲賞職切 巧技也从工丂聲苦絞切 巨規巨也从工象手持之其呂切 榘巨或从木矢矢者其中正也 𢀛古文巨 文四 重三

百四八 㠭極巧視之也从四工凡㠭之屬皆从㠭知衍切

𡨄窒也从㠭从廾窒宀中㠭猶齊也穌則切 文二

百四九 巫祝也女能事無形以舞降神者也象人兩褎舞形與工同意古者巫咸初作巫凡巫之屬

皆从巫 武扶切

𢗿 古文巫 覡 能齋肅事神明也在男曰覡在女曰巫从巫从見徐鍇曰能見神也胡狄切

文二 重一

百五十

甘 美也从口含一一道也凡甘之屬皆从甘 古三切

甛 美也从甘从舌舌知甘者徒兼切 𤯍 和也从甘从麻麻調也甘亦聲讀若函古三切 猒 飽也从甘从肰於鹽切 𤮺 猒或从㠯 甚 尤安樂也从甘从匹耦也常枕切 𠤔 古文甚

文五 重二

百五一

曰 詞也从口乙聲亦象口气出也凡曰之屬皆从曰 王伐切

𠕋 告也从曰从冊冊亦聲楚革切 曷 何也从曰匃聲胡葛切 曶 出气詞也从曰象气出形春秋傳曰鄭太子曶 呼骨切 𦥛 籀文曶一曰佩也象形 朁 曾也从曰兓聲詩曰朁不畏明臣鉉等曰今俗有昝字蓋朁之譌七感切 沓 語多沓沓也从水从曰遼東有沓縣臣鉉等曰語多沓沓若水之流故从水會意徒合切 曹 獄之兩曹也在廷東从棘治事者从曰徐鍇曰以言詞治獄也[illegible]

昨平切

文七　重一

百五二

乃　曳詞之難也象气之出難凡乃之屬皆从乃　奴亥切臣鉉等曰今隸書作乃

𠄎　古文乃

𠄏　籀文乃

𠧪　驚聲也从乃省西聲籀文卤不省或曰卤往也讀若仍臣鉉等曰西非聲未詳如乘切

𠧪　古文卤

𠧧　气行皃从乃卤聲讀若攸以周切

文三　重三

百五三

丂　气欲舒出勹上礙於一也丂古文以爲亏字又以爲巧字凡丂之屬皆从丂　苦浩切

粤　亟詞也从丂从由或曰粤俠也三輔謂輕財者爲粤臣鉉等曰由用也任俠用气也普丁切

寧　願詞也从丂寍聲奴丁切

𠀀　反丂也讀若呵虎何切

文四

百五四

可　𦥔也从口𠄎𠄎亦聲凡可之屬皆从可　肯我切

奇 異也一曰不耦从大从可渠羈切 哿 可也从可加聲詩曰哿矣富人古我切 哥 聲也从二可古文以爲謌字古俄切 文四

叵 不可也从反可普火切 文一 新附

百五五

兮 語所稽也从丂八象气越亏也凡兮之屬皆从兮胡雞切

𡕒 驚辭也从兮旬聲思允切 㥧 𡕒或从心 羲 气也从兮義聲許羈切 乎 語之餘也从兮象聲上越揚之形也戶吳切

文四 重一

百五六

号 痛聲也从口在丂上凡号之屬皆从号胡到切

號 呼也从号从虎乎刀切 文二

百五七

亏 於也象气之舒亏从丂从一一者其气平之也凡亏之屬皆从亏羽俱切今變隸作于

虧 气損也从亏雐聲去爲切 虧 虧或从兮 粤 亏也審愼之詞者从亏从宷周書曰粤三日丁亥王伐切 吁 驚語也从口从亏亏亦聲臣鉉等案口部有吁此重出況于切 平 語平舒也从亏从八八分也爰禮說符兵切 𠀤 古文平如此

文五 重二

百五八 旨 美也从甘匕聲凡旨之屬皆从旨職雉切 𣅀 古文旨

嘗 口味之也从旨尚聲市羊切

文二 重一

百五九 喜 樂也从壴从口凡喜之屬皆从喜虛里切 歖 古文喜从欠與歡同 憙 說也从心从喜喜亦聲許記切 嚭 大也从喜否聲春秋傳吳有太宰嚭匹鄙切

文三 重一

百六十 壴 陳樂立而上見也从屮从豆凡壴之屬皆从壴中句切

尌 立也从壴从寸持之也讀若駐常句切 鼜 夜戒守鼓也从壴蚤聲禮昏鼓四通爲大鼓夜半三通爲戒晨旦明五通爲發明讀若戚

倉歷切 彭 鼓聲也从壴彡聲臣鉉等曰當从形省乃得聲薄庚切 嘉 美也从壴加聲古牙切 文五

鼓 郭也春分之音萬物郭皮甲而出故謂之

鼓从壴支象其手擊之也周禮六鼓靁鼓八

面靈鼓六面路鼓四面鼖鼓皋鼓晉鼓皆兩面

凡鼓之屬皆从鼓 徐鍇曰郭者覆冒之意工戶切

𡔷 籒文鼓从古聲 鼛 大鼓也从鼓咎聲詩曰鼛鼓不勝古勞切 鼖 大鼓謂之鼖鼖八尺而兩面以鼓軍事从鼓賁省聲[illegible]

分切 鞼 鼖或从革賁不省 鼙 騎鼓也从鼓卑聲部迷切 𪔉 鼓聲也从鼓隆聲徒冬切 鼝 [illegible]

鼓鼝鼝烏玄切 鼞 鼓聲也从鼓堂聲詩曰擊鼓其鼞土郎切 鼛 鼓聲也从鼓合聲徒合切 [illegible]

𪔛 鼓無聲也从鼓咠聲他叶切 𪔜 鼓鼙聲从鼓缶聲土盍切 文十 重二

百六二

豈 還師振旅樂也一曰欲也登也从豆㣲省聲 [illegible]

凡豈之屬皆从豈 墟喜切

愷 康也从心豈豈亦聲苦亥切 𧯛 𧯛也訖事之樂也从豈幾聲 [illegible] 豈無幾字从幾从气義無所 [illegible] 亦渠稀切

文三

百六三

豆 古食肉器也从口象形凡豆之屬皆从豆 [illegible]

𣅀 古文豆 梪 木豆謂之梪从木豆徒候切 𧯠 蠡也从豆蒸省聲居隱切 𧯞 豆屬从豆𢍏聲居 [illegible] 䜭 豆飴也从豆夗聲一丸切 𧯷 禮器也从廾持肉在豆上讀若鐙同都滕切

文六 重一

百六四

豊 行禮之器也从豆象形凡豊之屬皆从豊 讀與禮同 盧啓切

豑 爵之次弟也从豊从弟虞書曰平豑東作直質切

文二

百六五

豐 豆之豐滿者也从豆象形一曰鄉飲酒有豐侯者凡豐之屬皆从豐 敷戎切

豐 古文豐

豔 好而長也从豐豐大也盍聲春秋傳曰美而豔 以贍切

文二 重一

百六六

䖒 古陶器也从豆虍聲凡䖒之屬皆从䖒 許羈切

䖔 土鍪也从䖒号聲讀若鎬 胡到切

䖓 器也从䖒宀宀亦聲闕 直呂切

文三

百六七

虍 虎文也象形凡虍之屬皆从虍 徐鍇曰象其文章屈曲也 荒烏切

虞 騶虞也白虎黑文尾長於身仁獸食自死之肉从虍吳聲詩曰于嗟乎騶虞 五俱切

虙 虎皃从虍必聲 房六切

虔 虎行皃从虍文聲讀若矜 臣鉉等曰文非聲未詳 渠焉切

虘 虎不柔不信也从虍且聲讀若鄌縣 昨何切

虖 哮虖也从虍乎聲 荒烏切

虐 殘也从虍虎足反爪人也 魚約切

虐 古文虐如此

虨 虎文彪也从虍彬聲 布還切

虡 鐘鼓之柎也飾為猛獸从虍異象其下足 其呂切

鐻 虡或从金豦聲

虡 篆文虡省

文九 重三

虎 山獸之君从虍虎足象人足象形凡虎之屬皆从虎 呼古切

古文虎

亦古文虎

虎聲也从虎毄聲讀若隔古覈切

白虎也从虎昔省聲讀若鼏莫狄切

虎屬从虎去聲臣鉉等曰去非聲未詳呼濫切

虪 黑虎也从虎儵聲式竹切

虦 虎竊毛謂之虦苗从虎戔聲竊淺也昨閑切

彪 虎文也从虎彡象其文也甫州切

虎皃从虎乂聲魚廢切

虎皃从虎乞聲魚迄切

虓 虎鳴也一曰師子从虎九聲許交切

虎聲也从虎斤聲語斤切

虩 易履虎尾虩虩恐懼一曰蠅虎也从虎㬰聲許隙切

虢 虎所攫畫明文也从虎寽聲古伯切

虒 委虒虎之有角者也从虎厂聲息移切

黑虎也从虎騰聲徒登切

文十五 重二

虣 虐也急也从虎从武見周禮薄報切

䖘 楚人謂虎爲烏䖘从虎兔聲同都切

文二 新附

虤 虎怒也从二虎凡虤之屬皆从虤 五閑切

兩虎爭聲从虤从曰讀若憖臣鉉等曰曰口气出也語巾切

贙 分別也从虤對爭貝讀若迴胡畎切

文三

皿 飯食之用器也象形與豆同意凡皿之屬皆从皿讀若猛 武永切

盂 飯器也从皿亏聲 羽俱切 盌 小盂也从皿夗聲 烏管切 盛 黍稷在器中以祀者也从皿成聲 氏征切 齍 黍稷在器以祀者从皿齊聲 即夷切 𥁕 小甌也从皿有聲讀若灰一曰若賄 于救切 𥁒 𥁕或从右 盧 飯器也从皿𤿘聲 洛乎切 𥃤 籀文盧 𥂴 器也从皿从缶古聲 公戶切 盄 器也从皿弔聲 止遙切 盎 盆也从皿央聲 烏浪切 瓷 盎或从瓦 盆 盎也从皿分聲 步奔切 𥁑 器也从皿宁聲 直呂切 盨 檳盨負戴器也从皿須聲 相庾切 𥂺 器也从皿漻聲 古巧切 𥁃 械器也从皿必聲 彌畢切 醯 酸也作醯以鬻以酒从鬻酒並省从皿皿器也 呼雞切 盉 調味也从皿禾聲 戶戈切 益 饒也从水皿皿益之意也 伊昔切 盈 滿器也从皿夃 臣鉉等曰夃古乎切益多之義也古者以買物多得爲夃故从夃 以成切 盡 器中空也从皿㶳聲 慈刃切 盅 器虛也从皿中聲老子曰道盅而用之 直弓切 盦 覆蓋也从皿酓聲 臣鉉等曰今俗別作罯非是 烏合切 昷 仁也从皿以食囚也官溥說 烏渾切 盥 澡手也从臼水臨皿春秋傳曰奉匜沃盥 古玩切 盪 滌器也从皿湯聲 徒朗切

百七一 百七二 百七三

文二十五　重三

盋　盋器盂屬从皿犮聲　或从金从本北末切　文一　新附

凵　凵盧飯器以柳爲之象形凡凵之屬皆从凵去魚切

笑　凵或从竹去聲　文一　重一

去　人相違也从大凵聲凡去之屬皆从去丘據切

朅　去也从去曷聲丘竭切　錂　去也从去夌聲讀若陵力膺切　文三

血　祭所薦牲血也从皿一象血形凡血之屬皆从血呼決切

衁　血也从血亡聲春秋傳曰士刲羊亦無衁也呼光切　衃　凝血也从血不聲芳桮切　𧖴　气液也从血𦘔聲將鄰切　䘑　定息也从血甹省聲讀若亭特丁切　衄　鼻出血也从血丑聲女六切　𧗄　腫血也从血農省聲奴冬切　膿　俗𧗄从肉農聲

䘔　血醢也从血脓聲禮記有䘔醢以牛乾脯粱䴵鹽酒也臣鉉等曰脓肉汁滓也故从脓脓亦聲他感切　𧗠　醢也从血菹聲側余

切𧗿䀋或从缶⿱幾血以血有所刏涂祭也从血幾聲渠稀切卹憂也从血卩聲一曰鮮少也徐鍇曰卹者言憂之切至也辛聿切

衋傷痛也从血聿皕聲周書曰民罔不衋傷心許力切衉羊凝血也从血臽聲苦紺切⿱贛血衉或从贛盇覆也从血

大臣鉉等曰大象盇覆之形胡臘切衊污血也从血蔑聲莫結切

文十五　重三

丶有所絶止丶而識之也凡丶之屬皆从丶知庾切

主鐙中火主也从𡈼象形从丶丶亦聲臣鉉等曰今俗別作炷非是之庾切咅相與語唾而不受也从丶从否否亦聲天口切⿰豆欠

咅或从豆从欠

文三　重一

説文解字第五上

說文解字弟五下　漢太尉祭酒許慎記

銀青光祿大夫守右散騎常侍上柱國東海縣開國子食邑五百戶臣徐鉉等奉

敕校定

百七五

丹 巴越之赤石也象采丹井丶象丹形凡丹之屬皆从丹 都寒切

𠁿 古文丹　彬 亦古文丹　雘 善丹也从丹蒦聲周書曰惟其敷丹雘讀若隺烏郭切　彤 丹飾也从丹从彡彡其畫也徒冬切

文三　重二

百七六

青 東方色也木生火从生丹丹青之信言必然凡青之屬皆从青 倉經切

𡕾 古文青　靜 審也从青爭聲徐鍇曰丹青明審也疾郢切

文二　重一

百七七

井 八家一井象構韓形・甕之象也古者伯益初作井凡井之屬皆从井 子郢切

瑩 深池也从井瑩省聲烏迴切 阱 陷也从𨸏从井井亦聲疾正切 穽 阱或从穴 汬 古文阱从水 荆 罰辠也从井从刀易曰井法也井亦聲戶經切 刱 造法刱業也从井刅聲讀若創初亮切

文五 重二

百七八

皀 穀之馨香也象嘉穀在裹中之形匕所以扱之或說皀一粒也凡皀之屬皆从皀又讀若香 皮及切

即 即食也从皀卩聲徐鍇曰即就也子力切 既 小食也从皀旡聲論語曰不使勝食既居未切 冟 飯剛柔不調相著从皀冂聲讀若適施隻切

文四

百七九

鬯 以秬釀鬱艸芬芳攸服以降神也从凵凵器也中象米匕所以扱之易曰不喪匕鬯

凡鬯之屬皆从鬯　丑諒切

鬱　芳艸也十葉爲貫百廿貫築以煮之爲鬱从臼冂缶鬯彡其飾也一曰鬱鬯百艸之華遠方鬱人所貢芳艸合釀之以降神鬱今鬱林郡也迂勿切

爵　禮器也象爵之形中有鬯酒又持之也所以飲器象爵者取其鳴節節足足也即略切　𠁋　古文爵象形

䊮　黑黍也一稃二米以釀也从鬯矩聲其呂切　秬　䊮或从禾

𩰪　列也从鬯吏聲讀若迅疏吏切

文五　重二

食　一米也从皀亼聲或說亼皀也凡食之屬皆从食　乘力切

饙　滫飯也从食𠦪聲臣鉉等曰𠦪音忽非聲疑奔字之誤府文切　餴　饙或从賁　餴　饙或从奔

餾　飯气蒸也从食留聲力救切

飪　大孰也从食壬聲如甚切　𦞜　古文飪　恁　亦古文飪

饔　孰食也从食雝聲於容切

飴　米糱煎也从食台聲與之切　𩛶　籀文飴从異省

餳　飴和饊者也从食昜聲徐盈切

饊　熬稻粻程也从食散聲穌旱切

餅　麪餈也从食并聲必郢切

餈　稻餅也从食次聲疾資切　𩟄　餈或从齊　粢　餈或从米

饘　糜也从食亶聲周謂之饘宋謂之餬

餬。諸延切
餱 乾食也。从食侯聲。周書曰：峙乃餱粻。乎溝切
餥 餱也。从食非聲。陳楚之閒相謁食麥飯曰餥。非尾切
饎 酒食也。从食喜聲。詩曰：可以饙饎。昌志切
⿰食巸 饎或从巸
糦 饎或从米
籑 具食也。从食算聲。士戀切
饌 籑或从巽
養 供養也。从食羊聲。余兩切
𢼊 古文養
飯 食也。从食反聲。符萬切
⿰食丑 雜飯也。从食丑聲。女久切
飤 糧也。从人食。祥吏切
饡 以羹澆飯也。从食贊聲。則榦切
⿰食象 晝食也。从食象聲。書兩切
⿰食傷省 ⿰食象或从傷省聲
飧 餔也。从夕食。思魂切
餔 日加申時食也。从食甫聲。博狐切
𨡔 籒文餔从皿浦聲
餐 吞也。从食奴聲。七安切
湌 餐或从水
⿰食兼 嗛也。从食兼聲。讀若風溓溓。一曰廉絜也。力鹽切
饁 餉田也。从食盍聲。詩曰：饁彼南畝。筠輒切
饟 周人謂餉曰饟。从食襄聲。人漾切
餉 饟也。从食向聲。式亮切
饋 餉也。从食貴聲。求位切
饗 鄉人飲酒也。从食从鄉，鄉亦聲。許兩切
饛 盛器滿皃。从食蒙聲。詩曰：有饛簋飧。莫紅切
飵 楚人相謁食麥曰飵。从食乍聲。在各切
⿰食占 相謁食麥也。从食占聲。奴兼切
⿰食𩰫 秦人謂相謁而食麥曰⿰食𩰫䭡。从食𩰫聲。烏困切
䭡 ⿰食𩰫䭡也。从食豈聲。五困切
餬 寄食也。从食胡聲。戶吳切
飶 食之香也。从食必聲。詩曰：有飶其香。毗必切
䬸 燕食也。从食芺聲。詩曰：飲酒之䬸。依據切
飽 猒也。从食包聲。博巧切
⿰食孚 古文飽从孚
⿱卯食 亦古文飽从卯聲
⿰食肙 猒也。从食肙聲

烏玄切 饒 飽也从食堯聲如昭切 餘 饒也从食余聲以諸切 餀 食臭也从食艾聲爾雅曰餀謂之喙呼艾切 餞 送去也从食戔聲詩曰顯父餞之才線切 餫 野饋曰餫从食軍聲王問切 館 客舍也从食官聲周禮五十里有市市有館館有積以待朝聘之客古玩切 饕 貪也从食號聲土刀切 叨 饕或从口刀聲 𩟧 籒文饕从號省 飻 貪也从食殄省聲春秋傳曰謂之饕飻他結切 饖 飯傷熱也从食歲聲於廢切 饐 飯傷溼也从食壹聲乙冀切 餲 飯餲也从食曷聲論語曰食饐而餲乙例切又烏介切 饑 穀不孰爲饑从食幾聲居衣切 饉 蔬不孰爲饉从食堇聲渠吝切 ⿰食戹 飢也从食戹聲讀若楚人言恚人於革切 餧 飢也从食委聲一曰魚敗曰餧奴罪切 飢 餓也从食几聲居夷切 餓 飢也从食我聲五箇切 餽 吳人謂祭曰餽从食从鬼鬼亦聲俱位切又音饋 餟 祭酹也从食叕聲陟衛切 ⿰食兌 小餟也从食兌聲輸芮切 䬳 馬食穀多气流四下也从食夌聲里甑切 䬴 食馬穀也从食末聲莫撥切

文六十二　重十八

餕 食之餘也从食夋聲子陖切 餻 餌屬从食羔聲古牢切

文二　新附

亼 三合也从入一象三合之形凡亼之屬皆从亼

讀若集秦入切臣鉉等曰此疑只象形非从入一也

合 合口也从亼从口候閤切

僉 皆也从亼从吅从从虞書曰僉曰伯夷七廉切

侖 思也从亼从冊力屯切 龠 籒文侖

今 是時也从亼从乛乛古文及居音切

舍 市居曰舍从亼屮象屋也口象築也始夜切

文六 重一

百八二

會 合也从亼从曾省曾益也凡會之屬皆从會黃外切

𠓝 古文會如此

朇 益也从會卑聲符支切

𣊫 日月合宿爲辰从會从辰辰亦聲植鄰切

文三 重二

百八三

倉 穀藏也倉黃取而藏之故謂之倉从食省口象倉形凡倉之屬皆从倉七岡切

仺 奇字倉

牄 鳥獸來食聲也从倉爿聲虞書曰鳥獸牄牄七羊切

文二 重一

百八四

入 內也象从上俱下也凡入之屬皆从入人汁切

內 入也从冂自外而入也奴對切

𡴫 入山之深也从山从入闕鉏箴切

糴 市穀也从入从䊮徒歷切

仝 完也从入从工疾緣切

全 篆文仝从玉純玉曰全 𠓞 古文仝

㒳 二入也兩从此闕 良奬切

文六 重二

缶 瓦器所以盛酒漿秦人鼓之以節謌象形 凡缶之屬皆从缶 方九切

㲉 未燒瓦器也从缶㱿聲讀若筩莩又苦候切

匋 瓦器也从缶包省聲古者昆吾作匋案史篇讀與缶同徒刀切

罌 缶也从缶賏聲烏莖切

𦈢 小口罌也从缶𠦒聲池僞切

䍌 小缶也从缶咅聲蒲候切

缾 罋也从缶并聲薄經切

瓶 缾或从瓦

罋 汲缾也从缶雝聲烏貢切

𦈟 下平缶也从缶乏聲讀若昇土盍切

罃 備火長頸缾也从缶熒省聲烏莖切

缸 瓨也从缶工聲下江切

𦈫 瓦器也从缶或聲于逼切

𦉕 瓦器也从缶薦聲作甸切

䍃 瓦器也从缶肉聲臣鉉等曰當从䍃省乃得聲以周切

䍅 瓦器也从缶霝聲郎丁切

𦈲 缺也从缶占聲都念切

缺 器破也从缶決省聲傾雪切

罅 裂也从缶虖聲呼迓切

罄 器中空也从缶殸聲殸古文磬字詩云缾之罄矣苦定切

罊 器中盡也从缶毄聲苦計切

缿 受錢器也从缶后聲古以瓦今以竹大口切又胡講切

文二十一 重一

罐 器也从缶雚聲古玩切

文一 新附

矢 弓弩矢也从入象鏑栝羽之形古者夷牟初作矢凡矢之屬皆从矢 式視切

䠶 弓弩發於身而中於遠也从矢从身食夜切 射 篆文䠶从寸寸法度也亦手也 矯 揉箭箝也从矢喬聲居夭切 矰 雉䠶矢也从矢曾聲作縢切 侯 春饗所䠶侯也从人从厂象張布矢在其下天子䠶熊虎豹服猛也諸侯䠶熊豕虎大夫射麋麋惑也士䠶鹿豕爲田除害也其祝曰毋若不寧侯不朝于王所故伉而䠶汝也乎溝切 矦 古文矦 𥏼 傷也从矢昜聲式陽切 短 有所長短以矢爲正从矢豆聲都管切 矤 況也詞也从矢引省聲从矢取詞之所之如矢也式忍切 知 詞也从口从矢陟離切 矣 語以詞也从矢以聲于己切

文十 重二

矮 短人也从矢委聲烏蟹切

文一 新附

高 崇也象臺觀高之形从冂口與倉舍同意

百八八　百八九

凡高之屬皆从高　古牢切

高　小堂也从高省冋聲　去潁切　廎　高或从广頃聲　亭　民所安定也亭有樓从高省丁聲　特丁切　亳　京兆杜陵亭也从高省乇聲　旁各切

文四　重一

冂　邑外謂之郊郊外謂之野野外謂之林林外謂之冂象遠界也凡冂之屬皆从冂　古熒切

冋　古文冂从口象國邑　坰　冋或从土　市　買賣所之也市有垣从冂从乁乁古文及象物相及也之省聲　時止切　冘　淫淫行皃从人出冂　余箴切　央　中央也从大在冂之內大人也央旁同意一曰久也　於良切　隺　高至也从隹上欲出冂易曰夫乾隺然　胡沃切

文五　重二

𩫖　度也民所度居也从回象城𩫖之重兩亭相對也或但从口　𩫖音　凡𩫖之屬皆从𩫖　古博切

㱿 缺也古者城闕其南方謂之㱿从𩫖缺省讀若拔物爲決引也傾雪切

文二

百九十

京 人所爲絕高丘也从高省丨象高形凡京之屬皆从京 舉卿切

就 就高也从京从尤尤異於凡也疾僦切 䳣 籒文就

文二 重一

百九一

亯 獻也从高省曰象進孰物形孝經曰祭則鬼亯之凡亯之屬皆从亯 許兩切又普庚切又許庚切 亯 篆文亯

𦎫 孰也从亯从羊讀若純一曰鬻也常倫切 𦎫 篆文𦎫

䈞 厚也从亯竹聲讀若篤冬毒切

𩫏 用也从亯从自自知臭香所食也讀若庸余封切

文四 重二

百九二

㫗 厚也从反亯凡㫗之屬皆从㫗 徐鍇曰亯者進上也以進上之具反之於下則厚也胡口切

覃 長味也从㫗鹹省聲詩曰實覃實吁徒含切 𣧄 古文覃 䜩 篆文覃省 厚 山陵之厚也从㫗从厂胡口切 垕 古文厚从后土

文三 重三

百九三

畐 滿也从高省象高厚之形凡畐之屬皆从畐讀若伏 芳逼切

良 善也从畐省亡聲徐鍇曰良甚也故从畐呂張切 𥃩 古文良 㠃 亦古文良 𡱍 亦古文良

文一 重三

百九四

㐭 穀所振入宗廟粢盛倉黃㐭而取之故謂之㐭从入回象屋形中有戶牖凡㐭之屬皆从㐭 力甚切 廩 㐭或从广从禀 稟 賜穀也从㐭从禾筆錦切 亶 多穀也从㐭旦聲多旱切 啚 嗇也从口㐭㐭受也方美切 𠳵 古文啚如此

文四 重二

百九五
嗇 愛濇也从來从㐭來者㐭而藏之故田夫謂之嗇夫凡嗇之屬皆从嗇 所力切

嗇 古文嗇从田

牆 垣蔽也从嗇爿聲 才良切 牆 籒文从二禾 牆 籒文亦从二來

文二 重三

百九六
來 周所受瑞麥來麰一來二縫象芒朿之形天所來也故爲行來之來詩曰詒我來麰凡來之屬皆从來 洛哀切

䅞 詩曰不䅞不來从來矣聲 牀史切 䅞 䅞或从彳

文二 重一

百九七
麥 芒穀秋種厚薶故謂之麥麥金也金王而生火王而死从來有穗者从夊凡麥之

屬皆从麥 臣鉉等曰夊足也周受瑞麥來麰如行來故从夊莫獲切

麰 來麰麥也从麥牟聲莫浮切 䴎 麰或从艸 麧 堅麥也从麥乞聲乎沒切 䴛 小麥屑之覈从麥肖聲穌果切 𪍿 䴭麥也从麥差聲一曰擣也昨何切 麩 小麥屑皮也从麥夫聲甫無切 麱 麩或从甫 麵 麥末也从麥丏聲彌箭切 𪎊 麥覈屑也十斤爲三斗从麥啻聲直隻切 麷 煑麥也从麥豐聲讀若馮敷戎切 麶 麥甘鬻也从麥去聲丘據切 䴹 餅籟也从麥殻聲讀若庫空谷切 𪌆 餅籟也从麥穴聲戶八切 𪌄 餅籟也从麥才聲昨哉切

文十三 重二

夊 行遲曳夊夊象人兩脛有所躧也凡夊之屬皆从夊 楚危切

夋 行夋夋也一曰倨也从夊允聲七倫切 复 行故道也从夊畐省聲房六切 夌 越也从夊从兴兴高也一曰夌偦也力膺切 致 送詣也从夊从至陟利切 憂 和之行也从夊𢚧聲詩曰布政憂憂於求切 愛 行皃从夊㤅聲烏代切 𡕥 行𡕥𡕥也从夊闕讀若[illegible]僕又卜切 䡞 繇也舞也樂有章从章从夅从夊詩曰䡞䡞舞我苦感切 𡕒 𡿺蓋也象皮包覆𡿺下有兩臂而夊在下讀若范亡范切 夒

中國之人也从夊从頁从臼臼兩手夊兩足也胡雅切 𩔝 古文夏 畟 治稼畟畟進也从田人从夊詩曰畟畟良耜初力切 㚇 斂足也鵲鵙醜其飛也㚇从夊兇聲子紅切 夒 貪獸也一曰母猴似人从頁巳止夊其手足臣鉉等曰巳止皆象形也奴刀切 夔 神魖也如龍一足从夊象有角手人面之形渠追切

文十五 重一

夎 拜失容也从夊坐聲則卧切

文一 新附

百九九

舛 對卧也从夊㐄相背凡舛之屬皆从舛 昌兖切

踳 楊雄說舛从足春 舞 樂也用足相背从舛無聲文撫切 𦏶 古文舞从羽亡 舝 車軸耑鍵也兩穿相背从舛𥅀省聲𥅀古文偰字胡戛切

文三 重二

二百

䑞 艸也楚謂之葍秦謂之藑蔓地連華象形从舛舛亦聲凡䑞之屬皆从䑞 舒閏切 今隸變作舜

𩨨 古文䑞 𩂃 華榮也从䑞生聲讀若皇爾雅曰𩂃華也戶光切 葟 𩂃或从艸皇

文二　重二

韋　相背也从舛口聲獸皮之韋可以束枉戾相韋背故借以爲皮韋凡韋之屬皆从韋　宇非切

𡖇　古文韋

韠　韍也所以蔽前以韋下廣二尺上廣一尺其頸五寸一命緼韠再命赤韠从韋畢聲卑吉切

韎　茅蒐染韋也一入曰韎从韋末聲莫佩切

韢　橐紐也从韋惠聲一曰盛虜頭橐也徐鍇曰謂戰伐以盛首級胡計切

韜　劍衣也从韋舀聲土刀切

韝　射臂決也从韋冓聲古侯切

韘　射決也所以拘弦以象骨韋系著右巨指从韋枼聲詩曰童子佩韘失涉切

弽　韘或从弓

韣　弓衣也从韋蜀聲之欲切

韔　弓衣也从韋長聲詩曰交韔二弓丑亮切

𩎝　屨也从韋叚聲乎加切

𩏠　履後帖也从韋段聲徒玩切

緞　𩏠或从糸

韤　足衣也从韋蔑聲臣鉉等曰今俗作襪非是望發切

⿰韋尃　軶裹也从韋尃聲匹各切

韏　革中辨謂之韏从韋𢍏聲九萬切

𩏯　收束也从韋糕聲讀若酋臣鉉等曰糕側角切聲不相近未詳即由切

𩎣　𩏯或从要

揫　𩏯或从秋手

韓　井垣也从韋取其帀也倝聲胡安切

文十六　重五

韌 柔而固也从韋刃聲 而進切

文一 新附

二百二

弟 韋束之次弟也从古字之象凡弟之屬皆从弟 特計切 𠑹 古文弟从古文韋省丿聲 罤 周人謂兄曰罤从弟从眔 臣鉉等曰眔目相及也兄弟親比之義 古䰟切

文二 重一

二百三

夂 从後至也象人兩脛後有致之者凡夂之屬皆从夂 讀若黹 陟侈切

夆 啎也从夂丯聲 讀若縫 敷容切

𡕒 相遮要害也从夂丰聲 南陽新野有𡕒亭 乎蓋切

夅 服也从夂午相承不敢竝也 下江切

𡕔 秦以市買多得為𡕔从乃从夂益至也从乃 詩曰我𡕔酌彼金罍 臣鉉等曰乃難意也 古乎切

𡕕 跨步也从反夂 𢓜从此 苦瓦切

文六

二百四 久 从後灸之象人兩脛後有距也周禮曰久諸牆以觀其橈凡久之屬皆从久 舉友切

文一

二百五 桀 磔也从舛在木上也凡桀之屬皆从桀 渠列切

磔 辜也从桀石聲陟格切

椉 覆也从入桀桀黠也軍法曰乘食陵切

𠓷 古文乘从几

說文解字弟五下

說文解字弟六上　漢太尉祭酒許氏記

銀青光祿大夫守右散騎常侍上柱國東海縣開國子食邑五百戶徐鉉等奉

敕校定

二十五部　文七百五十三　重六十一

凡九千四百四十三字　文二十新附

木 冒也冒地而生東方之行从屮下象其根凡木之屬皆从木　徐鍇曰屮者木始甲拆萬物皆始於微故木从屮莫卜切

橘 果出江南从木矞聲居聿切　橙 橘屬从木登聲丈庚切　柚 條也似橙而酢从木由聲夏書曰厥包橘柚余救切　樝 果似棃而酢从木䖒聲側加切　棃 果名从木𥝢聲𥝢古文利力脂切　梬 棗也似柹从木甹聲以整切　柹 赤實果从木𠂔聲鉏里切　枏 梅也从木冄聲汝閻切　梅 枏也可食从木每聲莫桮切　楳 或从某　杏

果也从木可省聲何梗切 柰 果也从木示聲奴帶切 李 果也从木子聲良止切 杍 古文 桃 果也从木兆聲
徒刀切 楙 冬桃从木敄聲讀若髦莫候切 亲 果實如小栗从木辛聲春秋傳曰女摯不過亲栗側詵切 楷 木也
孔子冢蓋樹之者从木皆聲苦駭切 梫 桂也从木侵省聲七荏切 桂 江南木百藥之長从木圭聲古惠切 棠 牡曰棠牝
曰杜从木尚聲徒郎切 杜 甘棠也从木土聲徒古切 槢 木也从木習聲似入切 樿 木也可以爲櫛从木單聲
旨善切 椲 木也可屈爲杅者从木韋聲于鬼切 楢 柔木也工官以爲耎輪从木酋聲讀若糗以周切 桏 樻椐木也
从木邛聲渠容切 棆 毋杶也从木侖聲讀若易卦屯陟倫切 楈 木也从木胥聲讀若芟刈之芟私閭切 柍
梅也从木央聲一曰江南橦材其實謂之柍於京切 楑 木也从木癸聲又度也求癸切 ⿰木咎 木也从木咎聲讀若皓古老切
椆 木也从木周聲讀若丩職留切 樕 樸樕木从木敕聲桑谷切 ⿰木彝 木也从木彝聲羊皮切 梣 青皮木从
木岑聲子林切 㮘 或从寖省寖籀文寑 橃 木也从木發聲益州有橃縣職說切 ⿰木號 木也从木號省聲乎八切
棪 遬其也从木炎聲讀若三年導服之導以冉切 ⿰木遄 木也从木遄聲市緣切 椋 即來也从木京聲呂張切

檍 杶也从木意聲於力切
櫠 木也从木費聲房未切
⿰木虖 木也从木虖聲于居切
楀 木也从木禹聲王矩切
蘽 木也从木藟聲力軌切
櫐 籀文
桋 赤棟也从木夷聲詩曰隰有杞桋以脂切
栟 栟櫚也从木并聲府盈切
椶 栟櫚也可作萆从木㚇聲子紅切
檟 楸也从木賈聲春秋傳曰樹六檟於蒲圃古雅切
椅 梓也从木奇聲於離切
梓 楸也从木宰省聲即里切
𣑷 或不省
楸 梓也从木秋聲七由切
⿰木啻 梓屬大者可爲棺椁小者可爲弓材从木啻聲[illegible]力切
柀 檆也从木皮聲一曰折也甫委切
檆 木也从木煔聲臣鉉等曰今俗作杉非是所銜切
榛 木也从木秦聲一曰菆也側詵切
⿰木尻 山樗也从木尻聲苦浩切
杶 木也从木屯聲夏書曰杶榦栝柏敕倫切
櫄 或从熏
杻 古文杶
橁 杶也从木筍聲相倫切
桵 白桵棫从木妥聲臣鉉等曰當从綏省儒隹切
棫 白桵也从木或聲于逼切
⿰木息 木也从木息聲相即切
椐 樻也从木居聲九魚切
樻 椐也从木貴聲求位切
栩 柔也从木羽聲其皁一曰樣況羽切
⿱予木 栩也从木予聲讀若杼直呂切
樣 栩實从木羕聲徐兩切
杙 劉劉杙从木弋聲与職切
枇 枇杷木也从木比聲房脂切
桔 桔梗藥名从木吉聲

一曰直木古屑切 柞 木也从木乍聲在各切 㭸 木出橐山从木乎聲他乎切 榗 木也从木晉聲書曰竹箭如榗子善切 檖 羅也从木遂聲詩曰隰有樹檖徐醉切 椵 木可作牀几从木段聲讀若賈古雅切 櫘 木也从木惠聲胡計切 楛 木也从木苦聲詩曰榛楛濟濟侯古切 櫅 木也可以爲大車軸从木齊聲祖雞切 杒 木也从木刃聲讀若仍如乘切 櫇 木也从木頻聲符眞切 樲 酸棗也从木貳聲而至切 樸 棗也从木僕聲博木切 橪 酸小棗从木然聲一曰染也人善切 柅 木也實如棃从木尼聲女履切 梢 木也从木肖聲所交切 [木隸] 木也从木隸聲郎計切 [木寽] 木也从木寽聲力輟切 梭 木也从木夋聲臣鉉等曰今人別音穌禾切以爲機杼之屬私閏切 [木畢] 木也从木畢聲卑吉切 楋 木也从木剌聲盧達切 枸 木也可爲醬出蜀从木句聲俱羽切 樜 木出發鳩山从木庶聲之夜切 枋 木可作車从木方聲府良切 橿 枋也从木畺聲一曰鉏柄名居良切 樗 木也以其皮裹松脂从木雩聲讀若華乎化切 檴 或从蒦 檗 黃木也从木辟聲博戹切 梤 香木也从木粉聲撫文切 榝 似茱萸出淮南从木殺聲所八切 槭 木可作大車輮从木戚聲子六切 楊 木也从木昜聲与章切

檉河柳也从木聖聲敕貞切桺小楊也从木丣聲丣古文酉力九切樳大木可爲鉏柄从木䙴聲詳遵切欒

木似欄从木䜌聲禮天子樹松諸侯柏大夫欒士楊洛官切栘棠棣也从木多聲弋支切棣白棣也从木隶聲特計切

枳木似橘从木只聲諸氏切楓木也厚葉弱枝善搖一名欇从木風聲方戎切權黃華木从木雚聲一曰反常巨

員切柜木也从木巨聲其呂切槐木也从木鬼聲戶恢切穀楮也从木㱿聲古禄切楮穀也从木

者聲丑呂切柠楮或从宁檵枸杞也从木繼省聲一曰監木也古詣切杞枸杞也从木己聲墟里切枒

木也从木牙聲一曰車輞會也五加切檀木也从木亶聲徒乾切櫟木也从木樂聲郎擊切梂櫟實一曰鑿首

从木求聲巨鳩切楝木也从木柬聲郎電切檿山桑也从木厭聲詩曰其檿其柘於琰切柘桑也从木

石聲之夜切𣘻木可爲杖从木厀聲親吉切檈還味稔棗从木還聲似沿切梧梧桐木从木吾聲一名櫬

五胡切榮桐木也从木熒省聲一曰屋梠之兩頭起者爲榮永兵切桐榮也从木同聲徒紅切橎木也从木

番聲讀若樊附轅切榆榆白枌从木俞聲羊朱切枌榆也从木分聲扶分切梗山枌榆有朿莢可爲蕪荑者

梗木更聲古杏切 樵散也从木焦聲昨焦切 松木也从木公聲祥容切 㮤松或从容 樠松心木从
木㒼聲莫奔切 檜柏葉松身从木會聲古外切 樅松葉柏身从木從聲七恭切 柏鞠也从木白聲博陌
切 机木也从木几聲居履切 枮木也从木占聲息廉切 梇木也从木弄聲益州有梇棟縣盧貢切 楰
鼠梓木从木臾聲詩曰北山有楰羊朱切 桅黃木可染者从木危聲過委切 杒桎杒也从木刃聲而震切 𣝗榙𣝗木
从木遝聲徒合切 榙榙𣝗果似李从木荅聲讀若嚃土合切 某酸果也从木从甘闕莫厚切 槑古文某从
口 櫾崐崘河隅之長木也从木䌛聲以周切 樹生植之總名从木尌聲常句切 尌籒文 本木下曰本
从木一在其下徐鍇曰一記其處也本末朱皆同義布忖切 𣐺古文 柢木根也从木氐聲都礼切 朱赤心木松柏屬
从木一在其中章俱切 根木株也从木艮聲古痕切 株木根也从木朱聲陟輸切 末木上曰末从木一在其上莫撥切
𣚍細理木也从木畟聲子力切 果木實也从木象果形在木之上古火切 𣡌木實也从木絫聲力追切 杈枝也
从木叉聲初牙切 枝木別生條也从木支聲章移切 朴木皮也从木卜聲匹角切 條小枝也从木攸聲徒

枚 榦也可爲杖从木从攴詩曰施于條枚莫桮切
栞 槎識也从木从㢑闕夏書曰隨山栞木讀若刊苦寒切 㮚 篆文从幵
欇 木葉搖白也从木聶聲之涉切
栠 弱皃从木任聲如甚切
枖 木少盛皃从木夭聲詩曰桃之枖枖於喬切
槙 木頂也从木眞聲一曰仆木也都季切
梃 一枚也从木廷聲徒頂切
⿰木驫 眾盛也从木驫聲逸周書曰疑沮事闕所臻切
標 木杪末也从木㶾聲敷沼切
杪 木標末也从木少聲亡沼切
朵 樹木垂朵朵也从木象形此與采同意丁果切
桹 高木也从木良聲魯當切
橌 大木皃从木閒聲古限切
枵 木根也从木号聲春秋傳曰歲在玄枵玄枵虛也許嬌切
柖 樹搖皃从木召聲止搖切
榣 樹動也从木䍃聲余昭切
樛 下句曰樛从木翏聲吉虯切
朻 高木也从木丩聲吉虯切
枉 衺曲也从木㞷聲迂往切
橈 曲木从木堯聲女教切
扶 扶疏四布也从木夫聲防無切
檹 木檹施从木旖聲賈侍中說檹即椅木可作琴於離切
⿰木小 相高也从木小聲私兆切
⿰木曶 高皃从木曶聲呼骨切
槮 木長皃从木參聲詩曰槮差荇菜所今切
梴 長木也从木延聲詩曰松桷有梴丑連切
橚 長木皃从木肅聲山巧切
杕 樹皃从木大聲詩曰有杕之杜特計切
[illegible] 木葉陊也从木𣀻聲讀若薄他各切
格 木長皃从木各聲古百切

摩也从木埶聲魚祭切 ⿱艹槸 槸或从艸 枯 槀也从木古聲夏書曰唯箘輅枯木名也苦孤切 槀 木枯也从木高

聲苦浩切 樸 木素也从木菐聲匹角切 楨 剛木也从木貞聲上郡有楨林縣陟盈切 柔 木曲直也从木矛聲耳由

切 㯷 判也从木𣳁聲易曰重門擊㯷他各切 朸 木之理也从木力聲平原有朸縣盧則切 材 木梃也从木才聲昨哉切

柴 小木散材从木此聲臣鉉等曰師行野次豎散木為區落名曰柴籬後人語譌轉入去聲又別作寨字非是士佳切 榑 榑桑

神木日所出也从木尃聲防無切 杲 明也从日在木上古老切 杳 冥也从日在木下烏皎切 [木卻] 角械也从木卻聲一

曰木下白也其逆切 栽 築牆長版也从木𢦏聲春秋傳曰楚圍蔡里而栽昨代切 築 擣也从木筑聲陟玉切 𥳑

古文 榦 築牆耑木也从木倝聲臣鉉等曰今別作幹非是矢榦亦同古案切 儀 榦也从木義聲魚羈切 構

蓋也从木冓聲杜林以為椽桷字古后切 模 法也从木莫聲讀若嫫母之嫫莫胡切 桴 棟名从木孚聲附柔切

棟 極也从木東聲多貢切 極 棟也从木亟聲渠力切 柱 楹也从木主聲直主切 楹 柱也从木盈聲

春秋傳曰丹桓宮楹以成切 樘 衺柱也从木堂聲臣鉉等曰今俗別作撐非是丑庚切 榰 柱砥古用木今以石

从木耆聲易榰恒凶章移切

楶 欂櫨也从木咨聲子結切

欂 壁柱从木薄省聲弼戟切

櫨 柱上柎也从木盧聲伊尹曰果之美者箕山之東青鳧之所有櫨橘焉夏孰也一曰宅櫨木出弘農山也落胡切

枅 屋櫨也从木开聲古兮切

栵 栭也从木列聲詩曰其灌其栵良辥切

栭 屋枅上標从木而聲爾雅曰栭謂之楶如之切

檼 棼也从木㥯聲於靳切

橑 椽也从木尞聲盧浩切

桷 榱也椽方曰桷从木角聲春秋傳曰刻桓宮之桷古岳切

椽 榱也从木彖聲直專切

榱 秦名為屋椽周謂之榱齊魯謂之桷从木衰聲所追切

楣 秦名屋櫋聯也齊謂之檐楚謂之梠从木眉聲武悲切

梠 楣也从木呂聲力舉切

㮰 梠也从木𣬉聲讀若枇杷之枇房脂切

櫋 屋櫋聯也从木邊省聲武延切

檐 㮰也从木詹聲臣鉉等曰今俗作簷非是余廉切

橝 屋梠前也从木覃聲一曰蠶槌徒含切

樀 戶樀也从木啻聲爾雅曰檐謂之樀讀若滴都歷切

植 戶植也从木直聲常職切

櫃 或从置

樞 戶樞也从木區聲昌朱切

槏 戶也从木兼聲苦減切

樓 重屋也从木婁聲洛侯切

櫳 房室之踈也从木龍聲盧紅切

楯 闌檻也从木盾聲食允切

櫺 楯間子也从木霝聲郎丁切

杗 棟也从木亡聲爾雅曰杗廇謂之梁武方切

短……

[illegible]東聲丑錄切 杇 所以涂也秦謂之杇關東謂之槾从木亏聲哀都切 槾 杇也从木曼聲母官切 椳 門樞謂之椳从
木畏聲烏恢切 ⿰木冒 門樞之横梁从木冒聲莫報切 梱 門橛也从木困聲苦本切 榍 限也从木屑聲先結切 柤
木閑从木且聲側加切 槍 歫也从木倉聲一曰槍欀也七羊切 楗 限門也从木建聲其獻切 櫼 楔也从木韱聲子廉切 楔
櫼也从木契聲先結切 柵 編樹木也从木从冊冊亦聲楚革切 杝 落也从木也聲讀若他池尒切 欜 夜行
所擊者从木橐聲易曰重門擊欜他各切 桓 亭郵表也从木亘聲胡官切 楃 木帳也从木屋聲於角切 橦 帳極也
从木童聲宅江切 杠 牀前横木也从木工聲古雙切 桯 牀前几从木呈聲他丁切 桱 桯也東方謂之蕩从木巠聲
古零切 牀 安身之坐者从木爿聲徐鍇曰左傳薳子馮詐病掘地下冰而牀焉至於恭坐則席也故从爿爿則牀之省
象人衺身有所倚箸至於牆壯戕狀之屬並當从牀省聲李陽冰言木右為片左為爿音牆且說文無爿字其書亦異故知其妄仕莊切
枕 臥所薦首者从木冘聲章衽切 楲 楲窬褻器也从木威聲於非切 櫝 匱也从木賣聲一曰木名又曰大梡也徒
谷切 櫛 梳比之總名也从木節聲阻瑟切 梳 理髮也从木疏省聲所菹切 㭘 劒柙也从木合聲胡甲切 [illegible]

薅器也从木辱聲奴豆切 鎒 或从金 𣐈 苿臿也从木入象形睢聲舉朱切 𣏕 兩刃臿也从木丫象形宋魏曰苿也互瓜切
釫 或从金从于 ⿰木㠯 臿也从木㠯聲一曰徙土輂齊人語也臣鉉等曰今俗作耜詳里切 梩 或从里
枱 耒耑也从木台聲弋之切 鈶 或从金 𥸨 籒文从辝 楎 六叉犂一曰犂上曲木犂轅从木軍聲讀若渾天之渾戶
昆切 櫌 摩田器从木憂聲論語曰櫌而不輟於求切 欘 斫也齊謂之鎡錤一曰斤柄性自曲者从木屬聲陟玉切 櫡
斫謂之櫡从木箸聲張略切 杷 收麥器从木巴聲蒲巴切 椴 穜樓也一曰燒麥柃椴从木役聲與辟切 柃 木也从
令聲郎丁切 柫 擊禾連枷也从木弗聲敷勿切 枷 拂也从木加聲淮南謂之柍古牙切 杵 舂杵也从木午聲昌
與切 槩 杚斗斛从木旣聲工代切 杚 平也从木气聲古沒切 ⿰木省 木參交以枝炊籅者也从木省聲讀若驪駕臣
鉉等曰驪駕未詳所綆切 柶 禮有柶柶匕也从木四聲息利切 桮 䀄也从木否聲布回切 𠥻 籒文桮 槃
承槃也从木般聲薄官切 鎜 古文从金 盤 籒文从皿 榹 槃也从木虒聲息移切 案 几屬从木安聲烏
旰切 檈 圜案也从木瞏聲似沿切 椷 篋也从木咸聲古咸切 枓 勺也从木从斗之庾切 杓

櫎 幌非

也从木从勺臣鉉等曰今俗作市若切以爲桮杓之杓甫搖切 櫑 龜目酒尊刻木作雲雷象象施不窮也从木畾聲魯回切 罍

櫑或从缶 櫑 櫑或从皿 櫑 籀文櫑 椑 圜榼也从木卑聲部迷切 榼 酒器也从木盍聲枯蹋切 橢 車笭

中橢橢器也从木隋聲徒果切 槌 關東謂之槌關西謂之𣙙从木追聲直類切 𣙙 槌也从木特省聲陟革切 栚 槌之

横者也關西謂之㯝从木灷聲臣鉉等曰當从朕省直衽切 槤 瑚槤也从木連聲臣鉉等曰今俗作璉非是里典切 櫎 所以几器

从木廣聲一曰帷屏風之屬臣鉉等曰今別作幌非是胡廣切 梮 舉食者从木具聲俱燭切 檕 繘耑木也从木毄聲古詣切

檷 絡絲檷从木爾聲讀若柅奴礼切 機 主發謂之機从木幾聲居衣切 滕 機持經者从木朕聲詩證切 杼

機之持緯者从木予聲直呂切 椱 機持繒者从木复聲扶富切 楥 履法也从木爰聲讀若指撝吁券切 核

蠻夷以木皮爲篋狀如籢尊从木亥聲古哀切 棚 棧也从木朋聲薄衡切 棧 棚也竹木之車曰棧从木戔聲士限切 栫

以柴木壅也从木存聲徂悶切 槶 筐當也从木國聲古悔切 梯 木階也从木弟聲土雞切 棖 杖也从木長聲一曰法也

宅耕切 桊 牛鼻中環也从木𠔉聲居倦切 椯 箠也从木耑聲一曰揣度也一曰剟也兜果切 橜 弋也从木厥聲

一曰門梱也瞿月切 樴 弋也从木戠聲之弋切 杖 持也从木丈聲臣鉉等曰今俗別作仗非是直兩切 柭 棓也

从木犮聲北末切 棓 棁也从木咅聲步項切 椎 擊也齊謂之終葵从木隹聲直追切 柯 斧柄也从

木可聲古俄切 棁 木杖也从木兌聲他活切又之說切 柄 柯也从木丙聲陂病切 棅 或从秉 柲

欑也从木必聲兵媚切 欑 積竹杖也从木贊聲一曰穿也一曰叢木在丸切 杘 籆柄也从木尸聲女履切 柅 杘或

从木尼聲臣鉉等曰柅女氏切木若棃此重出 榜 所以輔弓弩从木旁聲補盲切臣鉉等曰李舟切韻一音北孟切進船也又音

北朗切木片也今俗作牓非是 檠 榜也从木敬聲巨京切 檃 桰也从木隱省聲於謹切 桰 檃也从木昏聲一曰矢桰

築弦處古活切 棊 博棊从木其聲渠之切 椄 續木也从木妾聲子葉切 栙 栙雙也从木夆聲讀若鴻下江切

栝 炊竈木从木舌聲臣鉉等曰當从甛省乃得聲他念切 槽 畜獸之食器从木曹聲昨牢切 臬 射準的也从木从

自李陽冰曰自非聲从劓省五結切 桶 木方受六升从木甬聲他奉切 櫓 大盾也从木魯聲郎古切 樐 或从鹵

樂 五聲八音總名象鼓鞞木虡也玉角切 柎 闌足也从木付聲甫無切 枹 擊鼓杖也从木包聲甫無切 椌 柷

也从木空聲苦江切柷樂木空也所以止音爲節从木祝省聲昌六切槧牘樸也从木斬聲自琰切札牒也从木乙聲

側八切檢書署也从木僉聲居奄切檄二尺書从木敫聲胡狄切棨傳信也从木啓省聲康礼切楘車[illegible]錄[illegible]

文也从木敄聲詩曰五楘梁輈莫卜切枑行馬也从木互聲周禮曰設梐枑再重胡誤切梐梐枑也从木陛省聲邊兮切

极驢上負也从木及聲或讀若急其輒切⿰木去极也从木去聲去魚切槅大車枙从木鬲聲古覈切橾車轂中空

也从木喿聲讀若藪山樞切楇盛膏器从木咼聲讀若過乎臥切枊馬柱从木卬聲一曰堅也吾浪切槶槶斗可射

鼠从木國聲古悔切欙山行所乘者从木纍聲虞書曰予乘四載水行乘舟陸行乘車山行乘欙澤行乘𦨈力追切榷

水上橫木所以渡者也从木隺聲江岳切橋水梁也从木喬聲巨驕切梁水橋也从木从水刅聲呂張切㴇古文

⿰木叜船總名从木叜聲臣鉉等曰今俗別作艘非是穌遭切橃海中大船从木發聲臣鉉等曰今俗別作筏非是房越切

楫舟櫂也从木咠聲子葉切欚江中大船名从木蠡聲盧啓切校木囚也从木交聲古孝切樔澤中守艸

樓从木巢聲鉏交切采捋取也从木从爪倉宰切柿削木札樸也从木市聲陳楚謂櫝爲柿芳吠切横闌木也从

木黃聲戶盲切梜檢柙也从木夾聲古洽切桄充也从木光聲古曠切檇以木有所擣也从木雋聲春秋傳曰
越敗吳於檇李遵爲切椓擊也从木豖聲竹角切朾橦也从木丁聲宅耕切柧棱也从木瓜聲又柧棱殿
堂上最高之處也古胡切棱柧也从木夌聲魯登切櫱伐木餘也从木獻聲商書曰若顚木之有甹櫱五葛切
㯻櫱或从木辥聲不古文櫱从木無頭栓亦古文櫱枰平也从木从平平亦聲蒲兵切柆
折木也从木立聲盧合切槎衺斫也从木差聲春秋傳曰山不槎側下切柮斷也从木出聲讀若爾雅貀無前足之貀女滑切
檮斷木也从木𠷎聲春秋傳曰檮柮徒刀切析破木也一曰折也从木从斤先激切棷木薪也从木取聲側鳩切梡
㭘木薪也从木完聲胡本切㭘梡木未析也从木圂聲胡昆切楄楄部方木也从木扁聲春秋傳曰楄部薦榦部田切
楅以木有所逼束也从木畐聲詩曰夏而楅衡彼即切枼楄也枼薄也从木世聲臣鉉等曰當从卅乃得聲卅穌合切与涉切
槱積火燎之也从木从火酉聲詩曰薪之槱之周禮以槱燎祠司中司命余救切𥙊柴祭天神或从示休息止也从
人依木許尤切庥休或从广𣓌竟也从木恒聲古鄧切亙古文𣓌械桎梏也从木戒聲一曰器之總名

一曰持也一曰有盛爲械無盛爲器胡戒切　杽械也从木从手手亦聲敕九切　桎足械也从木至聲之日切　梏手械也从木告聲古沃切　櫪櫪撕椑指也从木歷聲郎擊切　撕櫪撕也从木斯聲先稽切　檻櫳也从木監聲一曰圈胡黯切　櫳檻也从木龍聲盧紅切　柙檻也以藏虎兕从木甲聲烏匣切　𠥲古文柙　棺關也所以掩尸从木官聲古丸切　櫬棺也从木親聲春秋傳曰士輿櫬初僅切　槥棺櫝也从木彗聲祥歲切　椁葬有木𦎧也从木𦎧聲古博切　楬楬桀也从木曷聲春秋傳曰楬而書之其謁切　梟不孝鳥也日至捕梟磔之从鳥頭在木上古堯切　棐輔也从木非聲府尾切

文四百二十一　重三十九

梔木實可染从木巵聲章移切　榭臺有屋也从木䠶聲詞夜切　槊矛也从木朔聲所角切　椸衣架也从木施聲以支切　榻牀也从木㬰聲土盍切　櫍柎也从木質聲之日切　櫂所以進船也从木翟聲或从卓史記通用濯直教切　槔桔槔汲水器也从木皋聲古牢切　椿橛杙也从木舂聲啄江切　櫻果也从木嬰聲烏莖切　栜樍也从木策省聲所厄切

文十二　新附

二百七

東 動也从木官溥說从日在木中凡東之屬皆从東 得紅切

𣛰 二東曹从此闕

文二

二百八

林 平土有叢木曰林从二木凡林之屬皆从林 力尋切

無 豐也从林𣞤或說規模字从大卌數之積也林者木之多也卌與庶同意商書曰庶草繁無徐鍇曰或說大卌爲規模之模諸部無者不審信也文甫切

鬱 木叢生者从林鬱省聲迂弗切

楚 叢木一名荊也从林疋聲創舉切

棽 木枝條棽儷皃从林今聲丑林切

楙 木盛也从林矛聲莫候切

麓 守山林吏也从林鹿聲一曰林屬於山爲麓春秋傳曰沙麓崩盧谷切

𥶊 古文从彔

棼 複屋棟也从林分聲符分切

森 木多皃从林从木讀若曾參之參所今切

文九 重一

二百九

梵 出自西域釋書未詳意義扶泛切

文一 新附

才 艸木之初也从丨上貫一將生枝葉一地也凡才之屬皆从才 徐鍇曰上一初生岐枝也下一地也昨哉切

文一

說文解字弟六上

說文解字第六下

漢太尉祭酒許氏記

銀青光祿大夫守右散騎常侍上柱國東海縣開國子食邑五百戶臣徐鉉等奉

勅校定

二百十

叒 日初出東方湯谷所登榑桑叒木也象形凡叒之屬皆从叒 而灼切

𠮷 籀文

桑 蠶所食葉木从叒木 息郎切

文二 重一

二百十一

之 出也象艸過屮枝莖益大有所之一者地也凡之之屬皆从之 止而切

𡳿 艸木妄生也从之在土上讀若皇徐鍇曰反生謂非所宜生傳曰門上生莠从之在土上土上益高非所宜也 戶光切

文二 重一

二百十二

帀 周也从反之而帀也凡帀之屬皆从帀周盛說 子荅切

師 二千五百人爲師从帀从𠂤𠂤四帀衆意也踈夷切 𡫳 古文師

文二　重一

二百十三

出 進也象艸木益滋上出達也凡出之屬皆从出 尺律切

敖 游也从出从放五牢切 賣 出物貨也从出从買莫邂切 糶 出穀也从出从糶糶亦聲他弔切 𣥠 槷䵶不安也从出臬聲易曰槷䵶徐鍇曰物不安則出不在也五結切

文五

二百十四

𣎵 艸木盛𣎵𣎵然象形八聲凡𣎵之屬皆从𣎵 讀若輩 普活切

𤰈 艸木𣎵孛之皃从𣎵畀聲于貴切 索 艸有莖葉可作繩索从𣎵糸杜林說𣎵亦朱市字蘇各切

也从子論語曰色孛如也蒲妹切
𣎵 止也从𣎵盛而一横止之也即里切
南 艸木至南方有枝任也从𣎵羊聲那含切 𡴭 古文

文六 重一

二百十五

生 進也象艸木生出土上凡生之屬皆从生所庚切

丰 艸盛丰丰也从生上下達也敷容切
產 生也从生彥省聲所簡切
隆 豐大也从生降聲徐鍇曰生而不已益高大也力中切
甤 艸木實甤甤也从生豨省聲讀若綏儒隹切
甡 衆生並立之皃从二生詩曰甡甡其鹿所臻切

文六

二百十六

乇 艸葉也从垂穗上貫一下有根象形凡乇之屬皆从乇陟格切

文一

二百十七

𠂹 艸木華葉𠂹象形凡𠂹之屬皆从𠂹是爲切
[illegible] 古文

文一 重一

二百十八

𠌶 艸木華也从𠂹亏聲凡𠌶之屬皆从𠌶 况于切

䔢 𠌶或从艸从夸

韡 盛也从𠌶韋聲詩曰萼不韡韡 于鬼切

文二 重一

二百十九

華 榮也从艸从𠌶凡華之屬皆从華 戶瓜切

皣 艸木白華也从華从白 筠輒切

文二

二百二十

禾 木之曲頭止不能上也凡禾之屬皆从禾 古兮切

積 多小意而止也从禾从支只聲一曰木也 職雉切

𥝩 稽䅪也从禾从又句聲又者从丑省一曰木名徐鍇曰丑者束縛也稽䅪不伸之意 俱羽切

文三

二百廿一

稽 留止也从禾从尤旨聲凡稽之屬皆从稽 古兮切

𥡴 特止也从稽省卓聲徐鍇曰特止卓立也 竹角切

𥢔 䅪穊而止也从稽省咎聲讀若皓賈侍中說稽稕䅪三字皆木名 古老切

文三

二百廿二

巢鳥在木上曰巢在穴曰窠从木象形凡巢之屬皆从巢鉏交切

㽞傾覆也从寸臼覆之寸人手也从巢省杜林說以為貶損之貶方斂切

文二

二百廿三

桼木汁可以髹物象形桼如水滴而下凡桼之屬皆从桼親吉切

髤桼也从桼髟聲許由切

𩌏桼垸已復桼之从桼包聲匹皃切

文三

二百廿四

束縛也从口木凡束之屬皆从束書玉切

柬分別簡之也从束从八八分別也古限切

㯻小束也从束幵聲讀若繭古典切

剌戾也从束从刀刀者剌之也徐鍇曰

剌乖違也束而乖違者莫若刀也盧達切

文四

二百廿五

㯻 㯻也从束圂聲凡㯻之屬皆从㯻 胡本切

橐 囊也从㯻省石聲 他各切

囊 橐也从㯻省襄省聲 奴當切

櫜 車上大橐从㯻省咎聲詩曰載櫜弓矢 古勞切

㯰 囊張大皃从㯻省匋省聲 符宵切

文五

二百廿六

囗 回也象回帀之形凡囗之屬皆从囗 羽非切

圜 天體也从口瞏聲 王權切

團 圜也从口專聲 度官切

圎 規也从口肙聲 似沿切

囩 回也从口云聲 羽巾切

圓 圜全也从口員聲讀若員 王問切

回 轉也从口中象回轉形 戶恢切

囘 古文

圖 畫計難也从口从啚啚難意也徐鍇曰規畫之也故从口 同都切

圛 回行也从口睪聲尚書曰圛圛升雲半有半無讀若驛 羊益切

國 邦也从口从或 古惑切

壼 宮中道从口象宮垣道上之形詩曰室家之壼 苦本切

囷 廩之圜者从禾在口中圜謂之囷方謂之京 去倫切

倫切 養畜之閑也从口卷聲渠篆切 苑有垣也从口有聲一曰禽獸曰囿于救切 籀文囿 所以
樹果也从口袁聲羽元切 種菜曰圃从口甫聲博古切 就也从口大徐鍇曰左傳曰種有禮因重固能大者衆圍就之於真切
下取物縮藏之从口从又讀若聶女洽切 獄也从口令聲郎丁切 守之也从口吾聲魚舉切 繫也从人
在口中似由切 四塞也从口古聲古慕切 守也从口韋聲羽非切 故廬也从木在口中苦悶切
古文困 廁也从口象豕在口中也會意胡困切 譯也从口化率鳥者繫生鳥以來之名曰囮讀若譌五禾
切 囮或从繇又音由 文二十六 重四

二百廿七

員 物數也从貝口聲凡員之屬皆从員 徐鍇曰古以貝爲貨故數之王權切

籀文从鼎 物數紛䞦亂也从員云聲讀若春秋傳曰宋皇鄖羽文切 文二 重一

二百廿八

貝 海介蟲也居陸名猋在水名蜬象形古者貨貝而寶龜周而有泉至秦廢貝行錢凡貝之屬

皆从貝。博蓋切
𧴪貝聲也从小貝穌果切 賄財也从貝有聲呼罪切 財人所寶也从貝才聲昨哉切 貨財也
从貝化聲呼臥切 䞈資也从貝爲聲或曰此古貨字讀若貴詭僞切 資貨也从貝次聲即夷切 贎貨也从貝萬聲
無販切 賑富也从貝辰聲之忍切 賢多才也从貝臤聲胡田切 賁飾也从貝卉聲彼義切 賀以禮相奉
慶也从貝加聲胡箇切 貢獻功也从貝工聲古送切 贊見也从貝从兟臣鉉等曰兟音詵進也執贄而進有司贊相之則旰切
賮會禮也从貝㶳聲徐刃切 齎持遺也从貝齊聲祖雞切 貸施也从貝代聲他代切 貣从人求物也从貝弋
聲他得切 賂遺也从貝各聲臣鉉等曰當从路省乃得聲洛故切 賸物相增加也从貝朕聲一曰送也副也以證切
贈玩好相送也从貝曾聲昨鄧切 貱遂予也从貝皮聲彼義切 贛賜也从貝竷省聲臣鉉等曰竷非聲未詳古送切
𧸘籒文贛 賚賜也从貝來聲周書曰賚尒秬鬯洛帶切 賞賜有功也从貝尚聲書兩切 賜予也从貝易
聲斯義切 貤重次弟物也从貝也聲以豉切 贏有餘賈利也从貝𣎆聲臣鉉等曰當从嬴省乃得聲以成切 賴

贏也从貝剌聲洛帶切

負 恃也从人守貝有所恃也一曰受貸不償房九切

貯 積也从貝宁聲直呂切

貳 副益也从貝弍聲弍古文二而至切

賓 所敬也从貝𡧍聲必鄰切

賓 古文

賒 貰買也从貝余聲式車切

貰 貸也从貝世聲神夜切

贅 以物質錢从敖貝敖者猶放貝當復取之也之芮切

質 以物相贅从貝从所闕之日切

貿 易財也从貝丣聲莫候切

贖 貿也从貝𧶠聲殊六切

費 散財用也从貝弗聲房未切

責 求也从貝朿聲側革切

賈 賈市也从貝襾聲一曰坐賣售也公戶切

𧶭 行賈也从貝商省聲式陽切

販 買賤賣貴者从貝反聲方願切

買 市也从网貝孟子曰登壟斷而网市利莫蟹切

賤 賈少也从貝戔聲才線切

賦 斂也从貝武聲方遇切

貪 欲物也从貝今聲他含切

貶 損也从貝从乏方斂切

貧 財分少也从貝从分分亦聲符巾切

穷 古文从宀分

賃 庸也从貝任聲尼禁切

賕 以財物枉法相謝也从貝求聲一曰戴質也巨留切

購 以財有所求也从貝冓聲古候切

[illegible]

⿰貝疋 齎財卜問為⿰貝疋从貝疋聲[illegible]若所疏舉切

貲 小罰以財自[illegible]也从貝此聲漢律民不[illegible]二十二即夷切

賨 [illegible]賦也从貝宗聲徂紅切

𧶠 衒也从貝𦭝聲𦭝古文[illegible]若育余六切

貴 物不賤也从貝臾聲臾古文蕢居胃切

賏 [illegible]

說六下 五

頸飾也从二貝烏莖切

文五十九　重三

貺　賜也从貝兄聲許訪切

賵　贈死者从貝从冒冒者衣衾覆冒之意撫鳳切

賭　博簺也从貝者聲當古切

貼　以物爲質也从貝占聲他叶切

貽　贈遺也从貝台聲經典通用詒與之切

賺　重買也錯也从貝廉聲佇陷切

賽　報也从貝塞省聲先代切

賻　助也从貝尃聲符遇切

贍　給也从貝詹聲時豔切

文九　新附

邑　國也从口先王之制尊卑有大小从卪凡邑之屬皆从邑　於汲切

邦　國也从邑丰聲博江切

𡊨　古文

郡　周制天子地方千里分爲百縣縣有四郡故春秋傳曰上大夫受郡是也至秦初置三十六郡以監其縣从邑君聲渠運切

都　有先君之舊宗廟曰都从邑者聲當孤切

鄰　五家爲鄰从邑粦聲力珍切

酇　百家爲酇酇聚也从邑贊聲南陽有酇縣作管切又作且切

鄙　五酇爲鄙从邑啚聲兵美切

郊　距國百里爲郊从邑交聲古肴切

邸　屬國舍从邑氐聲都禮切

郛　郭也从邑孚聲甫無切

郵　竟上行書

舍从邑垂垂邊也羽求切䣊國甸大夫稍稍所食邑从邑肖聲周禮曰任䣊地在天子三百里之内所教切鄯鄯善西胡國也从邑从善善亦聲時戰切竆夏后時諸侯夷羿國也从邑竆省聲渠弓切郝周封黃帝之後於郝也从邑契聲讀若薊上谷有郝縣古詣切邰炎帝之後姜姓所封周棄外家國从邑台聲右扶風斄縣是也詩曰有邰家室土來切郊周文王所封在右扶風美陽中水鄉从邑支聲巨支切岐郊或从山支聲因岐山以名之也嶅古文郊从枝从山邠周太王國在右扶風美陽从邑分聲補巾切豳美陽亭即豳也民俗以夜市有豳山从山从豩闕郿右扶風縣从邑眉聲武悲切郁右扶風郁夷也从邑有聲於六切鄠右扶風縣名从邑雩聲胡古切扈夏后同姓所封戰於甘者在鄠有扈谷甘亭从邑戶聲胡古切𡵨古文扈从山弓𨛦右扶風鄠鄉从邑崩聲沛城父有𨛦鄉讀若陪薄回切𨚓右扶風鄠鄉从邑且聲子余切郝右扶風鄠盩厔鄉从邑赤聲呼各切酆周文王所都在京兆杜陵西南从邑豐聲敷戎切鄭京兆縣周厲王子友所封从邑奠聲宗周之滅鄭徙潧洧之上今新鄭是也直正切郃左馮翊郃陽縣从邑合聲詩曰在郃之陽候閤切𨛜京兆藍田鄉从邑口聲苦后切𨞛京兆杜陵鄉从邑樊聲附袁切鄜左馮翊縣从邑麃聲甫無切䣝左馮翊郿陽亭从邑屠聲同都切

邮 左馮翊高陵从邑由聲徒歷切

⿰秊阝 左馮翊谷口鄉从邑季聲讀若寧奴顛切

邽 隴西上邽也从邑圭聲古畦切

部 天水狄部从邑咅聲蒲口切

郖 弘農縣庾地从邑豆聲當侯切

鄏 河南縣直城門官陌地也从邑辱聲春秋傳曰成王定鼎于郟鄏而蜀切

鄻 周邑也从邑輦聲力展切

⿰祭阝 周邑也从邑祭聲側介切

邙 河南洛陽北亡山上邑从邑亡聲莫郎切

鄩 周邑也从邑尋聲徐林切

郗 周邑也在河內从邑希聲丑脂切

鄆 河內沁水鄉从邑軍聲魯有鄆地王問切

邶 故商邑自河內朝歌以北是也从邑北聲補妹切

邘 周武王子所封在河內野王是也从邑于聲又讀若區況于切

⿰𥝢阝 殷諸侯國在上黨東北从邑𥝢聲𥝢古文利商書西伯戡⿰𥝢阝郎奚切

邵 晉邑也从邑召聲寔照切

鄍 晉邑也从邑冥聲春秋傳曰我鄍三門莫經切

鄐 晉邢侯邑从邑畜聲丑六切

鄇 晉之溫地从邑侯聲春秋傳曰爭鄇田胡遘切

邲 晉邑也从邑必聲春秋傳曰晉楚戰于邲毗必切

郤 晉大夫叔虎邑也从邑谷聲綺戟切

⿰非阝 河東聞喜縣从邑非聲薄回切

⿰虔阝 河東聞喜聚从邑虔聲渠焉切

⿰匡阝 河東聞喜鄉从邑匡聲去王切

鄈 河東臨汾地即漢之所祭后土處从邑癸聲揆唯切

邢 周公子所封地近河內懷从邑开聲戶經切

鄔 太原縣从邑烏聲安古切

祁 太原縣从邑示聲巨支切

鄴 魏郡縣从邑業聲魚怯切

郱 鄭地郱亭从邑并聲戶經切

邯

趙邯鄲縣从邑甘聲胡安切
鄲 邯鄲縣从邑單聲都寒切
郇 周武王子所封國在晉地从邑旬聲讀若泓相倫切
鄃 清河縣从邑俞聲式朱切
鄗 常山縣世祖所即位今爲高邑从邑高聲呼各切
鄚 涿郡縣从邑莫聲慕各切
郅 北地郁郅縣从邑至聲之日切
鄋 北方長狄國也在夏爲防風氏在殷爲汪芒氏从邑叜聲春秋傳曰鄋瞞侵齊所鳩切
鄦 炎帝太嶽之胤甫侯所封在潁川从邑無聲讀若許虛呂切
邟 潁川縣从邑亢聲苦浪切
郾 潁川縣从邑匽聲於建切
郟 潁川縣从邑夾聲工洽切
郪 新郪汝南縣从邑妻聲七稽切
鄎 姬姓之國在淮北从邑息聲今汝南新鄎相即切
郋 汝南邵陵里从邑自聲讀若奚胡雞切
䣕 汝南鮦陽亭从邑𦣞聲步光切
郹 蔡邑也从邑狊聲春秋傳曰郹陽封人之女奔之古闃切
鄧 曼姓之國今屬南陽从邑登聲徒亘切
鄾 鄧國地也从邑憂聲春秋傳曰鄧南鄙鄾人攻之於求切
⿰号阝 南陽淯陽鄉从邑号聲乎刀切
鄛 南陽棗陽鄉从邑巢聲鉏交切
⿰襄阝 今南陽穰縣是从邑襄聲汝羊切
⿰婁阝 南陽穰鄉从邑婁聲力朱切
⿰里阝 南陽西鄂亭从邑里聲良止切
⿰羽阝 南陽舞陰亭从邑羽聲王榘切
郢 故楚都在南郡江陵北十里从邑呈聲以整切
郢 郢或省
鄢 南郡縣孝惠三年改名宜城从邑焉聲於乾切
鄳 江夏縣从邑黽聲莫杏切
鄂

南陽陰鄉从邑葛聲古達切
鄂 江夏縣从邑咢聲五各切
邔 南陽縣从邑己聲居擬切
邾 江夏縣从邑朱聲陟輸切
鄖 漢南之國从邑員聲漢中有鄖關羽文切
鄘 南夷國从邑庸聲余封切
郫 蜀縣也从邑卑聲符支切
𨞪 蜀江原地从邑壽聲市流切
𨜒 蜀地也从邑耤聲秦昔切
鄤 蜀廣漢鄉也从邑蔓聲讀若蔓無販切
邡 什邡廣漢縣邑方聲府良切
䣕 存䣕犍爲縣从邑馬聲莫駕切
鄨 牂牁縣从邑敝聲讀若鷩雉之鷩必袂切
𨚔 地名从邑包聲布交切
那 西夷國从邑冄聲安定有朝那縣諾何切
鄱 鄱陽豫章縣从邑番聲薄波切
酃 長沙縣从邑霝聲郎丁切
郴 桂陽縣从邑林聲丑林切
⿰耒阝 今桂陽⿰耒阝陽縣从邑耒聲盧對切
鄮 會稽縣从邑貿聲莫候切
鄞 會稽縣从邑堇聲語斤切
⿰巿阝 沛郡从邑巿聲博蓋切
邴 宋下邑从邑丙聲兵永切
⿰虘阝 沛國縣从邑虘聲昨何切
⿰少阝 地名从邑少聲書沼切
⿰臣阝 地名从邑臣聲植鄰切
⿰毚阝 宋地也从邑毚聲讀若讒士咸切
鄑 宋魯閒地从邑晉聲即移切
郜 周文王子所封國从邑告聲古到切
鄄 衛地今濟陰鄄城从邑垩聲吉掾切
邛 邛地在濟陰縣从邑工聲渠容切
鄶 祝融之後妘姓所封潧洧之閒鄭滅之从邑會聲古外切
邧 鄭邑也从邑元聲虞遠切
郔 鄭地从邑延聲以然切
郠 琅邪莒邑从邑更聲春秋傳曰取郠古杏切
鄅 妘姓之國从邑

爲聲春秋傳曰郿人籍稻讀若規榘之榘王榘切

鄒 魯縣古邾國帝顓頊之後所封从邑芻聲側鳩切

⿰余阝 邾下邑地从邑余聲魯東有⿰余阝城讀若塗同都切

邿 附庸國在東平亢父邿亭从邑寺聲春秋傳曰取邿書之切

郰 魯下邑孔子之鄉从邑取聲側鳩切

郕 魯孟氏邑从邑成聲氏征切

⿰奄阝 周公所誅⿰奄阝國在魯从邑奄聲依檢切

酄 魯下邑从邑雚聲春秋傳曰齊人來歸酄呼官切

郎 魯亭也从邑良聲魯當切

邳 奚仲之後湯左相仲虺所封國在魯薛縣从邑丕聲敷悲切

鄣 紀邑也从邑章聲諸良切

邗 國也今屬臨淮从邑干聲一曰邗本屬吳胡安切

⿰義阝 臨淮徐地从邑義聲春秋傳曰徐⿰義阝楚魚羈切

郈 東平無鹽鄉从邑后聲胡口切

郯 東海縣帝少昊之後所封从邑炎聲徒甘切

郚 東海縣故紀侯之邑也从邑吾聲五乎切

酅 東海之邑从邑巂聲戶圭切

鄫 姒姓國在東海从邑曾聲疾陵切

邪 琅邪郡从邑牙聲以遮切

邞 琅邪縣一名純德从邑夫聲甫無切

⿰桼阝 齊地也从邑桼聲親吉切

郭 齊之郭氏虛善善不能進惡惡不能退是以亡國也从邑𩫏聲古博切

郳 齊地从邑兒聲春秋傳曰齊高厚定郳田五雞切

郣 郣海地从邑孛聲一曰地之起者曰郣臣鉉等曰今俗作渤非是蒲沒切

⿰覃阝 國也齊桓公之所滅从邑覃聲臣鉉等曰今作譚非是說文注義有譚長疑後人傳寫之誤徒含切

[illegible] 地名从邑[illegible]

二百三十

貝俱切　郂　陳留鄉从邑亥聲古哀切　⿰𢦏阝　故國在陳留从邑𢦏聲作代切　酀　地名从邑燕聲烏前切　邱　地名从邑丘聲去鳩切　⿰如阝　地名从邑如聲人諸切　⿰丑阝　地名从邑丑聲女九切　⿰几阝　地名从邑几聲居履切　⿰翕阝　地名从邑翕聲希立切　⿰求阝　地名从邑求聲巨鳩切　⿰嬰阝　地名从邑嬰聲於郢切　⿰尚阝　地名从邑尚聲多朗切　郱　地名从邑并聲薄經切　⿰虖阝　地名从邑虖聲呼古切　邩　地名从邑火聲呼果切　鄝　地名从邑翏聲盧鳥切　鄬　地名从邑爲聲居爲切　邨　地名从邑屯聲臣鉉等曰今俗作村非是此尊切　⿰舍阝　地名从邑舍聲式車切　⿰盍阝　地名从邑盍聲胡蠟切　⿰乾阝　地名从邑乾聲古寒切　⿰㐭阝　地名从邑㐭聲讀若淫力荏切　⿰山阝　地名从邑山聲所間切　⿰臺阝　地名从邑臺聲臺古堂字徒郎切　⿰馮阝　姬姓之國从邑馮聲房戎切　⿰蒯阝　汝南安陽鄉从邑蒯省聲苦怪切　郙　汝南上蔡亭从邑甫聲方矩切　酈　南陽縣从邑麗聲郎擊切　⿰與阝　地名从邑與聲弋諸切

𨙨　从反邑𨛜字从此闕

文一百八十四　重六

𨛜　鄰道也从邑从𨙨凡𨛜之屬皆从𨛜闕　胡絳切

鄉 國離邑民所封鄉也嗇夫別治封圻之內六鄉六卿治之从𨛜皀聲許良切

𨞒 里中道从𨛜从共皆在邑中所共也胡絳切

巷 篆文从𨛜省

文三　重一

說文解字第六下

二百卅一

說文解字弟七上　漢太尉祭酒許慎記

銀青光祿大夫守右散騎常侍上柱國東海縣開國子食邑五百戶臣徐鉉等奉

勑校定

五十六部　文七百一十四　重百一十五

凡八千六百四十七字

文四十二新附

日 實也太陽之精不虧从口一象形凡日之屬皆从日 人質切

古文象形 旻 秋天也从日文聲虞書曰仁閔覆下則稱旻天武巾切 時 四時也从日寺聲市之切 旹 古文時从之 早 晨也从日在甲上子浩切 昒 尚冥也从日勿聲呼骨切 昧 爽且明也从日未聲莫佩切 一曰闇也 睹

旦明也从日者聲當古切

晢 昭晣明也从日折聲禮曰晢明行事旨熱切

昭 日明也从日召聲止遙切

晤 明也从日吾聲詩曰晤辟有摽五故切

旳 明也从日勺聲易曰為旳顙都歷切

晄 明也从日光聲胡廣切

曠 明也从日廣聲苦謗切

旭 日旦出皃从日九聲讀若勖一曰明也臣鉉等曰九非聲未詳許玉切

晉 進也日出萬物進从日从臸易曰明出地上晉臣鉉等案臸到也會意即刃切

暘 日出也从日昜聲虞書曰暘谷與章切

晵 雨而晝姓也从日啓省聲康礼切

晹 日覆雲暫見也从日易聲羊益切

昫 日出溫也从日句聲北地有昫衍縣火于切又火句切

晛 日見也从日从見見亦聲詩曰見晛曰消胡甸切

晏 天清也从日安聲烏諫切

曣 星無雲也从日燕聲於甸切

景 光也从日京聲居影切

晧 日出皃从日告聲胡老切

暤 皓旰也从日皋聲胡老切

暉 光也从日軍聲許歸切

旰 晚也从日干聲春秋傳曰日旰君勞古案切

暆 日行暆暆也从日施聲樂浪有東暆縣讀若酸弋支切

晷 日景也从日咎聲居洧切

昃 日在西方時側也从日仄聲易曰日厢之離臣鉉等曰今俗別作昊非是阻力切

晚 莫也从日免聲無遠切

昏 日冥也从日氐省氐者下也一曰民聲呼昆切

曫 日旦昏時从日䜌聲讀若新城䜌中洛官切

晻 不明也从日奄聲烏感切

暗 日無光也从日音聲烏紺切

晦 月盡也从日每聲荒內切

䁕 埃䁕日無光也从日

能聲奴代切曀陰而風也从日壹聲詩曰終風且曀於計切旱不雨也从日干聲乎旰切𣅻望遠合也从日匕匕合也讀若窈窕之窈徐鍇曰匕相近也故曰合也烏皎切昴白虎宿星从日卯聲莫飽切曏不久也从日鄉聲春秋傳曰鄉役之三月許兩切曩曏也从日襄聲奴朗切昨壘日也从日乍聲在各切暇閑也从日叚聲胡嫁切暫不久也从日斬聲藏濫切昪喜樂皃从日弁聲皮變切昌美言也从日从曰一曰日光也詩曰東方昌矣臣鉉等曰曰亦言也尺良切𣅊籀文昌暀光美也从日往聲于放切昄大也从日反聲補綰切昱明日也从日立聲余六切㬉溫溼也从日赧省聲讀與赧同女版切暑熱也从日者聲舒呂切㬮安㬮溫也从日難聲奴案切㬎眾微杪也从日中視絲古文以爲顯字或曰眾口皃讀若唫唫或以爲繭繭者絮中往往有小繭也五合切㬥晞也从日从出从廾从米薄報切𣋡古文㬥从日麃聲曬暴也从日麗聲所智切暵乾也耕暴田曰暵从日堇聲易曰燥萬物者莫暵于離臣鉉等曰當从漢省乃得聲呼旰切晞乾也从日希聲香衣切昔乾肉也从殘肉日以晞之與俎同意思積切𦠔籀文从肉暱日近也从日匿聲春秋傳曰私降暱燕尼質切昵暱或从尼暬日狎習相慢也从日執聲私列切𣅀不見也从日否省聲美畢切昆同也从日从比

从比徐鍇曰日日比之是同也古渾切

晐 兼晐也从日亥聲古哀切

普 日無色也从日从竝徐鍇曰日無光則遠近皆同故从竝滂古切

文七十　重六

曉 明也从日堯聲呼鳥切

昕 旦明日將出也从日斤聲讀若希許斤切

曈 曈曨日欲明也从日童聲徒紅切

曨 曈曨也从日龍聲盧紅切

昈 明也从日戶聲侯古切

昉 明也从日方聲分兩切

晙 明也从日夋聲子峻切

晟 明也从日成聲承正切

昶 日長也从日永會意丑兩切

暈 日月气也从日軍聲王問切

晬 周年也从日卒卒亦聲子內切

映 明也隱也从日央聲於敬切

曙 曉也从日署聲常恕切

昳 日昃也从日失聲徒結切

曇 雲布也从日雲會意徒含切

曆 曆象也从日麻聲史記通用歷郎擊切

昂 舉也从日卬聲五岡切

昇 日上也从日升聲古只用升識蒸切

文十六　新附

二百廿二

旦 明也从日見一上一地也凡旦之屬皆从旦得案切

暨 日頗見也从旦既聲其冀切

文二

二百廿三

倝 日始出光倝倝也从旦㫃聲凡倝之屬皆

从倝入 古案切

朝 旦也从倝舟聲 陟遥切

文二

㫃 旌旗之游㫃蹇之皃从屮曲而下垂㫃相出入也讀若偃古人名㫃字子游凡㫃之屬皆从㫃 於幰切

㫃 古文㫃字象形及象旌旗之游

旐 龜蛇四游以象營室游游而長从㫃兆聲周禮曰縣鄙建旐 治小切

旗 熊旗五游以象罰星士卒以爲期从㫃其聲周禮曰率都建旗 渠之切

旆 繼旐之旗也沛然而垂从㫃𣲺聲 蒲蓋切

旌 游車載旌析羽注旄首所以精進士卒从㫃生聲 子盈切

旟 錯革畫鳥其上所以進士衆旟旟衆也从㫃與聲周禮曰州里建旟 以諸切

旂 旗有衆鈴以令衆也从㫃斤聲 渠希切

旞 導車所以載全羽以爲允允進也从㫃遂聲 徐醉切

旝 建大木置石其上發以機以追敵也从㫃會聲春秋傳曰旝動而鼓詩曰其旝如林 古外切

旃 旗曲柄也所以旃表士衆

从丹聲周禮曰通帛爲旃諸延切

旜 旃或从亶

旌旗之流也从㫃攸聲以周切

旗屬从㫃要聲烏皎切

施 旗皃从㫃也聲亝欒施字子旗知施者旗也式支切

旖 旗旖施也从㫃奇聲於离切

旚 旌旗旚繇也从㫃㶾聲匹招切

旌旗飛揚皃从㫃猋聲甫遙切

游 旌旗之流也从㫃汓聲以周切

𨒫 古文游

旇 旌旗披靡也从㫃皮聲敷羈切

旋 周旋旌旗之指麾也从㫃从疋疋足也徐鍇曰人足隨旌旗以周旋也似沿切

旄 幢也从㫃从毛毛亦聲莫袍切

旛 幅胡也从㫃番聲臣鉉等曰胡幅之下垂者也孚袁切

旅 軍之五百人爲旅从㫃从从从俱也力舉切

𣃨 古文旅古文以爲魯衛之魯

族 矢鋒也束之族族也从㫃从矢昨木切

文二十三 重五

二百廿五

冥 幽也从日从六冖聲日數十十六日而月始虧幽也凡冥之屬皆从冥莫經切

鼆 冥也从冥黽聲讀若黽蛙之黽武庚切

文二

二百廿六

晶 精光也从三日凡晶之屬皆从晶子盈切

曐 萬物之精上爲列星从晶生聲一曰象形从口古口復注中故與日同桑經切 曑 古文 星 曐或省
曑 商星也从晶㐱聲臣鉉等曰㐱非聲未詳所今切 曑 曑或省 曟 房星爲民田時者从晶辰聲植鄰切 曟
曟或省 疊 楊雄說以爲古理官決罪三日得其宜乃行之从晶从宜亡新以爲疊从三日太盛改爲三田徒叶切

文五 重四

月 闕也大陰之精象形凡月之屬皆从月 魚厥切

朔 月一日始蘇也从月屰聲所角切 朏 月未盛之明从月出周書曰丙午朏普乃切又芳尾切 霸 月始生霸然也承大月二日承小月三日从月䨣聲周書曰哉生霸普伯切臣鉉等曰今俗作必駕切以爲霸王字 䨣 古文霸 朗 明也从月良聲盧黨切 朓 晦而月見西方謂之朓从月兆聲土了切 肭 朔而月見東方謂之縮肭从月内聲女六切 期 會也从月其聲渠之切 𣎆 古文期从日丌

文八 重二

朦 月朦朧也从月蒙聲莫工切 朧 朦朧也从月龍聲盧紅切

文二 新附

二百卅八

有 不宜有也春秋傳曰日月有食之从月又聲凡有之屬皆从有 云九切

戫 有文章也从有𢧵聲於六切 龓 兼有也从有龍聲讀若聾盧紅切

文三

二百卅九

朙 照也从月从囧凡朙之屬皆从朙 武兵切

明 古文明从日 朚 翌也从朙亡聲 呼光切

文二　重一

二百四十

囧 窻牖麗廔闓明象形凡囧之屬皆从囧讀若獷賈侍中說讀與明同 俱永切

盟 周禮曰國有疑則盟諸侯再相與會十二歲一盟北面詔天之司慎司命盟殺牲歃血朱盤玉敦以立牛耳从囧从血武兵切 盟 篆文从朙 明 古文从明

文二　重二

二百四一

夕 莫也从月半見凡夕之屬皆从夕 祥易切

夜 舍也天下休舍也从夕亦省聲羊謝切 夢 不明也从夕瞢省聲莫忠切又亡貢切 夗 轉卧也从夕从卪卧有卪也於阮切 夤 敬惕也从夕寅聲易曰夕惕若夤翼眞切 𡖟 籒文夤 夝 雨而夜除星見也从夕生聲臣鉉等曰今俗別作晴非是疾盈切 外 遠也卜尚平旦今夕卜於事外矣五會切 𡰎 古文外 夙 早敬也从丮持事雖夕不休早敬者臣鉉等曰今俗書作夙譌息逐切 㑥 古文夙从人㐭 𠈇 亦古文夙从人㐭宿从此 𡖈 宗也从夕莫聲莫白切

文九 重四

二百四二 多 重也从重夕夕者相繹也故爲多重夕爲多重日爲曡凡多之屬皆从多 得何切 𡖄 古文多 夥 齊謂多爲夥从多果聲乎果切 𡖒 大也从多圣聲苦回切 𡖗 厚脣皃从多从尚徐鍇曰多即厚也陟加切

文四 重一

二百四三 毌 穿物持之也从一横貫象寶貨之形凡毌之

二百四四

屬皆从毌讀若冠 古丸切

貫 錢貝之貫从毌貝古玩切 虜 獲也从毌从力虍聲郎古切

文三

马 嘾也艸木之華未發圅然象形凡马之屬皆从马讀若含 乎感切

圅 舌也象形舌體马马从马马亦聲胡男切 肣 俗圅从肉今 𢎘 木生條也从马由聲商書曰若顛木之有𢎘枿古文言由枿徐鍇曰說文無由字今尚書只作由枿盖古文省马而後人因省之通用爲因由等字从马上象枝條華圅之形臣鉉等案孔安国注尚書直訓由作用也用枿之語不通以州切 甬 艸木華甬甬然也从马用聲余隴切 𢎗 艸木马盛也从二马胡先切

文五 重一

二百四五

𣎵 木垂華實从木马马亦聲凡𣎵之屬皆从𣎵 胡感切

韢 束也从柬韋聲徐鍇曰言束之象木華實之相累也于非切

文二

二百四六

𠧪 艸木實垂𠧪𠧪然象形凡𠧪之屬皆从𠧪讀若調 徒遼切

𠧪 籒文三𠧪為𠧪

㮚 木也从木其實下垂故从𠧪 力質切 𣡡 古文㮚从西从二𠧪徐巡說木至西方戰㮚

粟 嘉穀實也从𠧪从米孔子曰粟之為言續也 相玉切 𥻆 籒文粟

文三 重三

二百四七

亝 禾麥吐穗上平也象形凡亝之屬皆从亝 徐鍇曰生而齊者莫若禾麥二地也兩傍在低处也 徂兮切

齋 等也从亝妻聲 徂兮切

文二

二百四八

朿 木芒也象形凡朿之屬皆从朿讀若刺 七賜切

棗 羊棗也从重朿 子皓切

棘 小棗叢生者从並朿 己力切

文三

二百四九

片 判木也从半木凡片之屬皆从片 匹見切

版 判也从片反聲 布綰切　福 判也从片畐聲 芳逼切　牘 書版也从片𧶠聲 徒谷切　牒 札也从片枼聲 徒叶切　牑 牀版也从片扁聲讀若邊 方田切　牖 穿壁以木爲交窻也从片戶甫聲譚長以爲甫上日也非戶也牖所以見日 與久切　牏 築牆短版也从片俞聲讀若俞一曰若紐 度侯切

文八

二百五十

鼎 三足兩耳和五味之寶器也昔禹收九牧之金鑄鼎荊山之下入山林川澤螭魅蝄蜽莫能逢之以協承天休易卦巽木於下者爲鼎象析木以炊也籒文以鼎爲貞字凡鼎之屬皆从鼎 都挺切

鼒 鼎之圜掩上者从鼎才聲詩曰鼐鼎及鼒 子之切　鎡 俗鼒从金从茲　鼐 鼎之絕大者从鼎乃聲魯詩

說鼐小鼎奴代切

鼏 以木橫貫鼎耳而舉之从鼎冂聲周禮廟門容大鼏七箇即易玉鉉大吉也莫狄切

文四　重一

二百五一

克 肩也象屋下刻木之形凡克之屬皆从克徐鍇曰肩任也負何之名也與人肩膊之義通能勝此物謂之克苦得切

𠩗 古文克　𠧚 亦古文克

文一　重二

二百五二

彔 刻木彔彔也象形凡彔之屬皆从彔盧谷切

文一

二百五三

禾 嘉穀也二月始生八月而孰得時之中故謂之禾禾木也木王而生金王而死从木从𠂹省𠂹象其穗凡禾之屬皆从禾戶戈切

秀 上諱 漢光武帝名也徐鍇曰禾實也有實之象下垂也息救切

稼 禾之秀實爲稼莖節爲禾从禾家聲一曰稼家事也一曰在野曰稼古訝切

穡 穀可收曰穡从禾嗇聲所力切

穜 埶也从禾童聲之用切

稙 早穜也从禾直聲詩曰稙稚尗麥常職切

種 先穜後孰也从禾重聲直容切

稑 疾孰也从禾坴聲詩曰黍稷穜稑力竹切

穋 稑或从翏

稺 幼禾也从禾屖聲直利切

稹 穜穊也从禾眞聲周禮曰稹理而堅之忍切

稠 多也从禾周聲直由切

穊 稠也从禾既聲几利切

稀 踈也从禾希聲徐鍇曰當言从爻从巾無聲字爻者稀踈之義與爽同意巾象禾之根莖至於莃晞皆當从稀省何以知之說文無希字故也香依切

䅌 禾也从禾蔑聲莫結切

穆 禾也从禾㣎聲莫卜切

私 禾也从禾厶聲北道名禾主人曰私主人息夷切

⿰禾糞 稻紫莖不黏也从禾糞聲讀若靡扶沸切

稷 齋也五穀之長从禾畟聲子力切

𥟧 古文稷省

齋 稷也从禾齊聲即夷切

𪗉 齋或从次

秫 稷之黏者从禾朮象形食聿切

朮 秫或省禾

穄 穈也从禾祭聲子例切

稻 稌也从禾舀聲徒皓切

稌 稻也从禾余聲周禮曰牛宜稌徒古切

稬 沛國謂稻曰稬从禾耎聲奴亂切

稴 稻不黏者从禾兼聲讀若風廉之廉力兼切

秔 稻屬从禾亢聲古行切

稉 秔或

从更聲 秏 稻屬从禾毛聲伊尹曰飯之美者玄山之禾南海之秏呼到切 穬 芒粟也从禾廣聲古猛切 秜 稻今年落來年自生
謂之秜从禾尼聲里之切 稗 禾別也从禾卑聲琅邪有稗縣旁卦切 移 禾相倚移也从禾多聲一曰禾名臣鉉等曰多與移聲不
相近蓋古有此音弋支切 穎 禾末也从禾頃聲詩曰禾穎穟穟余頃切 𥝩 齊謂麥𥝩也从禾來聲洛哀切 采 禾成
秀也人所以收从爪禾徐醉切 穗 采或从禾惠聲 䄪 禾危穗也从禾勺聲都了切 穟 禾采之皃从禾遂聲詩曰禾穎穟穟
徐醉切 蓫 穟或从艸 䅊 禾垂皃从禾耑聲讀若端丁果切 䅥 禾舉出苗也从禾曷聲居謁切 秒 禾芒也从
禾少聲亡沼切 穖 禾穖也从禾幾聲居狶切 秠 一稃二米从禾丕聲詩曰誕降嘉穀惟秬惟秠天賜后稷之嘉穀也敷悲切
秨 禾搖皃从禾乍聲讀若昨在各切 穮 耕禾間也从禾麃聲春秋傳曰是穮是衮甫嬌切 案 轢禾也从禾安聲烏
旰切 秄 壅禾本从禾子聲即里切 穧 穫刈也一曰撮也从禾齊聲在詣切 穫 刈穀也从禾蒦聲胡郭切 䅩 積禾也从
禾資聲詩曰積之秩秩即夷切 積 聚也从禾責聲則歷切 秩 積也从禾失聲詩曰積之秩秩直質切 稛
桊束也从禾囷聲苦本切 稞 穀之善者从禾果聲一曰無皮穀胡瓦切 秳 舂粟不潰也从禾昏聲戶括切 秅 [illegible]

从禾气聲居气切

稃 穭也从禾孚聲芳無切

𥞾 稃或从米付聲

穭 穅也从禾會聲苦會切

穅 穀皮也从禾从米庚聲苦岡切

康 穅或省

𥝖 禾皮也从禾羔聲臣鉉等曰羔聲不相近未詳之若切

稭 禾稾去其皮祭天以爲席从禾皆聲古黠切

稈 禾莖也从禾旱聲春秋傳曰或投一秉稈古旱切

秆 稈或从干

稾 稈也从禾高聲古老切

秕 不成粟也从禾比聲卑履切

䅌 麥莖也从禾肙聲古玄切

⿰禾列 黍穰也从禾列聲良薛切

穰 黍䅟已治者从禾襄聲汝羊切

秧 禾若秧穰也从禾央聲於良切

𥠖 𥠖程穀名从禾𠷎聲蒲庚切

程 𥠖程也从禾皇聲戶光切

秊 穀孰也从禾千聲春秋傳曰大有秊奴顛切

穀 續也百穀之總名从禾㱿聲古祿切

稔 穀孰也从禾念聲春秋傳曰鮮不五稔而甚切

租 田賦也从禾且聲則吾切

稅 租也从禾兌聲輸芮切

䆃 禾也从禾道聲司馬相如曰䆃一莖六穗徒到切

穌 把取禾若也从禾魚聲素孤切

稍 出物有漸也从禾肖聲所教切

秋 禾穀孰也从禾龜省聲七由切

𪚼 籀文不省

秦 伯益之後所封國地宜禾从禾舂省一曰秦禾名匠鄰切

𥣔 籀文秦从秝

稱 銓也从禾爯聲春分而禾生日夏至晷景可度禾有秒秋分而秒定律數十二秒而當一分十分而寸其以爲重十二粟爲一分十二分爲一銖故諸

譱品皆从毛 黍麽陵切

科 程也从禾从斗斗者量也苦禾切

程 品也十髮爲程一程爲分十分爲寸从禾呈聲直貞切

稯 布之八十縷爲稯从禾㚇聲子紅切 䅋 籒文稯省

秭 五稯爲秭从禾𠂔聲一曰數億至萬曰秭將几切

秅 二秭爲秅从禾乇聲周禮曰二百四十斤爲秉四秉曰筥十筥曰稯十稯曰秅四百秉爲一秅宅加切

𥝩 百二十斤也稻一秅爲粟二十升禾黍一秅爲粟十六斗太半升从禾石聲常隻切

稘 復其時也从禾其聲虞書曰稘三百有六旬居之切

文八十七 重十三

穩 蹂穀聚也一曰安也从禾隱省古通用安隱烏本切

稕 束稈也从禾𦎫聲之閏切

文二 新附

二百五四

秝 稀疏適也从二禾凡秝之屬皆从秝讀若歷郎擊切

兼 并也从又持秝兼持二禾秉持一禾古甜切

文二

二百五五

黍 禾屬而黏者也以大暑而穜故謂之黍从禾雨省聲孔子曰黍可爲酒禾入水也凡黍之屬皆从黍舒呂切

䵑 穄也从黍麻聲靡爲切 𪐴 黍屬从黍卑聲并弭切 黏 相箸也从黍占聲女廉切 𪏹 黏也从黍古聲戶吳切

粘 黏或从米 𪐳 黏也从黍日聲春秋傳曰不義不黏尼質切 𪏽 𪐳或从刃 黎 履黏也从黍𥝢省聲𥝢古文利作履黏以黍米郎奚切 𪏼 治黍禾豆下潰葉从黍畐聲蒲北切

文八　重二

二百五六

香 芳也从黍从甘春秋傳曰黍稷馨香凡香之屬皆从香許良切

馨 香之遠聞者从香殸聲殸籀文磬呼形切

文二

馥 香气芬馥也从香复聲房六切

文一　新附

二百五七

米 粟實也象禾實之形凡米之屬皆从米莫禮切

粱 米名也从米梁省聲呂張切 䊪 早取穀也从米焦聲一曰小側角切 粲 稻重一柘爲粟二十斗爲米十斗曰毇爲米六斗太半斗曰粲从米𣦼聲倉案切

糲 粟重一柘爲十六斗太半斗舂爲米一斛曰糲从米萬聲洛帶切 精 擇也从米

青聲子盈切粺毇也从米卑聲旁卦切粗疏也从米且聲徂古切䊀惡米也从米北聲周書有䊀誓兵媚切

糱牙米也从米辥聲魚列切粒糂也从米立聲力入切飠立古文粒釋漬米也从米睪聲施隻切糂

以米和羹也一曰粒也从米甚聲桑感切糣籀文糂从朁糝古文糂从參䊓炊米者謂之䊓从米辟聲博戹切

糜糝也从米麻聲靡爲切䊝糜和也从米覃聲讀若鄲徒感切𥹰潰米也从米尼聲交阯有𥹰泠縣武夷切䊮

酒母也从米𥷚省聲驅六切麴䊮或从麥鞠省聲糟酒滓也从米曹聲作曹切醩籀文从酉糒乾也从米𤰈聲

平祕切糗熬米麥也从米臭聲去九切[臼米]舂糗也从臼米其九切糈糧也从米胥聲私呂切糧穀也

从米量聲呂張切粈雜飯也从米丑聲女久切[米翟]穀也从米翟聲他弔切[米蔑][米疌]也从米蔑聲莫撥切粹

不雜也从米卒聲雖遂切氣饋客芻米也从米气聲春秋傳曰齊人來氣諸侯許旣切槩氣或从旣餼氣或从食

[米工]陳臭米从米工聲戶工切粉傅面者也从米分聲方吻切[米卷]粉也从米卷聲去阮切[米悉]糳也从米悉聲

私列切[米殺]糳散之也从米殺聲桑割切[米靡]碎也从米靡聲摸臥切竊盜自中出曰竊从穴从米禼廿皆聲廿古文

寒古文

僎干結切

文三十六　重七

粻 食米也从米長聲陟良切　粕 糟粕酒滓也从米白聲匹各切　粔 粔籹膏環也从米巨聲其呂切　籹 粔籹也从米女聲人渚切　糭 蘆葉裹米也从米㚇聲作弄切　糖 飴也从米唐聲徒郎切

文六　新附

二百五八

毇 米一斛舂爲八斗也从臭从殳凡毇之屬皆从毇 許委切

糳 糲米一斛舂爲九斗曰糳从毇丵聲則各切

文二

二百五九

臼 舂也古者掘地爲臼其後穿木石象形中米也凡臼之屬皆从臼 其九切

舂 擣粟也从廾持杵臨臼上午杵省也古者雝父初作舂 書容切　𦥸 齊謂舂曰𦥸从臼并聲讀若膊匹各切　臿 舂去麥皮也从臼干所以臿之 楚洽切　舀 抒臼也从爪臼詩曰或簸或舀 以沼切　抭 舀或从手从冘　䑋 舀或从臼冘

臽 小阱也从人在臼上户猪切

文六　重二

凶 惡也象地穿交陷其中也凡凶之屬皆从凶許容切

兇 擾恐也从人在凶下春秋傳曰曹人兇懼許拱切

文二

說文解字第七上

說文解字弟七下　漢太尉祭酒許氏記

銀青光祿大夫守右散騎常侍上柱國東海縣開國子食邑五百戶臣徐鉉等奉

敕校定

二百六一　朩　分枲莖皮也从屮八象枲之皮莖也凡朩之屬皆从朩　匹刃切　讀若髕

枲　麻也从朩台聲　胥里切　𢇛　籒文枲从林从辝

文二　重一

二百六二　𣏟　葩之總名也𣏟之爲言微也微纖爲功象形凡𣏟之屬皆从𣏟　匹卦切

䊵　枲屬从𣏟熒省詩曰衣錦䊵衣　去穎切

㪔　分離也从攴从𣏟𣏟分㪔之意也　穌旰切

文三

二百六三　麻　與𣏟同人所治在屋下从广从𣏟凡麻之屬皆

从麻 莫遐切

𪎊 未練治纑也从麻後聲臣鉉等曰後非聲疑復字譌當从復省乃得聲空谷切 𪎋 麻藍也从麻取聲側鳩切 𪎌 檾屬从麻俞聲度侯切

文四

二百六四 尗 豆也象尗豆生之形也凡尗之屬皆从尗 式竹切

枝 配鹽幽尗也从尗支聲是義切 豉 俗枝从豆

文二 重一

二百六五 耑 物初生之題也上象生形下象其根也凡耑之屬皆从耑 臣鉉等曰中一地也 多官切

文一

二百六六 韭 菜名一種而久者故謂之韭象形在一之上一地也此與耑同意凡韭之屬皆从韭 舉友切

䪢 齏也从韭隊聲徒對切 韲 䪢也从韭次𠂔皆聲祖雞切 齏 韲或从齊 䪥 菜也葉似韭从韭𣪊聲胡戒切

韱 山韭也从韭𢦏聲息廉切 䪤 小蒜也从韭番聲附袁切

文六 重二

二百六七

瓜 㼌也象形凡瓜之屬皆从瓜 古華切

瓝 小瓜也从瓜交聲臣鉉等曰交非聲未詳蒲角切 瓞 㼌也从瓜失聲詩曰緜緜瓜瓞徒結切 䏏 瓞或从弗

𤬫 小瓜也从瓜熒省聲戶扃切 㼢 瓜也从瓜繇省聲余昭切 瓣 瓜中實从瓜辡聲蒲莧切 㼌 本不勝末微弱也从二瓜讀若庾以主切

文七 重一

二百六八

瓠 匏也从瓜夸聲凡瓠之屬皆从瓠 胡誤切

瓢 蠡也从瓠省票聲符宵切

文二

二百六九

宀 交覆深屋也象形凡宀之屬皆从宀 武延切

家 居也从宀豭省聲古牙切 𡦸 古文家 宅 所託也从宀乇聲場伯切 𡧁 古文宅 庑 亦古文宅 室 實也从宀从至至所止也式質切 宣 天子宣室也从宀亘聲須緣切 向 北出牖也从宀从口詩曰塞向墐戶徐鍇曰牖所以通人气

故从口許諒切

(宧) 養也室之東北隅食所居从宀叵聲與之切

(窔) 戶樞聲也室之東南隅从宀皀聲烏皎切

(奧) 宛也室之西南隅从宀𢍏聲臣鉉等曰𢍏非聲未詳烏到切

(宛) 屈草自覆也从宀夗聲於阮切

(惌) 宛或从心

(宸) 屋宇也从宀辰聲植鄰切

(宇) 屋邊也从宀于聲易曰上棟下宇王榘切

(寓) 籀文宇从禹

(寷) 大屋也从宀豐聲易曰寷其屋敷戎切

(寏) 周垣也从宀奐聲胡官切

(院) 寏或从𨸏又爰眷切

(宏) 屋深響也从宀厷聲戶萌切

(宖) 屋響也从宀弘聲戶萌切

(寪) 屋皃从宀爲聲韋委切

(㝩) 屋㝩㝗也从宀康聲苦岡切

(㝗) 㝩也从宀良聲音良又力康切

(宬) 屋所容受也从宀成聲氏征切

(寍) 安也从宀心在皿上人之飲食器所以安人奴丁切

(定) 安也从宀从正徒徑切

(寔) 止也从宀是聲常隻切

(安) 静也从女在宀下烏寒切

(宓) 安也从宀必聲美畢切

(㝣) 静也从宀契聲於計切

(宴) 安也从宀㫐聲於甸切

(宗) 無人聲从宀尗聲前歷切

(諔) 宗或从言

(察) 覆也从宀祭臣鉉等曰祭祀必質明明察也故从祭初八切

(親) 至也从宀親聲初僅切

(完) 全也从宀元聲古文以爲寬字胡官切

(富) 備也一曰厚也从宀畐聲方副切

(實) 富也从宀从貫貫貨貝也神質切

(宲) 藏也从宀㫐聲㫐古文保周書曰陳宲赤刀博褒切

(容) 盛也从宀谷臣鉉等曰屋與谷皆所以盛受也余封切

㝐 古文容从公

宂 㪔也从宀人在屋下無田事周書曰宮中之宂食 而隴切

𡫴 𡫴𡫴不見也一曰𡫴𡫴不見省人从宀臱聲 武延切

寶 珍也从宀从王从貝缶聲 博皓切

𡧖 古文寶省貝

宭 羣居也从宀君聲 渠云切

宦 仕也从宀从臣 胡慣切

宰 辠人在屋下執事者从宀从辛辛辠也 作亥切

守 守官也从宀从寸寺府之事者从寸寸法度也 書九切

寵 尊居也从宀龍聲 丑壟切

宥 寬也从宀有聲 于救切

宜 所安也从宀之下一之上多省聲 魚羈切

𡧯 古文宜

𡨝 亦古文宜

寫 置物也从宀舄聲 悉也切

宵 夜也从宀宀下冥也肖聲 相邀切

宿 止也从宀㐰聲㐰古文夙 息逐切

寑 臥也从宀𠬶聲 七荏切

𡨋 籒文寑省

𡧱 冥合也从宀丏聲讀若周書若藥不眄眩 莫甸切

寬 屋寬大也从宀莧聲 苦官切

𡧢 寤也从宀吾聲 五故切

𡩗 居之速也从宀疌聲 子感切

寡 少也从宀从頒頒分賦也故為少 古瓦切

客 寄也从宀各聲 苦格切

寄 託也从宀奇聲 居義切

寓 寄也从宀禺聲 牛具切

庽 寓或从广

𡫯 無禮居也从宀婁聲 其榘切

㝌 貧病也从宀久聲詩曰煢煢在疚 居又切

寒 凍也从人在宀下以茻薦覆之下有仌 胡安切

害 傷也从宀从口宀口言从家起也丯聲 胡蓋切

𡩋 入家搜也从宀索聲 所責切

𥧑 窮也从宀䆐聲䆐與鞫同 居六切

𥨎 𥧑或从穴

宄 姦也外為盜內為宄

从宀九聲讀若軌居洧切 𡧥 古文宄 𡪏 亦古文宄 𡨄 塞也从宀𣪠聲讀若虞書曰𣪠三苗之𣪠麤最切 宕

過也一曰洞屋从宀碭省聲汝南項有宕鄉徒浪切 宋 居也从宀从木讀若送臣鉉等曰木者所以成室以居人也蘇統切 𡪇 屋傾

下也从宀執聲都念切 宗 尊祖廟也从宀从示作冬切 宔 宗廟宔祏从宀主聲之庾切 宙 舟輿所極覆也从宀由聲直又切

文七十一　重十六

寘 置也从宀眞聲支義切 寰 王者封畿內縣也从宀瞏聲戶關切 寀 同地爲寀从宀采聲倉宰切 文三 新附

二百七十

宮 室也从宀躳省聲凡宮之屬皆从宮居戎切

營 帀居也从宮熒省聲余傾切

文二

二百七十一

呂 脊骨也象形昔太嶽爲禹心呂之臣故封呂

矦凡呂之屬皆从呂力舉切

膂 篆文呂从肉从旅 躳 身也从身从呂居戎切 躬 躳或从弓 文二　重二

穴 土室也从宀八聲凡穴之屬皆从穴 胡決切

𥦑 北方謂地空因以爲土穴爲𥦑户从穴皿聲讀若猛武永切 窨 地室也从穴音聲於禁切 窯 燒瓦竈也从穴羔聲余招切

覆 地室也从穴復聲詩曰陶覆陶穴芳福切 竈 炊竈也从穴䵷省聲則到切 竈 竈或不省 窐 甑空也从穴圭聲烏瓜切

⿱穴罙 深也一曰竈突从穴从火从求省式鍼切 穿 通也从牙在穴中昌緣切 寮 穿也从穴尞聲論語有公伯寮洛蕭切

⿱穴夬 穿也从穴決省聲於決切 ⿱穴抉 深抉也从穴从抉於決切 竇 空也从穴瀆省聲徒奏切 ⿱穴矞 空皃从穴矞聲呼決切

窠 空也穴中曰窠樹上曰巢从穴果聲苦禾切 窻 通孔也从穴怱聲楚江切 窊 污衺下也从穴瓜聲烏瓜切 竅 空也从穴敫聲牽料切

空 竅也从穴工聲苦紅切 ⿱穴巠 空也从穴巠聲詩曰瓶之⿱穴巠矣去徑切 穵 空大也从穴乙聲烏黠切

窳 污窳也从穴㼌聲朔方有窳渾縣以主切 窞 坎中小坎也从穴从臽臽亦聲易曰入于坎窞一曰旁入也徒感切 窌 窖也从穴卯聲匹皃切

窖 地藏也从穴告聲古孝切 窬 穿木戶也从穴俞聲一曰空中也羊朱切 窵 窵窅深也从穴鳥聲多嘯切 窺 小視也从穴規聲去隓切

竀 正視也从穴中正見也正亦聲敕貞切 窡 穴中見也从穴叕聲丁滑切 窋 物在穴中皃从穴中出丁滑切

二百七三

窴 塞也从穴眞聲待季切 窒 塞也从穴至聲陟栗切 突 犬从穴中暫出也从犬在穴中一曰滑也徒骨切 竄 匿也

从鼠在穴中七亂切 窣 从穴中卒出从穴卒聲蘇骨切 窘 迫也从穴君聲渠隕切 窕 深肆極也从穴兆聲讀若挑徒了切 穹

窮也从穴弓聲去弓切 究 窮也从穴九聲居又切 窮 極也从穴躳聲渠弓切 窅 冥也从穴目聲烏皎切 窔 窅窔深也

从穴交聲烏叫切 邃 深遠也从穴遂聲雖遂切 窈 深遠也从穴幼聲烏皎切 窱 杳窱也从穴條聲徒弔切 竁 穿地也从穴

毳聲一曰小鼠周禮曰大喪甫竁充芮切 窆 葬下棺也从穴乏聲周禮曰及窆執斧方驗切 窀 葬之厚夕从穴屯聲春秋傳曰窀穸从先君於

地下陟倫切 穸 窀穸也从穴夕聲詞亦切 ⿱穴甲 入衇刺穴謂之⿱穴甲从穴甲聲烏狎切

文五十一 重一

㝱 寐而有覺也从宀从疒夢聲周禮以日月星辰

占六㝱之吉凶一曰正㝱二曰咢㝱三曰思㝱

四曰悟㝱五曰喜㝱六曰懼㝱凡㝱之屬

皆从㝱 莫鳳切

二百七四

寢 病卧也从㝱省𡩠省聲七荏切 寐 卧也从㝱省未聲蜜二切 寤 寐覺而有信曰寤从㝱省吾聲一曰晝見而夜㝱也五故切 𡬶 籀文寤 [㝱省女] 楚人謂寐曰[㝱省女]从㝱省女聲依倨切 [㝱省米] 寐而未厭从㝱省米聲莫礼切 [㝱省水] 孰寐也从㝱省水聲讀若悸求癸切 寎 卧驚病也从㝱省丙聲皮命切 寱 瞑言也从㝱省臬聲牛例切 寣 卧驚也一曰小兒號寣寣一曰河內相評也从㝱省从言火滑切

文十　重一

疒 倚也人有疾病象倚箸之形凡疒之屬皆从疒 女戹切

疾 病也从疒矢聲秦悉切 𤕫 古文疾 𤷊 籀文疾 痛 病也从疒甬聲他貢切 病 疾加也从疒丙聲皮命切 瘣 病也从疒鬼聲詩曰譬彼瘣木一曰腫旁出也胡罪切 疴 病也从疒可聲五行傳曰時即有口痾烏何切 痡 病也从疒甫聲詩曰我僕痡矣普胡切 瘽 病也从疒堇聲巨斤切 瘵 病也从疒祭聲側介切 瘨 病也从疒眞聲一曰腹張都秊切 瘼 病也从疒莫聲慕各切 㽲 腹中急也从疒丩聲古巧切 [疒員] 病也从疒員聲王問切 癇 病也从疒

閒聲戶閒切

⿸疒出
病也从疒出聲五忽切

疵
病也从疒此聲疾咨切

癈
固病也从疒發聲方肺切

瘏
病也从疒者聲詩曰我馬瘏矣同都切

瘲
病也从疒從聲即容切

⿸疒辛
寒病也从疒辛聲所臻切

⿸疒或
頭痛也从疒或聲讀若溝洫之洫吁逼切

痟
酸痟頭痛从疒肖聲周禮曰春時有痟首疾相邀切

疕
頭瘍也从疒匕聲卑履切

瘍
頭創也从疒昜聲與章切

痒
瘍也从疒羊聲似陽切

⿸疒馬
目病一曰惡气著身也一曰蝕創从疒馬聲莫駕切

⿸疒斯
散聲从疒斯聲先稽切

瘖
不能言也从疒音聲於今切

癭
頸瘤也从疒嬰聲於郢切

⿸疒爲
口咼也从疒爲聲韋委切

疦
⿸疒爲也从疒決省聲古穴切

瘻
頸腫也从疒婁聲力豆切

⿸疒又
顫也从疒又聲于救切

瘀
積血也从疒於聲依倨切

疝
腹痛也从疒山聲所晏切

疛
小腹病从疒肘省聲陟柳切

⿸疒奰
滿也从疒奰聲平祕切

⿸疒付
俛病也从疒付聲方榘切

痀
曲脊也从疒句聲其俱切

瘚
屰气也从疒从屰从欠居月切

欮
瘚或省疒

⿸疒季
气不定也从疒季聲其季切

痱
風病也从疒非聲蒲罪切

瘤
腫也从疒留聲力求切

痤
小腫也从疒坐聲一曰族絫臣鉉等曰今別作瘯蠡非是昨禾切

疽
癰也从疒且聲七余切

⿸疒麗
癰也从疒麗聲一曰瘦黑讀若隸郎計切

癰
腫也从疒雝聲於容切

瘜
寄肉也从疒

聲相即切 癬 乾瘍也从疒鮮聲息淺切 疥 搔也从疒介聲古拜切 痂 疥也从疒加聲古牙切 瘕 女病也从疒叚聲乎加切 癘 惡疾也从疒蠆省聲洛帶切 瘧 熱寒休作从疒从虐虐亦聲魚約切 痁 有熱瘧从疒占聲春秋傳曰齊侯疥遂痁 痎 二日一發瘧从疒亥聲古諧切 痳 疝病从疒林聲力尋切 痔 後病也从疒寺聲直里切

痿 痹也从疒委聲儒隹切 痹 溼病也从疒畀聲必至切 㿉 足气不至也从疒畢聲毗至切 瘃 中寒腫覈从疒豕聲陟玉切 ⿸疒扁 半枯也从疒扁聲匹連切 瘇 脛气足腫从疒童聲詩曰既微且瘇時重切 ⿸尢童 籀文从尢 ⿸疒盍 跛病也从疒盍聲讀若脅又讀若掩烏盍切 疻 毆傷也从疒只聲諸氏切 痏 疻痏也从疒有聲榮美切 ⿸疒巂 創裂也一曰疾⿸疒巂从疒巂聲以水切 ⿸疒冄 皮剥也从疒冄聲赤占切 ⿸疒及 籀文从及 癑 痛也从疒農聲奴動切 痍 傷也从疒夷聲以脂切

瘢 痍也从疒般聲薄官切 痕 胝瘢也从疒艮聲戶恩切 痙 彊急也从疒巠聲其頸切 痋 動病也从疒蟲省聲徒冬切 瘦 臞也从疒叜聲所又切 疢 熱病也从疒从火臣鉉等曰今俗別作疹非是丑刃切 癉 勞病也从疒單聲丁榦丁賀二切 疸 黃病也从疒旦聲丁榦切 㾓 病息也从疒夾聲苦叶切 痞 痛也从疒否聲符鄙切 瘍

脉瘍也从疒易聲羊益切 㾕 狂走也从疒术聲讀若欻食聿切 疲 勞也从疒皮聲符羈切 [疒弟] 瘢也从疒弟聲側史切 疧 病也从疒氏聲渠支切 㽷 病劣也从疒及聲呼合切 瘱 劇聲也从疒殹聲於賣切 癃 罷病也从疒隆聲力中切 𤸇 籒文癃省 疫 民皆疾也从疒役省聲營隻切 瘛 小兒瘛瘲病也从疒恝聲臣鉉等曰說文無恝字疑从疒从心契省聲尺制切 痑 馬病也从疒多聲詩曰痑痑駱馬丁可切 痥 馬脛瘍也从疒兌聲一曰將傷徒活切 𤻲 治也从疒樂聲力照切 療 或从尞 𤵽 久病也从疒古聲古慕切 瘌 楚人謂藥毒曰痛瘌从疒剌聲盧達切 癆 朝鮮謂藥毒曰癆从疒勞聲郎到切 瘥 瘉也从疒差聲楚懈切又才他切 [疒衰] 減也从疒衰聲一曰耗也楚追切 瘉 病瘳也从疒俞聲臣鉉等曰今別作愈非是以主切 瘳 疾瘉也从疒翏聲敕鳩切 癡 不慧也从疒疑聲丑之切

文一百二 重七

冖 覆也从一下垂也凡冖之屬皆从冖 臣鉉等曰今俗作冪同莫狄切

冠 絭也所以絭髮弁冕之總名也从冖从元元亦聲冠有法制从寸 徐鍇曰取其在首故从元古丸切 冣 積也从冖从取取亦聲才句切 [冖託] 奠爵酒也从冖託聲周書曰王三宿三祭三託當故切

文四

二百七六

冃 重覆也从冂一凡冃之屬皆从冃 莫保切 讀若艸苺苺

同 合會也从冃从口臣鉉等曰同爵名也周書曰太保受同嚌故从口史籀亦从口李陽冰云从口非是徒紅切

青 幬帳之象从冃㞢其飾也 苦江切

冡 覆也从冃豕 莫紅切

文四

二百七七

冃 小兒蠻夷頭衣也从冂二其飾也凡冃之屬皆从冃 莫報切

冕 大夫以上冠也邃延垂瑬紞纊从冃免聲古者黃帝初作冕 亡辡切

絻 冕或从糸

胄 兜鍪也从冃由聲 直又切

䩜 司馬法胄从革

冒 冡而前也从冃从目 莫報切

𠕔 古文冒

最 犯而取也从冃从取 祖外切

文五 重三

二百七八

㒳 再也从冂闕易曰參天㒳地凡㒳之屬皆从

㒳 良獎切

兩 二十四銖爲一兩从一㒳平分亦聲良獎切 㒼 平也从廿五行之數二十分爲一辰㒳㒼平也讀若蠻母官切 文三

网 庖犧所結繩以漁从冂下象网交文凡网之屬皆从网 今經典變隸作罔文紡切

㒺 网或从亡 䍏 网或从糸 𠔳 古文网 𦉪 籒文网 罨 罕也从网奄聲於業切 罕 网也从网干聲呼旱切 䍡 网也从网繯繯亦聲一曰綰也古眩切 𦊓 网也从网每聲莫格切 䍣 网也从网巽聲思沇切 𦌽 逸周書曰不卵不蹼以成鳥獸䍣者䍣獸足也故或从足 罙 周行也从网米聲詩曰罙入其阻武移切 𥹖 罙或从卢

罩 捕魚器也从网卓聲都教切 罾 魚网也从网曾聲作縢切 罪 捕魚竹网从网非秦以罪爲辠字徂賄切 罽 魚网也从网𠟭聲𠟭籒文銳居例切 罛 魚罟也从网瓜聲詩曰施罛濊濊古胡切 罟 网也从网古聲公戶切 罶 曲梁寡婦之笱魚所留也从网留留亦聲力九切 𦌾 罶或从婁春秋國語曰溝罛𦌾 罜 罜麗魚罟也从网主聲之庾切 䍡

罜麗也从网鹿聲盧谷切

罧 積柴水中以聚魚也从网林聲所今切

罠 釣也从网民聲武巾切

羅 以絲罟鳥也从网从維古者芒氏初作羅魯何切

罬 捕鳥覆車也从网叕聲陟劣切

輟 罬或从車

罿 罬也从网童聲尺容切

⿱网包 覆車也从网包聲詩曰雉離于⿱网包縛牟切

罦 ⿱网包或从孚

罻 捕鳥网也从网尉聲於位切

⿱网否 兔罟也从网否聲臣鉉等曰隸書作罘縛牟切

⿱网互 罟也从网互聲胡誤切

罝 兔网也从网且聲子邪切

𦋑 罝或从糸

𦊺 籀文从虘

⿱网舞 屚中网也从网舞聲文甫切

署 部署有所网屬从网者聲徐鍇曰署置之言羅絡之若罘网也常恕切

罷 遣有辠也从网能言有賢能而入网而貫遣之周禮曰議能之辟薄蟹切

置 赦也从网直徐鍇曰从直與罷同意陟吏切

罯 覆也从网音聲烏感切

詈 罵也从网从言网辠人力智切

罵 詈也从网馬聲莫駕切

⿱网馽 馬絡頭也从网从馽馽馬絆也居宜切

羈 ⿱网馽或从革

文三十四　重十二

罭 魚網也从网或聲于逼切

罳 罘罳屏也从网思聲息茲切

罹 心憂也从网未詳古多通用離呂支切

文三新附

襾 覆也从冂上下覆之凡襾之屬皆从襾呼訝切讀

覂 反覆也从襾乏聲方勇切 覈 實也考事襾笮邀遮其辤得實曰覈从襾敫聲下革切 𩃳 覈或从雨 覆 覂也一曰蓋也从襾復聲敷救切

文四　重一

巾 佩巾也从冂丨象糸也凡巾之屬皆从巾 居銀切

帉 楚謂大巾曰帉从巾分聲撫文切 帥 佩巾也从巾𠂤所律切 帨 帥或从兌 又音稅 𢄼 禮巾也从巾从執輸芮切 帗 一幅巾也从巾犮聲讀若撥北末切 㲃 枕巾也从巾刃聲而振切 幋 覆衣大巾从巾般聲或以為首鞶薄官切

帤 巾帤也从巾如聲一曰幣巾女余切 幣 帛也从巾敝聲毗祭切 幅 布帛廣也从巾畐聲方六切 ⿰巾巟 設色之工治絲練者从巾巟聲一曰⿰巾巟隔讀若荒呼光切 帶 紳也男子鞶帶婦人帶絲象繫佩之形佩必有巾从巾當蓋切 幘 髮有巾曰幘从巾責聲側革切 ⿰巾旬 領耑也从巾旬聲相倫切 帔 弘農謂帬帔也从巾皮聲披義切 常 下帬也从巾尚聲市羊切 裳 常或从衣 帬 下裳也从巾君聲渠云切 裠 帬或从衣 帴 帬也一曰帗也一曰婦人脅衣从巾戔聲讀若末殺之殺所八切

幝 幒也从巾軍聲古渾切 褌 幝或从衣 幒 幝也从巾忽聲一曰帗職茸切 ⿰巾松 幒或从松 㡦

楚謂無緣衣也从巾監聲魯甘切 幎 幔也从巾冥聲周禮有幎人莫狄切 幔 幕也从巾曼聲莫半切 幬 禪帳也从巾

𠷎聲直由切 㡘 帷也从巾兼聲力鹽切 帷 在旁曰帷从巾隹聲洧悲切 𡇯 古文帷 帳 張也从巾長聲知

諒切 幕 帷在上曰幕覆食案亦曰幕从巾莫聲慕各切 ⿰巾匕 㡜列衣也从巾匕聲卑履切 㡜 殘帛也从巾祭聲先列切又所例切

⿰巾俞 正耑裂也从巾俞聲山樞切 帖 帛書署也从巾占聲他叶切 帙 書衣也从巾失聲直質切 袠 帙或从衣 ⿰巾前

幡幟也从巾前聲則前切 徽 幟也以絳徽帛箸於背从巾微省聲春秋傳曰揚徽者公徒許歸切 幖 幟也从巾𤐫聲方招切 帵

幡也从巾夗聲於袁切 幡 書兒拭觚布也从巾番聲甫煩切 㡕 剌也从巾剌聲盧達切 ⿰巾韱 拭也从巾韱聲精廉切 幝

車弊皃从巾單聲詩曰檀車幝幝昌善切 幏 蓋衣也从巾冢聲莫紅切 幭 蓋幭也从巾蔑聲一曰禪被莫結切 幠 覆也从巾

無聲荒烏切 飾 㕞也从巾从人食聲讀若式一曰襐飾賞隻切 幃 囊也从巾韋聲許歸切 帣 囊也今鹽官三斛爲一帣

从巾𢍏聲居倦切 帚 糞也从又持巾埽冂內古者少康初作箕帚秫酒少康杜康也葬長垣支手切 席 籍也禮天子諸侯席有黼繡純飾

二百八二

从巾庶省。臣鉉等曰：席以待賓客之禮，賓客非一人，故从庶。祥易切。𡇯 古文席从石省。

幐 囊也。从巾朕聲。徒登切。

㡆 以囊盛穀，大滿而裂也。从巾奮聲。方吻切。

㡒 載米㡒也。从巾盾聲。讀若易屯卦之屯。陟倫切。

𢂋 蒲席𢂋也。从巾及聲。讀若蛤。古沓切。

幩 馬纏鑣扇汗也。从巾賁聲。詩曰：朱幩鑣鑣。符分切。

𢅊 墀地以巾撋之。从巾夒聲。讀若水溫𩊯也。一曰箸也。乃昆切。

帑 金幣所藏也。从巾奴聲。乃都切。

布 枲織也。从巾父聲。博故切。

幏 南郡蠻夷賨布。从巾家聲。古訝切。

𢄼 布。出東萊。从巾弦聲。胡田切。

𢄙 髮布也。一曰車上衡衣。从巾敄聲。讀若頊。莫卜切。

幦 髮布也。从巾辟聲。周禮曰：駹車大幦。莫狄切。

𢂀 領耑也。从巾耴聲。陟葉切。

文六十二　重八

幢 旌旗之屬。从巾童聲。宅江切。

幟 旌旗之屬。从巾戠聲。昌志切。

帟 在上曰帟。从巾亦聲。羊益切。

幗 婦人首飾。从巾國聲。古對切。

幧 斂髮也。从巾喿聲。七搖切。

帒 囊也。从巾代聲。或从衣。徒耐切。

帊 帛三幅曰帊。从巾巴聲。普駕切。

幞 帊也。从巾菐聲。房玉切。

幰 車幔也。从巾憲聲。虛偃切。

文九　新附

巿 韠也。上古衣蔽前而已，巿以象之。天子朱巿，諸矦赤巿，大夫葱衡。从巾，象連帶之形。

二百八三

二百八四

巿之屬皆从巿 分勿切

𩏑 篆文巿从韋从犮臣鉉等曰今俗作紱非是 𢃤 士無巿有𢃤制如榼缺四角爵弁服其色韎賤不得與裳同司農曰裳纁色从巿合聲古洽切 韐 𢃤或从韋

文二 重二

帛 繒也从巾白聲凡帛之屬皆从帛 旁陌切

錦 襄邑織文从帛金聲 居飲切

文二

白 西方色也陰用事物色白从入合二二陰數凡白之屬皆从白 旁陌切

𠂣 古文白 皎 月之白也从白交聲詩曰月出皎兮 古了切 曉 日之白也从白堯聲 呼鳥切 皙 人色白也从白析聲 先擊切 皤 老人白也从白番聲易曰賁如皤如 薄波切 顈 皤或从頁 𤾺 鳥之白也从白隺聲 胡沃切 皚 霜雪之白也从白豈聲 五來切 皅 艸華之白也从白巴聲 普巴切 皦 玉石之白也从白敫聲 古了切 㿟 際見之白也从白上下小見

起戟切 皛 顯也从三白讀若皎烏皎切

文十一 重二

二百八五 㡀 敗衣也从巾象衣敗之形凡㡀之屬皆从㡀 毗祭切

敝 帗也一曰敗衣从攴从㡀㡀亦聲 毗祭切

文二

二百八六 黹 箴縷所紩衣从㡀丵省凡黹之屬皆从黹 臣鉉等曰丵衆多也言箴縷之工不一也 陟几切

𪓐 合五采鮮色从黹虘聲詩曰衣裳𪓐𪓐 創舉切

黼 白與黑相次文从黹甫聲 方榘切

黻 黑與青相次文从黹犮聲 分勿切

𪓕 會五采繒色从黹綷省聲 子對切

黺 衮衣山龍華蟲黺畫粉也从黹从粉省衞宏說 方吻切

文六

說文解字第七下

說文解字第八上　漢太尉祭酒許慎記

銀青光祿大夫守右散騎常侍上柱國東海縣開國子食邑五百戶臣徐鉉等奉

敕校定

三十七部　六百一十一文　重六十三

凡八千五百三十九字　文三十五新附

人 天地之性最貴者也此籀文象臂脛之形凡人之屬皆从人如鄰切

僮 未冠也从人童聲徒紅切　保 養也从人从孚省孚古文孚博褒切　呆 古文保　𠈃 古文保不省

仁 親也从人从二臣鉉等曰仁者兼愛故从二如鄰切　忎 古文仁从千心　𡰥 古文仁或从尸　企 舉踵也从人止聲去智切　𧾷 古文企从足

仞 伸臂一尋八尺从人刃聲而震切　仕 學也从人从士鉏里切　佼 交也从人从交

从交下巧切
僎 具也从人巽聲士勉切
俅 冠飾皃从人求聲詩曰弁服俅俅巨鳩切
佩 大帶佩也从人从凡从巾佩必有巾巾謂之飾臣鉉等曰今俗別作珮非是蒲妹切
儒 柔也術士之偁从人需聲人朱切
俊 材千人也从人夋聲子峻切
傑 傲也从人桀聲渠列切
⿰亻軍 人姓从人軍聲吾昆切
伋 人名从人及聲居立切
伉 人名从人亢聲論語有陳伉苦浪切
伯 長也从人白聲博陌切
仲 中也从人从中中亦聲直衆切
伊 殷聖人阿衡尹治天下者从人从尹於脂切
𠤌 古文伊从古文死
偰 高辛氏之子堯司徒殷之先从人契聲私列切
倩 人字从人青聲東齊壻謂之倩倉見切
伃 婦官也从人予聲以諸切
伀 志及衆也从人公聲職茸切
儇 慧也从人睘聲許緣切
倓 安也从人炎聲讀若談徒甘切
㑥 倓或从剡
侚 疾也从人旬聲辭閏切
傛 不安也从人容聲一曰華余隴切
僷 宋衛之間謂華僷僷从人葉聲与步切
佳 善也从人圭聲古膎切
侅 奇侅非常也从人亥聲古哀切
傀 偉也从人鬼聲周禮曰大傀異公回切
瓌 傀或从玉褢聲
偉 奇也从人韋聲于鬼切
份 文質備也从人分聲論語曰文質份份府巾切
彬 古文份从彡林林者从焚省聲臣鉉等曰今俗作斌非是

僚好皃从人尞聲力小切佖威儀也从人必聲詩曰威儀佖佖毗必切僝具也从人孨聲讀若汝南潺水虞書曰

㫄救僝功士戀切儠長壯儠儠也从人巤聲春秋傳曰長儠者相之良涉切儦行皃从人麃聲詩曰行人儦儦甫嬌

切儺行人節也从人難聲詩曰佩玉之儺諾何切倭順皃从人委聲詩曰周道倭遟於爲切僓嫺也从人貴聲一曰長皃吐猥

切又魚罪切僑高也从人喬聲巨嬌切俟大也从人矣聲詩曰伾伾俟俟牀史切侗大皃从人同聲詩曰神罔時侗他紅切

佶正也从人吉聲詩曰既佶且閑巨乙切俁大也从人吳聲詩曰碩人俁俁魚禹切仜大腹也从人工聲讀若紅戶工切僤

疾也从人單聲周禮曰句兵欲無僤徒案切健伉也从人建聲渠建切倞彊也从人京聲渠竟切傲倨也从人敖聲五到

切仡勇壯也从人气聲周書曰仡仡勇夫魚訖切倨不遜也从人居聲居御切儼昂頭也从人嚴聲一曰好皃魚儉切

傪好皃从人參聲倉含切俚聊也从人里聲良止切伴大皃从人半聲薄滿切俺大也从人奄聲

於業切僩武皃从人閒聲詩曰瑟兮僩兮下簡切伾有力也从人丕聲詩曰以車伾伾敷悲切偲彊力也从

人思聲詩曰其人美且偲倉才切倬箸大也从人卓聲詩曰倬彼雲漢竹角切侹長皃一曰箸地一曰代也从人廷聲

他鼎切

倗 輔也从人朋聲讀若陪位步崩切

傓 熾盛也从人扇聲詩曰豔妻傓方處式戰切

儆 戒也从人敬聲春秋傳曰儆宮居影切

俶 善也从人叔聲詩曰令終有俶一曰始也昌六切

傭 均直也从人庸聲余封切

僾 仿佛也从人愛聲詩曰僾而不見烏代切

仿 相似也从人方聲妃罔切

𠏉 籀文仿从丙

佛 見不審也从人弗聲敷勿切

僁 聲也从人悉聲讀若屑私列切

僟 精謹也从人幾聲明堂月令數將僟終巨衣切

佗 負何也从人它聲臣鉉等案史記匈奴奇畜有橐佗今俗譌誤謂之駱駝非是徒何切

何 儋也从人可聲臣鉉等曰儋何即負何也借爲誰何之何今俗別作擔荷非是胡歌切

儋 何也从人詹聲都甘切

供 設也从人共聲一曰供給俱容切

偫 待也从人从待直里切

儲 偫也从人諸聲直魚切

備 慎也从人𤰈聲平秘切

𠈍 古文備

位 列中庭之左右謂之位从人立于備切

儐 導也从人賓聲必刃切

擯 儐或从手

偓 佺也从人屋聲於角切

佺 偓佺仙人也从人全聲此緣切

㒆 心服也从人聶聲齒涉切

仢 約也从人勺聲徒歷切

儕 等輩也从人齊聲春秋傳曰吾儕小人仕皆切

倫 輩也从人侖聲一曰道也田屯切

侔 齊等也从人牟聲莫浮切

偕 彊也从人皆聲詩曰偕偕士子一曰俱也古諧切

俱 偕也

从人具聲舉朱切

儹 冣也从人贊聲作管切

併 竝也从人并聲卑正切

傅 相也从人尃聲方遇切

侙 惕也从人式聲春秋國語曰於其心侙然恥力切

俌 輔也从人甫聲讀若撫芳武切

倚 依也从人奇聲於綺切

依 倚也从人衣聲於稀切

仍 因也从人乃聲如乘切

佽 便利也从人次聲詩曰決拾既佽一曰遞也七四切

佴 佽也从人耳聲仍吏切

倢 佽也从人疌聲子葉切

侍 承也从人寺聲時吏切

傾 仄也从人从頃頃亦聲去營切

側 旁也从人則聲阻力切

侒 宴也从人安聲烏寒切

侐 靜也从人血聲詩曰閟宮有侐況逼切

付 与也从寸持物對人臣鉉等曰寸手也方遇切

俜 使也从人甹聲普丁切

俠 俜也从人夾聲胡頰切

儃 儃何也从人亶聲徒干切

侁 行皃从人先聲所臻切

仰 舉也从人从卬魚兩切

侸 立也从人豆聲讀若樹常句切

儽 垂皃从人纍聲一曰嬾解落猥切

侳 安也从人坐聲則臥切

偁 揚也从人爯聲處陵切

伍 相參伍也从人从五疑古切

什 相什保也从人十是執切

佰 相什伯也从人百博陌切

佸 會也从人昏聲詩曰曷其有佸一曰佸佸力皃古活切

佮 合也从人合聲古沓切

𢼸 妙也从人从攴豈省聲臣鉉等案豈字从敳省敳不應从豈省蓋傳寫之誤疑从耑省耑物初生之

題尚敬也無非切 傆 黠也从人原聲魚福切 作 起也从人从乍則洛切 假 非真也从人叚聲古疋切一曰至也虞書曰

假于上下古額切 借 假也从人昔聲資昔切 侵 漸進也从人又持帚若埽之進又手也七林切 儥 賣也从人𧶠聲余六

切 候 伺望也从人侯聲胡遘切 償 還也从人賞聲食章切 僅 材能也从人堇聲渠吝切 代 更也从人弋聲臣鉉等

曰弋非聲說文忒字與此義訓同疑兼有忒音徒耐切 儀 度也从人義聲魚羈切 傍 近也从人旁聲步光切 佀

象也从人目聲詳里切 便 安也人有不便更之从人更房連切 任 符也从人壬聲如林切 俔 譬諭也一曰閒見从人从見詩

曰俔天之妹苦甸切 優 饒也从人憂聲一曰倡也於求切 僖 樂也从人喜聲許其切 偆 富也从人春聲尺允切 俒

完也逸周書曰朕實不明以俒伯父从人从完胡困切 儉 約也从人僉聲巨險切 偭 鄉也从人面聲少儀曰尊壺者偭其鼻

彌箭切 俗 習也从人谷聲似足切 俾 益也从人卑聲一曰俾門侍人并弭切 倪 俾也从人兒聲五雞切 億 安也

从人意聲於力切 使 伶也从人吏聲疏士切 儝 左右兩視从人癸聲其季切 伶 弄也从人令聲益州有建伶縣郎丁切

儷 棽儷也从人麗聲呂支切 傳 遽也从人專聲直戀切 倌 小臣也从人从官詩曰命彼倌人古患切 价 善也从人介聲

詩曰价人惟藩古拜切

仔 克也从人子聲子之切

倂 送也从人弅聲呂不韋曰有侁氏以伊尹倂女古文以爲訓字臣鉉等曰弅不成字當从朕省案勝字从朕聲疑古者朕或音倂以證切

俆 緩也从人余聲似魚切

偋 僻寠也从人屏聲防正切

伸 屈伸从人申聲失人切

伹 拙也从人且聲似魚切

㒓 意膬也从人然聲臣鉉等曰膬耎易破也人善切

偄 弱也从人从耎奴亂切

倍 反也从人咅聲薄亥切

傿 引爲賈也从人焉聲於建切

僭 假也从人朁聲子念切

儗 僭也一曰相疑从人从疑魚已切

偏 頗也从人扁聲芳連切

倀 狂也从人長聲一曰什也楮羊切

儔 翳也从人壽聲直由切

侜 有廱蔽也从人舟聲詩曰誰侜予美張流切

俴 淺也从人戔聲慈衍切

佃 中也从人田聲春秋傳曰乘中佃一轅車堂練切

佌 小皃从人囟聲詩曰佌佌彼有屋斯氏切

侊 小皃从人光聲春秋國語曰侊飯不及一食古橫切

佻 愉也从人兆聲詩曰視民不佻土彫切

僻 避也从人辟聲詩曰宛如左僻一曰从旁牽也普擊切

伭 很也从人弦省聲胡田切

伎 與也从人支聲詩曰籟人伎忒渠綺切

侈 掩脅也从人多聲一曰奢也尺氏切

佁 癡皃从人台聲讀若騃夷在切

⿰亻蚤 驕也从人蚤聲穌遭切

僞 詐也从人爲聲危睡切

伿 隋也

从人只聲以豉切

佝 務也从人句聲苦候切

僄 輕也从人票聲匹妙切

倡 樂也从人昌聲尺亮切

俳 戲也从人非聲步皆切

僐 作姿也从人善聲常演切

儳 儳互不齊也从人毚聲士咸切

佚 佚民也从人失聲一曰佚忽也夷質切

俄 行頃也从人我聲詩曰仄弁之俄五何切

傜 喜也从人䍃聲自關以西物大小不同謂之傜余招切

㑯 徼㑯受屈也从人卻聲其虐切

傞 醉舞皃从人差聲詩曰屢舞傞傞素何切

僛 醉舞皃从人欺聲詩曰屢舞僛僛去其切

侮 傷也从人每聲文甫切

㑄 古文从母

㑵 妎也从人疾聲一曰毒也秦悉切

嫉 㑵或从女

偒 輕也从人昜聲一曰交偒以豉切

俙 訟面相是从人希聲喜皆切

僨 僵也从人賁聲匹問切

僵 僨也从人畺聲居良切

仆 頓也从人卜聲芳遇切

偃 僵也从人匽聲於幰切

傷 創也从人𥏻省聲少羊切

㑾 刺也从人肴聲一曰痛聲胡茅切

侉 備詞从人夸聲苦瓜切

催 相儔也从人崔聲詩曰室人交徧催我倉回切

俑 痛也从人甬聲他紅切又余隴切

伏 司也从人从犬臣鉉等曰司今人作伺房六切

促 迫也从人足聲七玉切

例 比也从人𠛱聲力制切

係 絜束也从人从系系亦聲胡計切

伐 擊也从人持戈一曰敗也房越切

俘 軍所獲也从人孚聲春秋傳曰以爲俘聝芳無切

但 裼也从人

旦聲徒旱切

傴　僂也从人區聲於武切

僂　尫也从人婁聲周公韈僂或言背僂力主切

僇　癡行僇僇也从人翏聲讀若雡一曰且也力救切

仇　讎也从人九聲巨鳩切

儡　相敗也从人畾聲讀若雷魯回切

咎　災也从人从各各者相違也其久切

仳　別也从人比聲詩曰有女仳離芳比切

⿰亻咎　毀也从人咎聲其久切

倠　仳倠醜面从人隹聲許惟切

值　措也从人直聲直吏切

侂　寄也从人庑聲庑古文宅他各切

僔　聚也从人尊聲詩曰僔沓背憎慈損切

像　象也从人从象象亦聲讀若養徐兩切

倦　罷也从人卷聲渠卷切

傮　終也从人曹聲作曹切

偶　桐人也从人禺聲五口切

弔　問終也古之葬者厚衣之以薪从人持弓會敺禽多嘯切

佋　廟佋穆父爲佋南面子爲穆北面从人召聲市招切

⿰亻身　神也从人身聲失人切

僊　長生僊去从人从䙴䙴亦聲相然切

僰　犍爲蠻夷从人棘聲蒲北切

仚　人在山上从人从山呼堅切

僥　南方有焦僥人長三尺短之極从人堯聲五聊切

⿰亻對　市也从人對聲都隊切

俇　遠行也从人狂聲居況切

件　分也从人从牛牛大物故可分其輦切

文二百四十五　重十四

侶　徒侶也从人呂聲力舉切

侲　僮子也从人辰聲章刃切

倅　副也从人卒聲七內切

傔　從也从人兼聲苦念切

二百八八

二百八九

倜　倜儻不羈也从人从周未詳他歷切

儻　倜儻也从人黨聲他朗切

佾　舞行列也从人肖聲夷質切

倒　仆也从人到聲當老切

儈　合市也从人會會亦聲古外切

低　下也从人氐氐亦聲都兮切

債　債負也从人責責亦聲側賣切

價　物直也从人賈賈亦聲古訝切

停　止也从人亭聲特丁切

僦　賃也从人就就亦聲即就切

伺　候望也从人司聲相吏切自低已下六字从人皆後人所加

僧　浮屠道人也从人曾聲穌曾切

佇　久立也从人从宁直呂切

偵　問也从人貞聲丑鄭切

文十八　新附

匕　變也从到人凡匕之屬皆从匕呼跨切

𠤕　未定也从匕𠀉聲𠀉古文矢字語期切

眞　僊人變形而登天也从匕从目从乚音隱八所乘載也側鄰切

𠤗　古文眞

化　教行也从匕从人匕亦聲呼跨切

文四　重一

匕　相與比敘也从反人匕亦所以用比取飯一名柶凡匕之屬皆从匕卑履切

匙 匕也从匕是聲是支切

𠤏 相次也从匕从十鴇从此博抱切

𢀵 頃也从匕支聲匕頭頃也詩曰𢀵彼織女去智切

頃 頭不正也从匕从頁臣鉉等曰匕者有所比附不正也去營切

匘 頭髓也从匕匕相匕著也巛象髮囟象匘形奴皓切

卬 望欲有所庶及也从匕从卪詩曰高山卬止伍岡切

卓 高也早匕爲卓匕卪爲卬皆同義竹角切

𣅀 古文卓

艮 很也从匕目匕目猶目相匕不相下也易曰艮其限匕目爲艮匕目爲真也古恨切

文九　重一

二百九十

从 相聽也从二人凡从之屬皆从从疾容切

從 隨行也从辵从从从亦聲慈用切

并 相從也从从幵聲一曰从持二爲并府盈切

文三

二百九一

比 密也二人爲从反从爲比凡比之屬皆从比毗至切

𠤋 古文比

毖 慎也从比必聲周書曰無毖于卹兵媚切

文二　重一

二百九二

北 乖也从二人相背凡北之屬皆从北博墨切

冀 北方州也从北異聲几利切

文二

丘 土之高也非人所爲也从北从一一地也人居在丘南故从北中邦之居在崐崘東南一曰四方高中央下爲丘象形凡丘之屬皆从丘 去鳩切 今隸變作丘

𡋲 古文从土

虛 大丘也崐崘丘謂之崐崘虛古者九夫爲井四井爲邑四邑爲丘丘謂之虛从丘虍聲臣鉉等曰今俗別作墟非是丘如切又朽居切

屔 反頂受水丘从丘泥省聲奴低切

文三 重一

㐺 眾立也从三人凡㐺之屬皆从㐺讀若欽崟 魚音切

眾 多也从㐺目眾意之仲切

聚 會也从㐺取聲邑落云聚才句切

息 眾詞與也从㐺自聲虞書曰息咎繇 其冀切

𡿧 古文息

文四 重一

二百九五

𡈼 善也从人士士事也一曰象物出地挺生也凡𡈼之屬皆从𡈼 臣鉉等曰人在土上𡈼然而立也他鼎切

徵 召也从微省𡈼爲徵行於微而文達者即徵之陟陵切 𢼛 古文徵

朢 月滿與日相朢以朝君也从月从臣从𡈼𡈼朝廷也無放切 𦣠 古文朢省

𡈼 近求也从爪𡈼𡈼徵幸也余箴切

文四 重二

二百九六

重 厚也从𡈼東聲凡重之屬皆从重 徐鍇曰𡈼者人在土上故爲厚也柱用切

量 稱輕重也从重省曏省聲呂張切 𨤲 古文量

文二 重一

二百九七

臥 休也从人臣取其伏也凡臥之屬皆从臥 吾貨切

監 臨下也从臥䘓省聲古銜切 𥃩 古文監从言

臨 監臨也从臥品聲力尋切

𦦨 楚謂小兒嬾𦦨从臥食尼見切

文四 重一

二百九八

身 躳也象人之身从人厂聲凡身之屬皆从身 失人切

軀 體也从身區聲 豈俱切

文二

二百九九

㐆 歸也从反身凡㐆之屬皆从㐆 徐鍇曰古人所謂反身修道故曰歸也 於機切

殷 作樂之盛稱殷从㐆从殳易曰殷薦之上帝 於身切

文二

三百

衣 依也上曰衣下曰裳象覆二人之形凡衣之屬皆从衣 於稀切

裁 制衣也从衣𢦏聲 昨哉切

衮 天子享先王卷龍繡於下幅一龍蟠阿上鄉从衣公聲 古本切

𧘝 丹縠衣从衣𤿺聲 知扇切

褕 翟羽飾衣从衣俞聲一曰直裾謂之襜褕 羊朱切

袗 玄服从衣㐱聲 之忍切

裖 袗或从辰

表 上衣也从衣从

毛古者衣裘以毛爲表陂矯切
䙴 古文表从麃
裏 衣内也从衣里聲良止切
襁 負兒衣从衣強聲居兩切
襋 衣領也从衣棘聲詩曰要之襋之己力切
襮 黼領也从衣暴聲詩曰素衣朱襮蒲沃切
衽 衣裣也从衣壬聲如甚切
褸 衽也从衣婁聲力主切
褽 衽也从衣尉聲於胃切
⿰衤疌 裣緣也从衣疌聲七入切
袸 交衽也从衣金聲居音切
褘 蔽厀也从衣韋聲周禮曰王后之服褘衣謂畫袍許歸切
衭 襲袂也从衣夫聲甫無切
襲 左衽袍从衣龖省聲似入切
⿱龖衣 籀文襲不省
袍 襺也从衣包聲論語曰衣敝縕袍薄褒切
襺 袍衣也从衣繭聲以絮曰襺以縕曰袍春秋傳曰盛夏重襺古典切
褋 南楚謂禪衣曰褋从衣枼聲徒叶切
袤 衣帶以上从衣矛聲一曰南北曰袤東西曰廣莫候切
⿴衣楙 籀文袤从楙
襘 帶所結也从衣會聲春秋傳曰衣有襘古外切
褧 檾也詩曰衣錦褧衣示反古从衣耿聲去潁切
袛 袛裯短衣从衣氐聲都兮切
裯 衣袂袛裯从衣周聲都牢切
襤 裯謂之襤褸襤無緣也从衣監聲魯甘切
⿰衤隋 無袂衣謂之隋从衣惰省聲徒臥切
⿰衤毒 衣躬縫从衣毒聲讀若督冬毒切
袪 衣袂也从衣去聲一曰袪褎也褎者褏也袪尺二寸春秋傳曰披斬其袪去魚切
褎 袂也从衣采聲似又切
袖 俗褎从由
袂 袖也从衣夬聲彌弊切
褢 袖也一曰

藏也从衣鬼聲戶乖切
褱 俠也从衣眔聲一曰橐臣鉉等曰眔非聲未詳戶乖切
袌 褱也从衣包聲臣鉉等曰今俗作袍非是抱與捊同薄保切
襜 衣蔽前从衣詹聲處占切
袥 衣衸从衣石聲他各切
衸 袥也从衣介聲胡介切
襗 絝也从衣睪聲徒各切
袉 裾也从衣它聲論語曰朝服袉紳唐左切
裾 衣袍也从衣居聲讀與居同九魚切
衧 諸衧也从衣亏聲羽俱切
褰 絝也从衣寒省聲春秋傳曰徵褰與襦去虔切
襱 絝踦也从衣龍聲丈冢切
襩 襱或从賣
袑 絝上也从衣召聲市沼切
襑 衣博大从衣尋聲他感切
褒 衣博裾从衣𠈃省聲𠈃古文保博毛切
褅 緥也从衣啻聲詩曰載衣之褅臣鉉等曰緥即褓緥也今俗別作褯非是他計切
褍 衣正幅从衣耑聲多官切
𧞤 重衣皃从衣圍聲爾雅曰𧞤𧞤積積臣鉉等曰說文無積字爾雅亦無此語疑後人所加羽非切
複 重衣皃从衣复聲一曰褚衣方六切
褆 衣厚褆褆从衣是聲杜兮切
襛 衣厚皃从衣農聲詩曰何彼襛矣汝容切
裻 新衣聲一曰背縫从衣叔聲冬毒切
袳 衣張也从衣多聲春秋傳曰公會齊侯于袳尺氏切
裔 衣裾也从衣冏聲臣鉉等曰冏非聲疑象衣裾之形余制切
𧘇 古文裔
衯 長衣皃从衣分聲撫文切
袁 長衣皃从衣叀省聲羽元切
𧝑 短衣也从衣鳥聲春秋

傳曰有空[illegible]都僚切 重衣也从衣執聲巴郡有褺縣徒叶切 長衣皃从衣非聲臣鉉等案漢書裵回用此今俗作排徊非是薄回

切 短衣也从衣蜀聲讀若蜀市玉切 衣至地也从衣斲聲竹角切 短衣也从衣需聲一曰㬻衣人朱切

衣小也从衣扁聲方沔切 衣無絮从衣合聲古洽切 衣不重从衣單聲都寒切 漢令解衣耕謂之襄从衣𤕦

聲息良切 古文襄 寑衣長一身有半从衣皮聲平義切 大被从衣今聲去音切 飾也从衣象聲

徐兩切 日日所常衣从衣从日日亦聲人質切 私服从衣埶聲詩曰是褻袢也臣鉉等曰从熱省乃得聲私列切

裏褻衣从衣中聲春秋傳曰皆衷其衵服陟弓切 好佳也从衣朱聲詩曰靜女其袾昌朱切 事好也从衣且聲才

与切 接益也从衣卑聲府移切 無色也从衣半聲一曰詩曰是紲袢也讀若普博幔切 五彩相會从衣集聲

徂合切 衣物饒也从衣谷聲易曰有孚裕無咎羊孺切 韏衣也从衣辟聲臣鉉等曰韏革中辨也衣襞積如

辨也必益切 摩展衣从衣干聲古案切 繒餘也从衣列聲良辥切 弊衣从衣奴聲女加切

一衣縫解也从衣旦聲丈莧切 完衣也从衣甫聲博古切 紩衣也从衣黹黹亦聲豬几切

奪衣也从衣虒聲讀若池直离切 臝 袒也从衣𣎆聲郎果切 裸 臝或从果 裎 袒也从衣呈聲丑郢

切 裼 但也从衣易聲先擊切 衺 𧝓也从衣牙聲似嗟切 襭 以衣衽扱物謂之襭从衣頡聲胡結切

擷 襭或从手 袺 執衽謂之袺从衣吉聲格八切 褿 帴也从衣曹聲昨牢切又七刀切 裝 裹也从衣壯聲側羊

切 裹 纏也从衣果聲古火切 裛 書囊也从衣邑聲於業切 齌 緶也从衣齊聲即夷切 裋

豎使布長襦从衣豆聲常句切 𧜿 編枲衣从衣區聲一曰頭𧜿一曰次裹衣於武切又於矦切 褐 編枲韤一曰粗

衣从衣曷聲胡葛切 褗 𧝐領也从衣匽聲於幰切 裺 褗謂之裺从衣奄聲依檢切 衰 艸雨衣秦謂之萆从衣象形穌禾切

古文衰 卒 隸人給事者衣爲卒卒衣有題識者臧沒切 褚 卒也从衣者聲一曰製衣丑呂切 製 裁也

从衣从制征例切 𧛊 蠻夷衣从衣犮聲一曰蔽厀北末切 襚 衣死人也从衣遂聲春秋傳曰楚使公親襚徐醉切 𧞝 棺中

縑裹从衣弔讀若雕都僚切 䘸 贈終者衣被曰䘸从衣兌聲輸芮切 褮 鬼衣从衣熒省聲讀若詩曰葛藟縈之一曰若靜

女其袾之袾於營切 䘢 車溫也从衣延聲式連切 褭 以組帶馬也从衣从馬奴鳥切

文一百一十六　重十一

袨　盛服也从衣玄聲黄絢切

衫　衣也从衣彡聲所銜切

襖　裘屬从衣奥聲烏皓切

文三　新附

三百一

裘　皮衣也从衣求聲一曰象形與衰同意凡裘之屬皆从裘巨鳩切

求　古文省衣

𧞞　裘裏也从裘鬲聲讀若擊楷革切

文二　重一

三百二

老　考也七十曰老从人毛匕言須髮變白也凡老之屬皆从老盧皓切

耋　年八十曰耋从老省从至徒結切

薹　年九十曰薹从老从蒿省莫報切

耆　老也从老省旨聲渠脂切

耇　老人面凍黎若垢从老省句聲古厚切

𦒷　老人面如點也从老省古聲讀若耿介之耿丁念切

𦒱　老人行才相逮从老省易省行象讀若樹常句切

壽　久也从老省𠷎聲殖酉切

考　老也从老省丂聲苦浩切

孝　善事父母者从老省

从子子承老省呼教切

文十

三百三

毛 眉髮之屬及獸毛也象形凡毛之屬皆从毛 莫袍切

𣯉 毛盛也从毛隼聲虞書曰鳥獸𣯉髦而尹切又人勇切

𣯛 獸豪也从毛倝聲侯幹切

毨 仲秋鳥獸毛盛可選取以為器用从毛先聲讀若選穌典切

𣰆 以毳為繝色如虋故謂之𣰆虋禾之赤苗也从毛𥜽聲詩曰毳衣如𣰆莫奔切

氈 撚毛也从毛亶聲諸延切

文六

毦 羽毛飾也从毛耳聲仍吏切

氍 氍毹毾㲪皆氊緂之屬蓋方言也从毛瞿聲其俱切

毹 氍毹也从毛俞聲羊朱切

毾 毾㲪也从毛𦐇聲土盍切

㲪 毾㲪也从毛登聲都滕切

毬 鞠丸也从毛求聲巨鳩切

氅 析鳥羽為旗纛之屬从毛敞聲昌兩切

文七 新附

三百四

毳 獸細毛也从三毛凡毳之屬皆从毳 此芮切

𣰥 毛紛紛也从毳非聲甫微切

文二

尸 陳也象臥之形凡尸之屬皆从尸式脂切

𡰪 偫也从尸㒷聲堂練切

居 蹲也从尸古者居从古臣鉉等曰居从古者言法古也九魚切

踞 俗居从足

屓 臥息也从尸自臣鉉等曰自古者以爲鼻字故从自許介切

屑 動作切切也从尸𣦻聲私列切

展 轉也从尸襄省聲知衍切

届 行不便也一曰極也从尸凷聲古拜切

尻 脽也从尸九聲苦刀切

𡱂 髀也从尸下丌居几臣鉉等曰丌几皆所以尻止也徒魂切

𦞠 𡱂或从肉隼

𩪍 𡱂或从骨殿聲

𡰳 尻也从尸旨聲詰利切

尼 從後近之从尸匕聲女夷切

𡰥 從後相臿也从尸从臿楚洽切

𡰴 儑足也从尸之聲直立切

𡰲 柔皮也从申尸之後尸或从又臣鉉等曰注似闕脫未詳人善切

屒 伏皃从尸辰聲一曰屋宇珍忍切

屖 屖遲也从尸辛聲先稽切

屝 履也从尸非聲扶沸切

屍 終主从尸从死式脂切

屠 刳也从尸者聲同都切

屟 履中薦也从尸枼聲穌叶切

屋 居也从尸尸所主一曰尸象屋形从至至所至止室屋皆从至烏谷切

𡸗 籀文屋从厂

𡱜 古文屋

屏 屏蔽也从尸幷聲必郢切

層 重屋也从尸曾聲昨稜切

文二十三　重五

屢 數也案今之婁字本是屢空字此字後人所加从尸未詳丘用切

文一 新附

說文解字第八上

說文解字第八下　漢太尉祭酒許氏記

銀青光祿大夫守右散騎常侍上柱國東海縣開國子食邑五百戶徐鉉等奉

敕校定

三百六

尺　十寸也人手卻十分動脈爲寸口十寸爲尺尺所以指尺規榘事也从尸从乙乙所識也周制寸尺咫尋常仞諸度量皆以人之體爲法凡尺之屬皆从尺 昌石切

咫　中婦人手長八寸謂之咫周尺也从尺只聲 諸氏切

文二

三百七

尾　微也从到毛在尸後古人或飾系尾西南夷亦然凡尾之屬皆从尾 無斐切今隸變作尾

三百九　三百八

屬 連也从尾蜀聲之欲切

屈 無尾也从尾出聲九勿切

尿 人小便也从尾从水奴弔切

文四

履 足所依也从尸从彳从夊舟象履形一曰尸聲凡履之屬皆从履良止切

𩓞 古文履从頁从足

屨 履也从履省婁聲一曰鞮也九遇切

𡳱 履下也从履省歷聲郎擊切

𡳳 履屬从履省予聲徐吕切

屩 屐也从履省喬聲居勺切

屐 屩也从履省支聲奇逆切

文六　重一

舟 船也古者共鼓貨狄刳木為舟剡木為楫以濟不通象形凡舟之屬皆从舟職流切

俞 空中木為舟也从亼从舟从巜巜水也羊朱切

船 舟也从舟鉛省聲食川切

彤 船行也从舟彡聲丑林切

舳 艫也从舟由聲漢律名船方長為舳艫一曰舟尾臣鉉等曰當从胄省乃得聲直六切

艫 舳艫也一曰船頭从舟盧聲洛乎切

𦨶 船行不安也从舟从刖省讀若兀五忽切

艐 船著不行也从舟㚇聲讀若萃子紅切

朕 我也闕直禁切

舫 船師也明堂月令曰舫人習水者从舟方

聲甫妄切 般辟也象舟之旋从舟从殳殳所以旋也北潘切 𣪠古文般从支 服用也一曰車右騑所以舟旋从舟𠬝聲房六切 𦨈古文服从人

文十二 重二

舸舟也从舟可聲古我切 艇小舟也从舟廷聲徒鼎切 艅艅艎舟名从舟余聲經典通用餘以諸切 艎艅艎也从舟皇聲胡光切

文四 新附

三百十

方併船也象兩舟省總頭形凡方之屬皆从方府良切 汸方或从水 斻方舟也从方亢聲禮天子造舟諸侯維舟大夫方舟士特舟臣鉉等曰今俗別作航非是胡郎切

文二 重一

三百十一

儿仁人也古文奇字人也象形孔子曰在人下故詰屈凡儿之屬皆从儿如鄰切

兀 高而上平也从一在人上讀若夐茂陵有兀桑里五忽切 兒 孺子也从儿象小兒頭囟未合汝移切 允 信也从儿㠯聲樂準切 兌 說也从儿㕣聲臣鉉等曰㕣古文兖字非聲當从口从八象气之分散易曰兌爲巫爲口大外切 充 長也高也从儿育省聲昌終切

文六

三百十二

兄 長也从儿从口凡兄之屬皆从兄許榮切

兢 競也从二兄二兄競意从丰聲讀若矜一曰兢敬也居陵切

文二

三百十三

兂 首笄也从人匕象簪形凡兂之屬皆从兂側岑切

簪 俗兂从竹从朁

兓 朁朁銳意也从二兂子林切

文二　重一

三百十四

皃 頌儀也从人白象人面形凡皃之屬皆从皃莫教切

貌 皃或从頁豹省聲

貌 籒文皃从豹省

覍 冕也周曰覍殷曰吁夏曰收从皃象形皮變切

𥄉 籒文覍省皃从廾象形

弁 或覍字

文二　重四

三百十五

𠒎 廱蔽也从人象左右皆蔽形凡𠒎之屬皆从𠒎讀若瞽 公户切

兜 兜鍪首鎧也从𠒎从皃省皃象人頭也當侯切

文二

三百十六

先 前進也从儿从之凡先之屬皆从先 臣鉉等曰之人上是先也 蘇前切

文一

兟 進也从二先贊从此闕 所臻切

文二

三百十七

秃 無髮也从人上象禾粟之形取其聲凡秃之屬皆从秃王育說蒼頡出見秃人伏禾中因以制字未知其審 他谷切

穨 秃皃从秃貴聲 杜回切

文二

見 視也从儿从目凡見之屬皆从見 古甸切

視 瞻也从見示 神至切 眂 古文視 眎 亦古文視 覼 求也从見麗聲讀若池 郎計切 覣 好視也从見委聲 於爲切 覞 旁視也从見兒聲 五計切 覶 好視也从見𤔔聲 洛戈切 𧠫 笑視也从見录聲 王問切 𧡫 大視也从見爰聲 況晚切 覝 察視也从見㶣聲讀若鎌 力鹽切 䙴 外博眾多視也从見員聲讀若運 王問切 觀 諦視也从見雚聲 古玩切 𩁹 古文觀从囧 㝵 取也从見从寸寸度之亦手也臣鉉等案彳部作古文得字此重出 多則切

覽 觀也从見監監亦聲 盧敢切 覾 內視也从見來聲 洛代切 䚂 顯也从見是聲 杜兮切 𧢔 目有察省見也从見票聲 方小切 䚁 覷覰覻觀也从見朿聲 七四切 覻 拘覻未致密也从見虛聲 七句切 覭 小見也从見冥聲爾雅曰覭髳茀離 莫經切 䙸 內視也从見甚聲 丁含切 覯 遇見也从見冓聲 古后切 𧢱 注目視也从見歸聲 渠追切 覘 窺也从見占聲春秋傳曰公使覘之信 敕豔切 覹 司也从見微聲 無非切 覢 暫見也从炎見聲春秋公羊傳曰覢然公子陽生 失冉切 覕 暫見也从見賓聲 必刃切 𧢊 覰覰也从見樊聲讀若幡 附袁切 𧠨 病人

⿰氐見 視也从見氐聲讀若迷莫兮切

⿰鹵見 下視深也从見鹵聲讀若攸以周切

⿰彤見 私出頭視也从見彤聲讀若郴丑林切

⿱冃見 突前也从見冃臣鉉等曰冃重覆也犯冃而見是突前也莫紅亡泼二切

覬 𢦏幸也从見豈聲几利切

覦 欲也从見俞聲羊朱切

⿰舂見 視不明也一曰直視从見舂聲丑尨切

⿰龠見 視誤也从見龠聲弋笑切

覺 寤也从見學省聲一曰發也古岳切

⿰𣶒見 目赤也从見𣶒省聲臣鉉等曰𣶒非聲未詳才的切

靚 召也从見青聲疾正切

親 至也从見亲聲七人切

覲 諸侯秋朝曰覲勞王事从見堇聲渠吝切

覜 諸侯三年大相聘曰覜覜視也从見兆聲他弔切

覒 擇也从見毛聲讀若苗莫袍切

覕 蔽不相見也从見必聲莫結切

⿰它見 司人也从見它聲讀若馳式支切

⿰巠見 目蔽垢也从見巠聲讀若兜當侯切

文四十五　重三

覿 見也从見賣聲徒歷切

文一　新附

覞 並視也从二見凡覞之屬皆从覞弋笑切

⿰肩覞 很視也从覞肩聲齊景公之勇臣有成覵者苦閑切

⿱雨覞 見雨而比息从覞从雨讀若欷虛器切

文三

欠 張口气悟也象气从人上出之形凡欠之屬皆从欠 去劒切

欽 欠皃从欠金聲去音切 㰚 欠皃从欠䜌聲洛官切 欯 喜也从欠吉聲許吉切 吹 出气也从欠从口臣鉉等案口部已有吹噓此重出昌垂切 欨 吹也一曰笑意从欠句聲況于切 歑 溫吹也从欠虖聲虎烏切 𣢾 吹气也从欠或聲於六切 歟 安气也从欠與聲以諸切 ⿰脅欠 翕气也从欠脅聲虛業切 歕 吹气也从欠賁聲普魂切 歇 息也一曰气越泄从欠曷聲許謁切 歡 喜樂也从欠雚聲呼官切 欣 笑喜也从欠斤聲許斤切 弞 笑不壞顏曰引从欠引省聲式忍切 款 意有所欲也从欠窾省臣鉉等曰窾塞也意有所欲而猶塞款款然也苦管切 ⿰柰欠 款或从柰 ⿰气欠 幸也从欠气聲一曰口不便言居气切 欲 貪欲也从欠谷聲余蜀切 歌 詠也从欠哥聲古俄切 謌 歌或从言 歂 口气引也从欠耑聲讀若車輇市緣切 歍 心有所惡若吐也从欠烏聲一曰口相就哀都切 𣣩 歍𣣩也从欠鼀聲才六切 噈 俗𣣩从口从就 𣢁 怒然也从欠未聲孟子曰曾西𣢁然才六切 欦 含笑也从欠今聲丘嚴切 歋 人相笑相歋瘉从欠虒聲以支切 歊 歊歊气出皃从欠高高亦聲許嬌切 [illegible]

有所吹起从欠炎聲讀若忽許物切

欪 欪欪戲笑皃从欠㞢聲許其切

⿰䍃欠 ⿰䍃欠⿰䍃欠气出皃从欠䍃聲余招切

歗 吟也从欠肅聲詩曰其歗也謌臣鉉等案口部此籀文嘯字此重出穌弔切

歎 吟也从欠鷬省聲他案切

⿰鷬欠 籀文歎不省

歖 卒喜也从欠从喜許其切

欸 訾也从欠矣聲凶戒切又烏開切

⿰此欠 歐也从欠此聲前智切

歐 吐也从欠區聲烏后切

歔 欷也从欠虛聲一曰出气也朽居切

欷 歔也从欠稀省聲香衣切

歜 盛气怒也从欠蜀聲尺玉切

⿰卤欠 言意也从欠从卤卤亦聲讀若酉与久切

⿰渴欠 欲歠歠从欠渴聲苦葛切

⿰⿱白方欠 所謌也从欠敫省聲讀若叫呼之叫古弔切

⿰嗇欠 悲意从欠嗇聲火力切

⿰樵欠 盡酒也从欠樵聲子肖切

⿰緘欠 監持意口閉也从欠緘聲古咸切

⿰辰欠 指而笑也从欠辰聲讀若蜃時忍切

⿰鰥欠 昆干不可知也从欠鰥聲古渾切

歃 歠也从欠臿聲春秋傳曰歃而忘山洽切

欶 吮也从欠束聲所角切

歁 食不滿也从欠甚聲讀若坎苦感切

欿 欲得也从欠臽聲讀若貪他含切

欱 歠也从欠合聲呼合切

歉 歉食不滿从欠兼聲苦簟切

⿰骨欠 咽中息不利也从欠骨聲烏八切

欭 嚘也从欠因聲乙冀切

欬 屰气也从欠亥聲苦蓋切

⿰毄欠 且唾聲一曰小笑从欠毄聲許壁切

歙 縮鼻也从欠翕聲丹陽有歙縣許及切

⿰咎欠 齘鼻也从欠咎聲讀若爾雅曰麔豭短脰於糾切

⿰幼欠 愁皃从欠幼聲臣鉉等案口部呦字或作⿰幼欠此重出

於蚓切

咄欪無慙一曰無腸意从欠出聲讀若卉丑律切

詮詞也从欠从曰曰亦聲詩曰欥求厥寧余律切

不前不精也从欠二聲七四切

古文次

飢虛也从欠康聲苦岡切

詐欺也从欠其聲去其切

神食气也从欠音聲許今切

文六十五　重五

歌也从欠俞聲切韻云巴歈歌也案史記渝水之人善歌舞漢高祖采其聲後人因加此字羊朱切

文一 新附

三百廿一

歠也从欠酓聲凡㱃之屬皆从㱃 於錦切

古文㱃从今水

古文㱃从今食

㱃也从㱃省叕聲昌說切

歠或从口从夬

文二　重三

三百廿二

慕欲口液也从欠从水凡次之屬皆从次 叙連切

次或从侃

籒文次

貪欲也从次从羑省羑呼之羑文王所拘羑里似面切

歠也从次厂聲讀若移以支切

私利物也从次次欲皿者徒到切

文四　重二

旡 歙食气屰不得息曰旡从反欠凡旡之屬皆从旡 居未切今變隸作旡

旡 古文旡

𣄼 屰惡驚詞也从旡咼聲讀若楚人名多夥乎果切

琼 事有不善言琼也爾雅琼薄也从旡京聲臣鉉等曰今俗隸書作亮力讓切

文三 重一

說文解字第八下

三百廿四

說文解字弟九上　漢太尉祭酒許愼記

銀青光祿大夫守右散騎常侍上柱國東海縣開國子食邑五百戶臣徐鉉等奉

勑校定

四十六部　四百九十六文　重六十三

凡七千二百四十七字

文三十八新附

頁 頭也从百从儿古文䭫首如此凡頁之屬皆从頁百者䭫首字也胡結切

頭 首也从頁豆聲度侯切　顏 眉目之閒也从頁彥聲五姦切　𩕄 籀文　頌 皃也从頁公聲余封切又似用切

𩒫 籀文　䫇 顱也从頁乇聲徒谷切　顱 頊顱首骨也从頁盧聲洛乎切　𩕢 顚頂也从頁㬎聲魚怨切　顚

頂也从頁眞聲都年切 頂 顛也从頁丁聲都挺切 𩠑 或从𩑋作 ⿰鼎頁 籒文从鼎 顙 頟也从頁桑聲蘇朗切

題 頟也从頁是聲杜兮切 頟 顙也从頁各聲五陌切 頞 鼻莖也从頁安聲烏割切 齃 或从

鼻曷 頯 權也从頁弅聲渠追切 頰 面旁也从頁夾聲古叶切 𩓥 籒文頰 頣 頰後也从頁皀聲古恨切 頜

顄也从頁合聲胡感切 顄 頤也从頁圅聲胡男切 頸 頭莖也从頁巠聲居郢切 領 項也从頁令聲良郢切 項 頭後

也从頁工聲胡講切 䪼 項枕也从頁冘聲章衽切 顀 出頟也从頁隹聲直追切 頛 曲頤也从頁不聲薄回切 顩 ⿰齒兼皃

从頁僉聲魚檢切 ⿰尹頁 面目不正皃从頁尹聲余準切 頵 頭頵頵大也从頁君聲於倫切 ⿰員頁 面色顚顚皃从頁員聲讀若隕

于閔切 ⿰兼頁 頭頰長也从頁兼聲五咸切 碩 頭大也从頁石聲常隻切 頒 大頭也从頁分聲一曰鬢也詩曰有頒其首布還切

顒 大頭也从頁禺聲詩曰其大有顒魚容切 ⿰羔頁 大頭也从頁羔聲口幺切 顝 大頭也从頁骨聲讀若魁苦骨切 願

大頭也从頁原聲魚怨切 顤 高長頭从頁堯聲五弔切 ⿰敖頁 贅顤高也从頁敖聲五到切 ⿰岳頁 面前岳岳也从頁岳聲五角切

⿰㬎頁 昧前也从頁㬎聲讀若昧莫佩切 ⿰霝頁 面瘦淺⿰霝頁⿰霝頁也从頁霝聲郎丁切 顡 頭蔽顡也从頁豙聲五怪切 頑

㮯頭也从頁元聲五還切⿰枝頁小頭⿰枝頁⿰枝頁也从頁枝聲讀若規又己恚切顆小頭也从頁果聲苦惰切頢短面也从頁𠯑聲五活切又

下括切頲狹頭頲也从頁廷聲他挺切頠頭閑習也从頁危聲語委切頷面黃也从頁含聲胡感切⿰爰頁面不

正也从頁爰聲于反切頍舉頭也从頁支聲詩曰有頍者弁丘弭切⿰𠬸頁內頭水中也从頁𠬸𠬸亦聲烏沒切顧還視

也从頁雇聲古慕切順理也从頁从巛食閏切⿰㐱頁顏色⿰㐱頁⿰粦頁慎事也从頁㐱聲之忍切⿰粦頁⿰㐱頁⿰粦頁也从頁粦聲一曰頭

少髮良刃切顓頭顓顓謹皃从頁耑聲職緣切頊頊頊謹皃从頁玉聲許玉切顉低頭也从頁金聲春秋傳曰迎于門

顉之而已五感切頓下首也从頁屯聲都困切頫低頭也从頁逃省太史卜書頫仰字如此楊雄曰人面頫臣鉉等曰頫首者逃亡之皃故从逃省

今俗作俯非是方矩切俛頫或从人免⿰臣頁舉目視人皃从頁臣聲式忍切⿰善頁倨視人也从頁善聲旨善切頡

直項也从頁吉聲胡結切⿰出頁頭頡⿰出頁也从頁出聲讀又若骨之出切顥白皃从頁从景楚詞曰天白顥顥南山四顥白首人也臣鉉等曰

景日月之光明白也胡老切⿰樊頁大醜皃从頁樊聲附袁切⿰爭頁好皃从頁爭聲詩所謂⿰爭頁首疾正切⿰翩頁頭妍也从頁翩省聲讀若翩

臣鉉等曰从翩聲又讀若翩則是古今異音也王矩切顗謹莊皃从頁豈聲魚豈切顅頭鬢少髮也从頁肩聲周禮數目顅脰苦閑切

三百廿五

顐 無髮也一曰耳門也从頁囷聲苦昆切 ⿰气頁 禿也从頁气聲苦骨切 頛 頭不正也从頁从耒耒頭傾也讀又若春秋陳夏齧
之齧盧對切 ⿰卑頁 傾首也从頁卑聲匹米切 ⿰契頁 司人也一曰恐也从頁契聲讀若禊胡計切 ⿰鬼頁 頭不正也从頁鬼聲口猥切 頗
頭偏也从頁皮聲滂禾切 ⿰尤頁 顫也从頁尤聲于救切 疣 ⿰尤頁或从疒 顫 頭不正也从頁亶聲之繕切 顑 飯不
飽面黃起行也从頁咸聲讀若戇下感切 顲 面顑顲皃从頁㐭聲盧感切 煩 熱頭痛也从頁从火一曰焚省聲附袁切
顡 癡不聰明也从頁豪聲五怪切 頪 難曉也从頁米一曰鮮白皃从粉省 臣鉉等曰難曉亦不聰之義盧對切 [illegible]
[illegible]昨焦切 顇 顦顇也从頁卒聲秦醉切 ⿰昏頁 繫頭殟也从頁昏聲莫奔切 頦 醜也从頁亥聲戶來切 ⿰其頁
醜也从頁其聲今逐疫有⿰其頁頭去其切 籲 呼也从頁籥聲讀與籥同商書曰率籲衆戚羊戍切 顯 頭明飾也从頁㬎聲 臣鉉等曰㬎古以爲
顯字故从㬎聲呼典切 䪴 選具也从二頁士戀切

文九十三 重八

頪 安也案經典通用穆 从頁未詳莫卜切

文一 新附

𦣻 頭也象形凡𦣻之屬皆从𦣻 書九切

脜 面和也从百从肉讀若柔 耳由切

文二

三百廿六

面 顔前也从百象人面形凡面之屬皆从面 彌箭切

靦 面見也从面見見亦聲詩曰有靦面目 他典切 𩈒 或从旦 䩉 頰也从面甫聲 符遇切 醮 面焦枯小也从面焦 即消切

文四 重一

三百廿七

靨 姿也从面厭聲 於叶切

文一 新附

丏 不見也象壅蔽之形凡丏之屬皆从丏 彌兖切

文一

三百廿八

首 𦣻同古文百也巛象髮謂之鬊鬊即巛也凡首之屬皆从首 書九切

䭬 下首也从首旨聲 康礼切 𩠐 截也从首从斷 大丸切 剸 或从刀專聲

文三 重一

三百廿九

県 到首也賈侍中說此斷首到縣県字凡県之

屬皆从𥄉 古堯切

縣 繫也从系持𥄉 臣鉉等曰此本是縣挂之縣借爲州縣之縣今俗加心别作懸義無所取 胡涓切

文二

三百三十

須 面毛也从頁从彡凡須之屬皆从須 臣鉉等曰此本須鬢之須頁首也彡毛飾也借爲所須之須俗書从水非是 相俞切

頾 口上須也从須此聲 臣鉉等曰今俗别作髭非是 即移切

䫇 頰須也从須从冄冄亦聲 臣鉉等曰今俗别作髯非是 汝鹽切

𩓌 須髮半白也从須卑聲 府移切

䪾 短須髮皃从須否聲 敷悲切

文五

三百卅一

彡 毛飾畫文也象形凡彡之屬皆从彡 所銜切

形 象形也从彡幵聲 戶經切

㐱 稠髮也从彡从人詩曰㐱髮如雲 臣鉉等曰今俗别作鬒非是 之忍切

鬒 㐱或从髟真聲

修 飾也从彡攸聲 息流切

彰 文彰也从彡从章章亦聲 諸良切

彫 琢文也从彡周聲 都僚切

⿰青彡 清飾也从彡青聲 疾郢切

㣎 細文也从彡㝵省聲 莫卜切

弱 橈也上象橈曲彡象毛氂橈弱也弱物并故从二弓 而勺切

文九 重一

三百卌二

彩 文章也从彡采聲倉宰切

文一 新附

彣 䁃也从彡从文凡彣之屬皆从彣 無分切

彥 美士有文人所言也从彣厂聲魚變切

文二

三百卌三

文 錯畫也象交文凡文之屬皆从文 無分切

斐 分別文也从文非聲易曰君子豹變其文斐也敷尾切 辬 駁文也从文辡聲布還切 嫠 微畫也从文𠩺聲里之切

文四

三百卌四

髟 長髮猋猋也从長从彡凡髟之屬皆从髟 必凋切又所銜切

髮 根也从髟犮聲方伐切 䰄 髮或从首 𩬊 古文 鬢 頰髮也从髟賓聲必刃切 鬗 髮長也从髟㒼聲讀若蔓母官切 䰐 髮長也从髟監聲讀若春秋黑肱以濫來奔魯甘切 [illegible] 髮好也从髟差聲千可切 鬈 髮好也从髟卷聲詩曰其人美且鬈衢員切 髦 髮也从髟从毛莫袍切 [illegible] 髮皃从髟臱聲讀若宀莫賢切 [illegible] 髮多也从髟周

聲直由切
𩬜 髮皃从髟爾聲讀若江南謂酢母爲𩬜奴礼切
⿱髟咅 髮皃从髟咅聲步矛切
鬏 髮至眉也从髟敄聲詩曰紞彼兩髳亡牢切
髳 鬏或省漢令有髳長
鬋 女鬢垂皃从髟前聲作踐切
鬑 鬋也一曰長皃从髟兼聲讀若慊力鹽切
⿱髟截 束髮少也从髟截聲子結切
鬄 髲也从髟易聲先彳切又大計切
髢 鬄或从也聲
髲 鬄也从髟皮聲平義切
⿱髟次 用梳比也从髟次聲七四切
髺 潔髮也从髟昏聲古活切
⿱髟般 臥結也从髟般聲讀若槃薄官切
⿱髟付 [illegible]也从髟付聲方遇切
⿱髟莫 帶結飾也从髟莫聲莫駕切
⿱髟貴 屈髮也从髟貴聲丘媿切
⿱髟介 簪結也从髟介聲古拜切
鬣 髮鬣鬣也从髟巤聲良涉切
𩮂 鬣或从毛
𩫽 或从豕
⿱髟盧 鬣也从髟盧聲洛乎切
髴 髴若似也从髟弗聲敷勿切
髶 亂髮也从髟茸省聲而容切
鬌 髮隋也从髟隋省直追切
鬊 鬌髮也从髟春聲舒閏切
鬝 鬢禿也从髟閒聲苦閑切
鬄 鬀髮也从髟从刀易聲他歷切
髡 鬄髮也从髟兀聲苦昆切
髨 或从元
鬀 鬄髮也从髟弟聲大人曰髡小人曰鬀盡及身毛曰鬄臣鉉等曰今俗別作剃非是他計切
⿱髟竝 髮也从髟竝聲蒲浪切
⿱髟彔 監也忽見也从髟彔聲彔籀文魅亦忽見意芳未切
髽 喪結禮女子髽衰弔則不髽魯臧武仲與齊戰于狐駘魯人迎喪者始髽从髟坐聲莊華切

文三十八　重六

鬉 馬鬉鬣也从髟㚇聲子紅切 髫 小兒垂結也从髟召聲徒聊切 髻 總髮也从髟吉聲古通用結古詣切 鬟 總髮也从髟睘聲案古婦人首飾琢玉爲兩環此二字皆後人所加戶關切

文四 新附

三百卅五

后 繼體君也象人之形施令以告四方故厂之从一口發號者君后也凡后之屬皆从后 胡口切

㖃 厚怒聲从口后后亦聲呼后切

文二

三百卅六

司 臣司事於外者从反后凡司之屬皆从司 息茲切

詞 意內而言外也从司从言 似茲切

文二

三百三七

卮 圜器也一名觛所以節飲食象人卪在其下也易曰君子節飲食凡卮之屬皆从卮 章移切

䏶 小卮有耳蓋者从卮專聲 市沇切 䑏 小卮也从卮耑聲讀若捶擊之捶 旨沇切

文三

卪 瑞信也守國者用玉卪守都鄙者用角卪使山邦者用虎卪土邦者用人卪澤邦者用龍卪門關者用符卪貨賄用璽卪道路用旌卪象相合之形凡卪之屬皆从卪 子結切

令 發號也从亼卪徐鍇曰號令者集而爲之卪制也力正切

𠨍 輔信也从卪比聲虞書曰𠨍成五服毗必切

𠨎 有大度也从卪多聲讀若侈充豉切

𠨘 宰之也从卪必聲兵媚切

卲 高也从卪召聲寔照切

厄 ■厄木節也从卪厂聲賈侍中說以爲厄裹也一曰厄蓋也臣鉉等曰厂非聲未詳五果切

厀 脛頭卪也从卪桼聲臣鉉等曰今俗作膝非是息七切

卷 厀曲也从卪𢍏聲居轉切

卻 節欲也从卪谷聲去約切

卸 舍車解馬也从卪止午讀若汝南人寫書之寫臣鉉等曰午馬也故从午司夜切

𠨊 二卪也巽从此闕士戀切

𠨐 卪也闕則候切

文十三

印 執政所持信也从爪从卪凡印之屬皆从印 於刃切

三百四十

𢑏 按也从反印於棘切 抑 俗从手

文二 重一

色 顏气也从人从卪凡色之屬皆从色 所力切

𤍽 古文 艴 色艴如也从色弗聲論語曰色艴如也蒲沒切 艵 縹色也从色并聲普丁切

文三 重二

三百四一

卯 事之制也从卪卩凡卯之屬皆从卯闕 去京切

卿 章也六卿天官冢宰地官司徒春官宗伯夏官司馬秋官司寇冬官司空从卯皀聲去京切

文二

三百四二

辟 法也从卪从辛節制其辠也从口用法者也

凡辟之屬皆从辟 必益切

𨐨 治也从辟从井周書曰我之不𨐨 必益切 𡰪 治也从辟乂聲虞書曰有能俾𡰪 魚廢切

文三

三百四十三

勹 裹也象人曲形有所包裹凡勹之屬皆从勹 布交切

𠣊 曲脊也从勹𥳑省聲 巨六切 匍 手行也从勹甫聲簿乎切 匐 伏地也从勹畐聲蒲北切 匊 在手曰匊从勹

米臣鉉等曰今俗作掬非是居六切　少也从勹二羊倫切　聚也从勹九聲讀若鳩居求切　徧也十日爲旬从勹日詳遵切　古文　覆也从勹覆人薄皓切　聲也从勹凶聲許容切　匈或从肉　帀徧也从勹舟聲職流切　帀也从勹从合合亦聲侯閤切　飽也从勹𣪊聲民祭祀曰厭𠣍巳又切又乙庚切　重也从勹复聲扶富切　或省彳　高墳也从勹豕聲知隴切

文十五　重三

象人褱妊巳在中象子未成形也元气起於子子人所生也男左行三十女右行二十俱立於巳爲夫婦褱妊於巳巳爲子十月而生男起巳至寅女起巳至申故男秊始寅女秊始申也凡包之屬皆从包布交切

兒生裹也从肉从包匹交切　瓠也从包从夸聲包取其可包藏物也薄交切

文三

三百四五

茍 自急敕也从羊省从包省从口口猶慎言也从羊羊與義善美同意凡茍之屬皆从茍 己力切

𦍌 古文羊不省 敬 肅也从攴茍 居慶切

文二 重一

三百四六

鬼 人所歸爲鬼从人象鬼頭鬼陰气賊害从厶凡鬼之屬皆从鬼 居偉切

䰟 古文从示 魋 神也从鬼申聲 食鄰切 魂 陽气也从鬼云聲 戶昆切 魄 陰神也从鬼白聲 普百切 䰡 厲鬼也从鬼失聲 丑利切 魖 耗鬼也从鬼虛聲 朽居切 魃 旱鬼也从鬼友聲周禮有赤魃氏除牆屋之物也詩曰旱魃爲虐 蒲撥切 鬽 老精物也从鬼彡彡鬼毛 密祕切 魅 或从未聲 𩲡 古文 𩲢 籒文从彖首从尾省聲 魕 鬼服也一曰小兒鬼从鬼支聲韓詩傳曰鄭交甫逢二女魕服 奇寄切 䰧 鬼皃从鬼虎聲 虎烏切 𩴾 鬼俗也从鬼幾聲淮南傳曰吳人鬼越人𩴾 居衣切 𩱾 鬼魅聲𩳮𩳮不止也从鬼需聲 奴豆切 魤 鬼變也从鬼化聲 呼駕切 𩴰 見鬼驚詞从鬼難省聲讀若詩受福不儺 諾何切

說文九上 七

切 䰡 鬼皃。从鬼賓聲。符眞切 醜 可惡也。从鬼酉聲。昌九切 魋 神獸也。从鬼隹聲。杜回切 文十七 重四

魑 鬼屬。从鬼从离，离亦聲。丑知切 魔 鬼也。从鬼麻聲。莫波切 魘 㝱驚也。从鬼厭聲。於琰切 文三 新附

三百四七

甶 鬼頭也。象形。凡甶之屬皆从甶。敷勿切

畏 惡也。从甶，虎省。鬼頭而虎爪，可畏也。於胃切 𤰞 古文省 禺 母猴屬。頭似鬼。从甶从内。牛具切 文三 重一

三百四八

厶 姦衺也。韓非曰：蒼頡作字，自營爲厶。凡厶之屬皆从厶。息夷切

篡 屰而奪取曰篡。从厶算聲。初官切 羑 相訹呼也。从厶从羑。與久切 誘 或从言秀 𧥺 或如此

𦍌 古文。臣鉉等案：羊部有羑，羑，進善也，此古文重出。 文三 重三

三百四九

嵬 高不平也。从山鬼聲。凡嵬之屬皆从嵬。五灰切

巍 高也。从嵬委聲。牛威切。臣鉉等曰：今人省山，以爲魏國之魏。語韋切 文二

說文解字弟九上

說文解字第九下　漢太尉祭酒許氏記

銀青光祿大夫守右散騎常侍上柱國東海縣開國子食邑五百戶臣徐鉉等奉

敕校定

山　宣也宣气散生萬物有石而高象形凡山之屬皆从山　所閒切

嶽　東岱南靃西華北恒中泰室王者之所以巡狩所至从山獄聲　五角切

𡶳　古文象高形

岱　太山也从山代聲　徒耐切

島　海中往往有山可依止曰島从山鳥聲讀若詩曰蔦與女蘿　都皓切

嶩　山在齊地从山峱聲詩曰遭我于嶩之間兮　奴刀切

嶧　葛嶧山在東海下邳从山睪聲夏書曰嶧陽孤桐　羊益切

嵎　封嵎之山在吳楚之間汪芒之國从山禺聲　噳俱切

嶷　九嶷山舜所葬在零陵營道从山疑聲　語其切

崏　山在蜀湔氐西徼外从山敃聲　武巾切

𡵓　山也或曰弱水之所出从山几聲　居履切

巀　巀嶭山在馮翊池陽从山𢧵聲　才葛切

嶭　巀嶭山也从山辥聲　五葛切

華　山在弘農華陰从山華省聲　胡化切

崵

山在鴈門从山𩫏聲古博切

崵 崵山在遼西从山昜聲一曰嵎鐵崵谷也與章切

岵 山有草木也从山古聲詩曰陟彼岵兮侯古切

屺 山無草木也从山己聲詩曰陟彼屺兮墟里切

嶨 山多大石也从山學省聲胡角切

嶅 山多小石也从山敖聲五交切

岨 石戴土也从山且聲詩曰陟彼岨矣七余切

岡 山骨也从山岡聲古郎切

岑 山小而高从山今聲鉏箴切

崟 山之岑崟也从山金聲魚音切

崒 崒危高也从山卒聲醉綏切

巒 山小而銳从山䜌聲洛官切

密 山如堂者从山宓聲美畢切

岫 山穴也从山由聲似又切

㞭 籀文从穴

陖 高也从山陖聲私閏切

峻 陖或省

嶞 山之嶞嶞者从山从憜省聲讀若相推落之憜徒果切

嶘 尤高也从山棧聲士限切

崛 山短高也从山屈聲衢勿切

巁 巍高也从山蠆聲讀若厲力制切

峯 山耑也从山夆聲敷容切

巖 岸也从山嚴聲五緘切

嵒 山巖也从山品讀若吟臣鉉等曰从品象巖厓連屬之形五咸切

㠥 崒也从山絫聲落猥切

嶵 山皃从山辠聲徂賄切

峼 山皃一曰山名从山告聲古到切

𡽹 山皃从山隓聲徒果切臣鉉等案陵與嶞同嶞今亦音徒果切則是嶞陵兼有此音

嵯 山皃从山差聲昨何切

峨 嵯峨也从山我聲五何切

崝 嶸也从山青聲臣鉉等曰今俗別作崢非是七耕切

嶸 崝嶸也从山熒省聲戶萌切

𡵽 谷也从山巠聲戶經切

崩 山壞也从山朋聲北縢切

𨻐 古文

一七〇

从自

岪 山脅道也从山弗聲敷勿切 嵍 山名从山敄聲亡遇切 嶢 焦嶢山高皃从山堯聲古僚切 嶈 山陵也从山戕聲慈良切 嵏 九嵏山在馮翊谷口从山㚇聲子紅切 岊 陬隅高山之節从山从卪子結切 崇 嵬高也从山宗聲鉏弓切 崔 大高也从山隹昨回切

文五十三　重四

嶙 嶙峋深崖皃从山粦聲力珍切 峋 嶙峋也从山旬聲相倫切 岌 山高皃从山及聲魚汲切 嶠 山銳而高也从山喬聲古通用喬渠廟切 嵌 山深皃从山欺省聲口銜切 嶼 島也从山與聲徐呂切 嶺 山道也从山領聲良郢切 嵐 山名从山葻省聲盧含切 嵩 中岳嵩高山也从山从高亦从松韋昭國語注云古通用崇字息弓切 崑 崑崙山名从山昆聲漢書揚雄文通用昆侖古渾切 崙 崑崙也从山侖聲盧昆切 嵇 山名从山稽省聲奚氏避難特造此字非古胡雞切

文十二　新附

三百五十一

屾 二山也凡屾之屬皆从屾所臻切

嵞 會稽山一曰九江當嵞也民以辛壬癸甲之日嫁娶从屾余聲虞書曰予娶嵞山同都切

文二

三百五十二

屵 岸高也从山厂厂亦聲凡屵之屬皆从屵五葛切

三百五三

岸水厓而高者从屵干聲五旰切 崖高邊也从屵圭聲五佳切 𡾊高也从屵隹聲都回切 嶏崩也从屵肥聲符鄙切 𡽱崩聲从屵配聲讀若費蒲沒切

文六

广

广因广爲屋象對刺高屋之形凡广之屬皆从广讀若儼然之儼魚儉切

府文書藏也从广付聲臣鉉等曰今藏腑字俗書从肉非是方矩切 廱天子饗飲辟廱从广雝聲於容切 庠禮官養老夏曰校殷曰庠周曰序从广羊聲似陽切 廬寄也秋冬去春夏居从广盧聲力居切 庭宮中也从广廷聲特丁切 廇中庭也从广留聲力救切 庉樓牆也从广屯聲徒損切 庌廡也从广牙聲周禮曰夏庌馬五下切 廡堂下周屋从广無聲文甫切 𢊁籀文从舞 ⿸广虜廡也从广虜聲讀若鹵郎古切 庖廚也从广包聲薄交切 廚庖屋也从广尌聲直株切 庫兵車藏也从車在广下苦故切 廄馬舍也从广𣪘聲周禮曰馬有二百十四匹爲廄廄有僕夫居又切 𢈉古文从九 序東西牆也从广予聲徐呂切 廦牆也从广辟聲比激切 廣殿之大屋也从广黃聲古晃切 𢉩芻藁之藏从广㑹聲古外切

庾 水槽倉也从广臾聲一曰倉無屋者以主切 屏 蔽也从广并聲必郢切 廁 清也从广則聲初吏切 廛 一畒半一
家之居从广里八土直連切 㢈 屋牝瓦下一曰維綱也从广閵省聲讀若環戶關切 ⿸广悤 屋階中會也从广悤聲倉紅切 ⿸广侈
廣也从广侈聲春秋國語曰俠溝而⿸广侈我尺氏切 廉 仄也从广兼聲力兼切 ⿸广秅 開張屋也从广秅聲濟陰有⿸广秅縣宅加切 龐
高屋也从广龍聲薄江切 底 山居也一曰下也从广氐聲都礼切 庢 礙止也从广至聲陟栗切 廮 安止也从广嬰聲鉅鹿有廮
陶縣於郢切 废 舍也从广犮聲詩曰召伯所废蒲撥切 庳 中伏舍从广卑聲一曰屋庳或讀若逋便俾切 庇 蔭也从广
比聲必至切 庶 屋下衆也从广炗炗古文光字臣鉉等曰光亦衆盛也商署切 庤 儲置屋下也从广寺聲直里切 廙
行屋也从广異聲與職切 廔 屋麗廔也从广婁聲一曰種也洛侯切 ⿸广隹 屋从上傾下也从广隹聲都回切 廢 屋頓也从
广發聲方肺切 庮 久屋朽木从广酉聲周禮曰牛夜鳴則庮臭如朽木與久切 廑 少劣之居从广堇聲巨斤切 廟 尊先
祖皃也从广朝聲眉召切 庿 古文 ⿸广且 人相依⿸广且也从广且聲子余切 ⿸广曷 屋迫也从广曷聲於歇切 㡿 卻屋也从
广屰聲昌石切 廞 陳輿服於庭也从广欽聲讀若歆許今切 廫 空虛也从广膠聲臣鉉等曰今別作寥非是洛蕭切

文四十九　重三

廈　屋也从广夏聲胡雅切　廊　東西序也从广郎聲漢書通用郎魯當切　廂　廊也从广相聲息良切　庪　祭山曰庪縣从广技聲過委切　庱　地名从广未詳丑抍切　廖　人姓从广未詳當是省廫字尔力救切

文六　新附

厂　山石之厓巖人可居象形凡厂之屬皆从厂　呼旱切

𠂪　籒文从干　厓　山邊也从厂圭聲五佳切　厜　厜㕒山顚也从厂垂聲姊宜切　㕒　厜㕒也从厂義聲魚爲切　⿸厂敢　崟也一曰地名从厂敢聲魚音切　厬　仄出泉也从厂晷聲讀若軌居洧切　厎　柔石也从厂氐聲職雉切　砥　厎或从石　厥　發石也从厂欮聲俱月切　厲　旱石也从厂蠆省聲力制切　蠇　或不省　厱　厱諸治玉石也从厂僉聲讀若藍魯甘切　厤　治也从厂秝聲郎擊切　⿸厂異　石利也从厂異聲讀若枲胥里切　⿸厂古　美石也从厂古聲[illegible]古切　厗　唐厗石也从厂屖省聲杜兮切　⿸厂立　石聲也从厂立聲盧荅切　⿸厂兒　石地惡也从厂兒聲五歷切　⿸厂金　石地也从厂金聲讀若紟巨今切　⿸厂甫　石間見从厂甫聲讀若敷芳無切　厝　厲石也从厂昔聲詩曰他山之石可以爲厝倉各切又七互切　厖　石大也从厂尨聲莫江切　屵　岸上見也从厂从之省讀若[illegible]

以灼切

⿸厂夾 辟也从厂夾聲胡甲切

仄 側傾也从人在厂下阻力切

⿸厂夨 籒文从夨夨亦聲

⿸厂辟 仄也从厂辟聲普擊切

厞 隱也从厂非聲扶沸切

厭 笮也从厂猒聲一曰合也於輒切又一琰切

厃 仰也从人在厂上一曰屋梠也秦謂之桷齊謂之厃魚毀切

文二十七　重四

三百五五

丸 圜傾側而轉者从反仄凡丸之屬皆从丸胡官切

⿰咼丸 鷙鳥食已吐其皮毛如丸从丸咼聲讀若骫於跪切

⿰而丸 丸之孰也从丸而聲奴禾切

⿰皮丸 闕芳萬切

文四

三百五六

危 在高而懼也从厃自卪止之凡危之屬皆从危魚爲切

⿰危支 㩻䧴也从危支聲去其切

文二

三百五七

石 山石也在厂之下口象形凡石之屬皆从石常隻切

文二

磺 銅鐵樸石也从石黃聲讀若穬古猛切

⿰丨丨 古文礦周禮有⿰丨丨人

碭 文石也从石昜聲徒浪切

碝 石次

三者从石耎聲而沇切 砮 石可以爲矢鏃从石奴聲夏書曰梁州貢砮丹春秋國語曰肅慎氏貢楛矢石砮乃都切 礜 毒石也出漢中从石與聲羊茹切 碣 特立之石東海有碣石山从石曷聲渠列切 𥖟 古文 磏 厲石也一曰赤色从石兼聲讀若鎌力鹽切 碬 厲石也从石叚聲春秋傳曰鄭公孫碬字子石乎加切 礫 小石也从石樂聲郎擊切 䂬 水邊石从石巩聲春秋傳曰闕䂬之甲居竦切 磧 水陼有石者从石責聲七迹切 碑 豎石也从石卑聲府眉切 䃍 陊也从石㒸聲徒對切 磒 落也从石員聲春秋傳曰磒石于宋五于敏切 䃈 碎石隕聲从石炙聲所責切 硞 石聲从石告聲苦角切 硠 石聲从石良聲魯當切 礐 石聲从石學省聲胡角切 硈 石堅也从石吉聲一曰突也格八切 磕 石聲从石盍聲口太切又苦盍切 硻 餘堅者从石堅省口莖切 磿 石聲也从石厤聲郎擊切 磛 礹石也从石斬聲鉏銜切 礹 石山也从石嚴聲五銜切

从石毄聲楷革切 确 礊石也从石角聲臣鉉等曰今俗作確非是胡角切 𣪍 确或从㱿 磽 礊石也从石堯聲口交切 硪 石巖也从石我聲五何切 碞 磛嵒也从石品周書曰畏于民碞讀與嵒同臣鉉等曰从品與嵒同意五銜切 磬 樂石也从石殸象縣虡之形殳擊之也古者毋句氏作磬苦定切 殸 籒文省 硜 古文从巠 礙 止也从石疑聲五溉切 硩 上擿巖空青珊瑚

墮之从石折聲周禮曰有硩蔟氏丑列切 硟 以石扞繒也从石延聲尺戰切 碎 䃺也从石卒聲蘇對切 破 石碎也从石皮聲普過切 礱 䃺也从石龍聲天子之桷椓而礱之盧紅切 研 䃺也从石幵聲五堅切 䃺 石磑也从石靡聲模卧切 磑 䃺也从石豈聲古者公輸班作磑五對切 碓 舂也从石隹聲都隊切 䃃 舂已復擣之曰䃃从石沓聲徒合切 磻 以石箸隿繳也从石番聲博禾切 䂮 䂮斫也从石箸聲張略切 硯 石滑也从石見聲五甸切 砭 以石刺病也从石乏聲方彫切又方驗切 ⿰石鬲 石也惡也从石鬲聲下革切 砢 磊砢也从石可聲來可切 磊 衆石也从三石落猥切

文四十九 重五

礪 䃺也从石厲聲經典通用厲力制切 碏 左氏傳衛大夫石碏唐韻云敬也从石未詳昔聲七削切 磯 大石激水也从石幾聲居衣切 碌 石皃从石彔聲盧谷切 砧 石柎也从石占聲知林切 砌 階甃也从石切聲千計切 礩 柱下石也从石質聲之日切 礎 礩也从石楚聲創舉切 硾 擣也从石垂聲直類切

文九 新附

長 久遠也从兀从匕兀者高遠意也久則變化亡聲𠂤者倒亡也凡長之屬皆从長 臣鉉等曰倒亡不亡也長久之義也直良切

镸 古文長 兲 亦古文長 肆 極陳也从長隶聲 息利切 肆 或从髟 镾 久長也从長爾聲 武夷切

镻 蛇惡毒長也从長失聲 徒結切

文四 重三

三百五九 勿 州里所建旗象其柄有三游雜帛幅半異所以趣民故遽稱勿勿凡勿之屬皆从勿 文弗切

㫚 勿或从㫃 昜 開也从日一勿一曰飛揚一曰長也一曰彊者眾皃 與章切

文二 重一

三百六十 冄 毛冄冄也象形凡冄之屬皆从冄 而琰切

文一

三百六一 而 頰毛也象毛之形周禮曰作其鱗之而凡而之屬皆从而 臣鉉等曰今俗別作髵非是 如之切

耏 罪不至髡也从而从彡 奴代切 耐 或从寸諸法度字从寸

文二 重一

三百六二 豕 彘也竭其尾故謂之豕象毛足而後有尾讀

與豨同按今世字誤以豕爲彘以彘爲豕何以明之爲啄琢从豕蠡从彘皆取其聲以是明之臣鉉等曰此語未詳或後人所加凡豕之屬皆从豕式視切

古文

豬 豕而三毛叢居者从豕者聲陟魚切

豰 小豚也从豕𣪊聲步角切

貕 生三月豚腹奚奚皃也从豕奚聲胡雞切

豵 生六月豚从豕從聲一曰一歲豵尚叢聚也子紅切

豝 牝豕也从豕巴聲一曰一歲能相把拏也詩曰一發五豝伯加切

豣 三歲豕肩相及者从豕幵聲詩曰並驅从兩豣兮古賢切

豶 羠豕也从豕賁聲符分切

豭 牡豕也从豕叚聲古牙切

豛 上谷名豬豛从豕役省聲營隻切

䝐 豶也从豕隋聲臣鉉等曰當从隋省以水切

豷 豕息也从豕壹聲春秋傳曰生敖及豷許利切

豧 豕息也从豕甫聲芳無切

豢 以穀圈養豕也从豕𢍏聲胡慣切

豠 豕屬从豕且聲疾余切

豲 逸也从豕原聲周書曰豲有爪而不敢以撅讀若桓胡官切

豨 豕走豨豨从豕希聲古有封豨脩虵之害虛豈切

豖 豕絆足行豖豖从豕繫二足丑六切

豦 鬬相丮不解也从豕虍豕虍之鬬不解也讀若蘮蒘草之蘮司馬相如說豦封豕

之屬一曰虎兩足舉 彊魚切 䝞 豕怒毛豎一曰殘艾也从豕辛 臣鉉等曰从辛未詳 魚既切 豩 二豕也豳从此闕 伯貧切又呼關切

文二十二 重一

三百六三

㣇 脩豪獸一曰河内名豕也从彑下象毛足凡㣇之屬皆从㣇讀若弟 羊至切

𧰲 籒文 古文 𧰶 豕屬从㣇㬰聲 呼骨切 㣋 豕鬣如筆管者出南郡从㣇高聲 乎刀切 豪 說文从豕臣鉉等曰今俗別作毫非是 𧱏 蟲似豪豬者从㣇胃省聲 于貴切 蝟 或从虫 𧰽 㣇屬从二㣇 息利切 𧱝 古文𧰽虞書曰𧰽類于上帝

文五 重五

三百六四

彑 豕之頭象其銳而上見也凡彑之屬皆从彑讀若罽 居例切

彘 豕也後蹏發謂之彘从彑矢聲从二匕彘足與鹿足同 直例切 彖 豕也从彑从豕讀若弛 式視切 𧰨 豕也从彑

下象其足讀若瑕乎加切 彖 豕走也从彑从豕省通貫切 文五

三百六五

豚 小豕也从彖省象形从又持肉以給祠祀凡豚之屬皆从豚 徒魂切

䐁 篆文从肉豕 𧱩 豚屬从豚衛聲讀若罽于歲切 文二 重一

三百六六

豸 獸長脊行豸豸然欲有所司殺形凡豸之屬皆从豸 池爾切 司殺讀若伺候之伺

豹 似虎圜文从豸勺聲北教切 貙 貙獌似貍者从豸區聲敕俱切 貚 貙屬也从豸單聲徒干切 貔 豹屬出貉國从豸㡀聲詩曰獻其貔皮周書曰如虎如貔貔猛獸房脂切 豼 或从比 豺 狼屬狗聲从豸才聲士皆切 貐 猰貐似貙虎爪食人迅走从豸俞聲以主切 貘 似熊而黃黑色出蜀中从豸莫聲莫白切 𧳜 猛獸也从豸庸聲余封切 貜 玃貜也从豸矍聲王縛切 貀 獸無前足从豸出聲漢律能捕豺貀購百錢女滑切 貈 似狐善睡獸从豸舟聲論語曰狐貈之厚以居臣鉉等曰舟非聲未詳下各切

豻 胡地野狗从豸干聲五旰切 犴 豻或从犬詩曰宜犴宜獄

貂 鼠屬大而黃黑出胡丁零國从豸召聲都僚切

貉 北方豸種从豸各聲孔子曰貉之爲言惡也莫白切

貆 貉之類从豸亘聲胡官切

貍 伏獸似貙从豸里聲里之切

貒 獸也从豸耑聲讀若湍他耑切

貛 野豕也从豸雚聲呼官切

貁 鼠屬善旋从豸穴聲余救切

文二十　重二

貓 貍屬从豸苗聲莫交切

文一　新附

三百六七

𤉡 如野牛而青象形與禽离頭同凡𤉡之屬皆从𤉡徐姊切

兕 古文从儿

文一　重一

三百六八

易 蜥易蝘蜓守宮也象形祕書說日月爲易象陰陽也一曰从勿凡易之屬皆从易羊益切

文一

三百六九

象 長鼻牙南越大獸三秊一乳象耳牙四足之

形凡象之屬皆从象徐兩切

豫象之大者賈侍中說不害於物从象予聲羊茹切 豫古文

文二　重一

說文解字弟九下

說文解字弟十上　漢太尉祭酒許慎記

銀青光祿大夫守右散騎常侍上柱國東海縣開國子食邑五百戶臣徐鉉等奉

敕校定

四十部　八百一十文　重八十七

凡萬四字

文三十一新附

馬 怒也武也象馬頭髦尾四足之形凡馬之屬皆从馬 莫下切 𢒠 古文 𢒠 籀文馬與𢒠同有髦 騭 牡馬也从馬陟聲讀若郅之日切 𩡧 馬一歲也从馬一絆其足讀若弦一曰若環戶關切 駒 馬二歲曰駒三歲曰駣从馬句聲舉朱切 馴 馬八歲也从馬从八博拔切 𩦢 馬一目白曰𩦢二目白曰魚从馬閒聲

戶閒切　騏馬青驪文如博棊也从馬其聲渠之切　驪馬深黑色从馬麗聲呂支切　駽青驪馬从馬肙聲詩曰駜彼

乘駽火玄切　騩馬淺黑色从馬鬼聲俱位切　騮赤馬黑毛尾也从馬留聲力求切　騢馬赤白雜毛从馬叚聲謂色似鰕魚

也乎加切　騅馬蒼黑雜毛从馬隹聲職追切　駱馬白色黑鬣尾也从馬各聲盧各切　駰馬陰白雜毛黑从馬因聲詩曰有駰

有騢於眞切　驄馬有白雜毛也从馬悤聲倉紅切　驈驪馬白胯也从馬矞聲詩曰有驈有騜食聿切　駹馬面顙皆白也从馬

尨聲莫江切　騧黃馬黑喙从馬咼聲古華切　𩡺籀文騧　驃黃馬發白色一曰白髦尾也从馬㶾聲毗召切　駓

黃馬白毛也从馬丕聲敷悲切　驖馬赤黑色从馬戴聲詩曰四驖孔阜他結切　馯馬頭有發赤色者从馬岸聲五旰切　馰

馬白頟也从馬的省聲一曰駿也易曰爲的顙都歷切　駁馬色不純从馬爻聲臣鉉等曰爻非聲疑象駁文北角切　馵馬後左足白也从馬二其

足讀若注之戍切　驔驪馬黃脊从馬覃聲讀若簟徒玷切　驠馬白州也从馬燕聲於甸切　騽馬豪骭也从馬習聲似入

切　䮧馬毛長也从馬倝聲侯旰切　騛馬逸足也从馬从飛司馬法曰飛衞斯輿甫微切　驁駿馬以壬申日死乘馬忌之从

馬敖聲五到切　驥千里馬也孫陽所相者从馬冀聲天水有驥縣几利切　駿馬之良材者从馬夋聲子峻切　驍良馬也从

馬堯聲古堯切

䮔 馬小皃从馬垂聲讀若箠之壘切

⿰馬𠂹 籀文从𠂹

驕 馬高六尺爲驕从馬喬聲詩曰我馬唯驕一曰野馬舉喬切

騋 馬七尺爲騋八尺爲龍从馬來聲詩曰騋牝驪牡洛哀切

驩 馬名从馬雚聲呼官切

驗 馬名从馬僉聲魚窆切

⿰馬此 馬名从馬此聲雌氏切

⿰馬休 馬名从馬休聲許尤切

馼 馬赤鬣縞身目若黃金名曰媽吉皇之乘周文王時犬戎獻之从馬从文文亦聲春秋傳曰媽馬百駟畫馬也西伯獻紂以全其身無分切

馶 馬彊也从馬支聲章移切

駜 馬飽也从馬必聲詩云有駜有駜毗必切

駫 馬盛肥也从馬光聲詩曰四牡駫駫古熒切

騯 馬盛也从馬旁聲詩曰四牡騯騯薄庚切

⿰馬卬 馬怒皃从馬卬聲吾浪切

驤 馬之低仰也从馬襄聲息良切

驀 上馬也从馬莫聲莫白切

騎 跨馬也从馬奇聲渠羈切

駕 馬在軛中从馬加聲古訝切

⿰牛各 籀文駕

騑 驂旁馬从馬非聲甫微切

駢 駕二馬也从馬并聲部田切

驂 駕三馬也从馬參聲倉含切

駟 一乘也从馬四聲息利切

駙 副馬也从馬付聲一曰近也一曰疾也符遇切

⿰馬皆 馬和也从馬皆聲戶皆切

䮫 馬搖頭也从馬我聲五可切

駊 駊䮫也从馬皮聲普火切

⿰馬舀 馬行皃从馬舀聲土刀切

篤 馬行頓遲从馬竹聲冬毒切

騤 馬行威儀也从馬癸聲詩曰四牡騤騤渠追切

⿰馬𦥯 馬行徐而疾也从馬學省聲於角切

駸 馬行疾也从馬侵省聲詩曰載驟駸駸子林切

馺 馬行相及也从馬从及讀若爾雅

小山馺大山峘蘇荅切 馮 馬行疾也从馬仌聲臣鉉等曰本音皮冰切經典通用爲依馮之馮今別作凴非是房戎切 䮧 馬步疾也

从馬耴聲尼輒切 騃 馬行仡仡也从馬矣聲五駭切 驟 馬疾步也从馬聚聲鉏又切 ⿰馬匃 馬疾走也从馬匃聲古達切 颿

馬疾步也从馬風聲臣鉉等曰舟船之颿本用此字今別作帆非是符嚴切 驅 馬馳也从馬區聲豈俱切 敺 古文驅从攴 馳

大驅也从馬也聲直離切 騖 亂馳也从馬敄聲亡遇切 ⿰馬列 次弟馳也从馬列聲力制切 騁 直馳也从馬甹聲丑郢切 駾

馬行疾來皃从馬兌聲詩曰昆夷駾矣他外切 ⿰馬失 馬有疾足从馬失聲大結切 駻 馬突也从馬旱聲侯旰切 駧 馳馬洞去也从

馬同聲徒弄切 驚 馬駭也从馬敬聲舉卿切 駭 驚也从馬亥聲侯楷切 ⿰馬巟 馬奔也从馬巟聲呼光切 騫 馬腹縶也从

馬寒省聲去虔切 駐 馬立也从馬主聲中句切 馴 馬順也从馬川聲詳遵切 駗 馬載重難也从馬㐱聲張人切 驙 駗驙

也从馬亶聲易曰乘馬驙如張連切 驇 馬重皃从馬執聲陟利切 ⿰馬鞠 馬曲脊也从馬鞠聲巨六切 騬 犗馬也从馬乘聲食

陵切 ⿰馬介 系馬尾也从馬介聲古拜切 騷 擾也一曰摩馬从馬蚤聲穌遭切 馽 絆馬也从馬口其足春秋傳曰韓厥執馽前讀若

輒陟立切 縶 馽或从糸執聲 駘 馬銜脫也从馬台聲徒哀切 駔 壯馬也从馬且聲一曰馬蹲駔也子朗切 騶

廄御也从馬芻聲側鳩切 驛 置騎也从馬睪聲羊益切 馹 驛傳也从馬日聲人質切 騰 傳也从馬朕聲一曰騰犗馬也徒登切 䮛 苑名一曰馬白頟从馬隺聲下各切 駉 牧馬苑也从馬冋聲詩曰在駉之野古熒切 駪 馬眾多皃从馬先聲所臻切 駮 獸如馬倨牙食虎豹从馬交聲北角切 駃 駃騠馬父驘子也从馬夬聲臣鉉等曰今俗與快同用古穴切 騠 駃騠也从馬是聲杜兮切 驘 驢父馬母从馬𣎆聲洛戈切 騾 或从羸 驢 似馬長耳从馬盧聲力居切 䮾 驢子也从馬冡聲莫紅切 驒 驒騱野馬也从馬單聲一曰青驪白鱗文如鼉魚代何切 騱 驒騱馬也从馬奚聲胡雞切 騊 騊駼北野之良馬从馬匋聲徒刀切 駼 騊駼也从馬余聲同都切 驫 眾馬也从三馬甫虬切

文二百一十五 重八

駛 疾也从馬吏聲疏吏切 駥 馬高八尺从馬戎聲如融切 騣 馬鬣也从馬㚇聲子紅切 馱 負物也从馬大聲此俗語也唐佐切 騂 馬赤色也从馬觲省聲息營切

文五 新附

廌 解廌獸也似山牛一角古者決訟令觸不直象形从豸省凡廌之屬皆从廌 宅買切

𧤗 解廌屬从廌孝聲闕古孝切

薦 獸之所食艸从廌从艸古者神人以廌遺黃帝帝曰何食何處曰食薦夏處水澤冬處松柏作甸切

灋 刑也平之如水从水廌所以觸不直者去之从去方乏切

法 今文省

佱 古文

文四　重二

鹿 獸也象頭角四足之形鳥鹿足相似从匕凡鹿之屬皆从鹿 盧谷切

麚 牡鹿从鹿叚聲以夏至解角古牙切

麟 大牝鹿也从鹿粦聲力珍切

⿸鹿耎 鹿麛也从鹿耎聲讀若偄弱之偄奴亂切

⿸鹿速 鹿跡也从鹿速聲桑谷切

麛 鹿子也从鹿弭聲莫兮切

麉 鹿之絕有力者从鹿幵聲古賢切

麒 仁獸也麋身牛尾一角从鹿其聲渠之切

麐 牝麒也从鹿吝聲力珍切

麋 鹿屬从鹿米聲麋冬至解其角武悲切

麎 牝麋也从鹿辰聲植鄰切

⿸鹿旨 大麋也狗足从鹿旨聲居履切

麂 或从几

麇 麞也从鹿囷省聲居筠切

䴢 籀文不省

麞 麇屬从鹿章聲諸良切

麔 麋牡者从鹿咎聲其久切

麠 大鹿也牛尾一角从鹿畺聲舉卿切

麠 重文(?)

或从京 麖 麃 麠屬从鹿𤎅省聲 薄交切 麈 麋屬从鹿主聲 之庾切 麑 狻麑獸也从鹿兒聲 五雞切 麙 山羊而大者細角从鹿咸聲 胡毚切 麢 大羊而細角从鹿霝聲 郎丁切 ⿸鹿圭 鹿屬从鹿圭聲 古攜切 麝 如小麋臍有香从鹿䠶聲 神夜切 ⿸鹿與 似鹿而大也从鹿與聲 羊茹切 麗 旅行也鹿之性見食急則必旅行从鹿丽聲禮麗皮納聘蓋鹿皮也 郎計切 丽 古文 𠪚 篆文麗字 麀 牝鹿也从鹿从牝省 於虯切 𪊨 或从幽聲

文二十六 重六

三百七十三

麤 行超遠也从三鹿凡麤之屬皆从麤 倉胡切

⿱麤土 鹿行揚土也从麤从土 直珍切 塵 籒文

文二 重一

三百七十四

㲋 獸也似兔青色而大象形頭與兔同足與鹿同凡㲋之屬皆从㲋 丑略切

𣬉 篆文 㲜 狡兔也㲋之駿者从㲋兔 士咸切 㲝 獸名从㲋吾聲讀若寫 司夜切 㲞 獸也似狌狌从㲋夬聲 古穴切

文四　重一

三百七五
兔　獸名象踞後其尾形兔頭與㲋頭同凡兔之屬皆从兔　湯故切

逸　失也从辵兔兔謾訑善逃也　夷質切

冤　屈也从兔从冂兔在冂下不得走益屈折也　於袁切

娩　兔子也娩疾也从女兔　芳萬切

㲜　疾也从三兔闕　芳遇切

文五

[兔夋]　狡兔也从兔夋聲　七旬切

文一　新附

三百七六
萈　山羊細角者从兔足苜聲凡萈之屬皆从萈讀若丸寬字从此　臣鉉等曰苜徒結切非聲疑象形　胡官切

文一

三百七七
犬　狗之有縣蹏者也象形孔子曰視犬之字如畫狗也凡犬之屬皆从犬　苦泫切

狗 孔子曰狗叩也叩气吠以守从犬句聲古厚切 獀 南越名犬獿獀从犬叜聲所鳩切 尨 犬之多毛者从犬从彡詩曰無
使尨也吠莫江切 狡 少狗也从犬交聲匈奴地有狡犬巨口而黑身古巧切 獪 狡獪也从犬會聲古外切 ⿰犭農
犬惡毛也从犬農聲奴刀切 猲 短喙犬也从犬曷聲詩曰載獫猲獢爾雅曰短喙犬謂之猲獢許謁切 獢 猲獢也从犬喬聲許嬌切 獫
長喙犬一曰黑犬黃頭从犬僉聲虛檢切 ⿰犭主 黃犬黑頭从犬主聲讀若注之戍切 猈 短脛狗从犬卑聲薄蟹切 猗 犗犬也从
犬奇聲於離切 狊 犬視皃从犬目古闃切 ⿰犭音 竇中犬聲从犬从音音亦聲乙咸切 默 犬暫逐人也从犬黑聲讀若墨莫北切
猝 犬从艸暴出逐人也从犬卒聲麤沒切 猩 猩猩犬吠聲从犬星聲桑經切 ⿰犭兼 犬吠不止也从犬兼聲讀若檻一曰兩犬爭
也胡黯切 ⿰犭敢 小犬吠从犬敢聲南陽新亭有⿰犭敢鄉荒檻切 猥 犬吠聲从犬畏聲烏賄切 獿 獿獀也从犬夒聲女交切
⿰犭翏 犬獿獿咳吠也从犬翏聲火包切 ⿰犭參 犬容頭進也从犬參聲一曰賊疾也山檻切 獎 嗾犬厲之也从犬將省聲即兩切
⿰犭戔 齧也从犬戔聲初版切 ⿰犭刪 惡健犬也从犬刪省聲所晏切 狠 吠鬬聲从犬艮聲五還切 ⿰犭番 犬鬬聲从犬番聲附
袁切 狋 犬怒皃从犬示聲一曰犬難得代郡有狋氏縣讀又若銀語其切 ⿰犭斤 犬吠聲从犬斤聲語斤切 獡 犬獡獡不附人

也从犬曷聲南楚謂相驚曰猲讀若愬式略切

獷 犬獷獷不可附也从犬廣聲漁陽有獷平縣古猛切

狀 犬形也从犬爿聲鉏亮切

奘 妄彊犬也从犬从壯壯亦聲徂朗切

獒 犬如人心可使者从犬敖聲春秋傳曰公嗾夫獒五牢切

獳 怒犬皃从犬需聲讀若耨奴豆切又乃侯切

狧 犬食也从犬从舌讀若比目魚鰈之鰈他合切

狎 犬可習也从犬甲聲胡甲切

狃 犬性驕也从犬丑聲女久切

犯 侵也从犬㔾聲防險切

猜 恨賊也从犬青聲倉才切

猛 健犬也从犬孟聲莫杏切

犺 健犬也从犬亢聲苦浪切

㹤 多畏也从犬去聲去劫切

怯 杜林說㹤从心

獜 健也从犬粦聲詩曰盧獜獜力珍切

獧 疾跳也一曰急也从犬瞏聲古縣切

倏 走也从犬攸聲讀若叔式竹切

狟 犬行也从犬亘聲周書曰尚狟狟胡官切

⿰犬市 過弗取也从犬市聲讀若孛蒲沒切

⿰犬易 犬張耳皃从犬易聲陟革切

猌 犬張齗怒也从犬來聲讀又若銀魚僅切

犮 走犬皃从犬而丿之曳其足則剌犮也蒲撥切

戾 曲也从犬出戶下戾者身曲戾也郎計切

獨 犬相得而鬭也从犬蜀聲羊爲羣犬爲獨也一曰北嚻山有獨浴獸如虎白身豕鬣尾如馬徒谷切

⿰犬谷 獨浴獸也从犬谷聲余蜀切

獮 秋田也从犬壐聲息淺切

𤢊 獮或从豕宗廟之田也故从豕示

獵 放獵逐禽也从犬巤聲良涉切

獠 獵也从犬尞聲力昭切

狩 犬田也从犬守聲易曰明夷于南狩書究切

臭 禽走臭而

知其迹者犬也从犬从自臣鉉等曰自古鼻字犬走以鼻知臭故从自尺救切

獲 獵所獲也从犬蒦聲胡伯切

獘 頓仆也从犬敝聲春秋傳曰與犬犬獘毗祭切

斃 獘或从死

獻 宗廟犬名羹獻犬肥者以獻之从犬鬳聲許建切

⿰犭幵 獟犬也从犬幵聲一曰逐虎犬也五甸切

獟 狃犬也从犬堯聲五弔切

狾 狂犬也从犬折聲春秋傳曰狾犬入華臣氏之門征例切

狂 狾犬也从犬㞷聲巨王切

㤮 古文从心

類 種類相似唯犬為甚从犬頪聲力遂切

狄 赤狄本犬種狄之為言淫辟也从犬亦省聲徒歷切

狻 狻麑如虓貓食虎豹者从犬夋聲見爾雅素官切

玃 母猴也从犬矍聲爾雅云玃父善顧攫持人也俱縛切

猶 玃屬从犬酋聲一曰隴西謂犬子為猷以周切

狙 玃屬从犬且聲一曰狙犬也暫齧人者一曰犬不齧人也親去切

猴 夒也从犬侯聲乎溝切

⿰犭殸 犬屬䐓已上黃䐓已下黑食母猴从犬殸聲讀若構或曰㲉似牂羊出蜀北囂山中犬首而馬尾火屋切

狼 似犬銳頭白頰高前廣後从犬良聲魯當切

狛 如狼善驅羊从犬白聲讀若蘗甯嚴讀之若淺泊匹各切

獌 狼屬从犬曼聲爾雅曰貙獌似貍舞販切

狐 䄏獸也鬼所乘之有三德其色中和小前大後死則丘首从犬瓜聲戶吳切

獺 如小狗也水居食魚从犬賴聲他達切

猵 獺屬从犬扁聲布玄切

獱 或从賓

猋 犬走皃从三犬甫遙切

文八十三　重五

狘 獸走皃从犬戉聲許月切 ⿰犭韋 獸名从犬韋聲許韋切 狷 褊急也从犬肙聲古縣切 猰 猰貐獸名从犬契聲烏黠切

文四 新附

三百七八

㹜 兩犬相齧也从二犬凡㹜之屬皆从㹜 語斤切

𤞞 司空也从㹜𦣞聲復說獄司空息茲切 獄 确也从㹜从言二犬所以守也魚欲切

文三

三百七九

鼠 穴蟲之總名也象形凡鼠之屬皆从鼠 書呂切

⿰鼠番 鼠也从鼠番聲讀若樊或曰鼠婦附袁切 ⿰鼠各 鼠出胡地皮可作裘从鼠各聲下各切 鼢 地行鼠伯勞所作也一曰偃鼠从鼠分聲芳吻切 蚡 或从虫分 ⿰鼠平 鼩令鼠从鼠平聲薄經切 鼶 鼠也从鼠虒聲息移切 ⿰鼠留 竹鼠也如犬从鼠畱省聲力求切 鼫 五技鼠也能飛不能過屋能緣不能窮木能游不能渡谷能穴不能掩身能走不能先人从鼠石聲常隻切 鼨 豹文鼠也从鼠冬聲職戎切 ⿰鼠𠂤 籀文省 ⿰鼠益 鼠屬从鼠益聲於革切 ⿰豸益 或从豸 鼷 小鼠也从鼠奚聲胡雞切

鼩 精鼩鼠也从鼠句聲其俱切

鼸 䶃也从鼠兼聲丘檢切

䶃 鼠屬从鼠今聲讀若含胡男切

鼬 如鼠赤黃而大食鼠者从鼠由聲余救切

䶂 胡地風鼠从鼠勺聲之若切

䶆 鼠屬从鼠宂聲而隴切

𪕨 鼠从雞鼠尾从鼠此聲即移切

鼲 鼠出丁零胡皮可作裘从鼠軍聲乎昆切

[illegible] 斬[illegible]鼠黑身白署若帶手有長白毛似握版之狀類蝯蜼之屬从鼠胡聲戶吳切

文二十　重三

三百八十

能 熊屬足似鹿从肉目聲能獸堅中故稱賢能而彊壯稱能傑也凡能之屬皆从能 臣鉉等曰目非聲疑皆象形 奴登切

文一

三百八十一

熊 獸似豕山居冬蟄从能炎省聲凡熊之屬皆从熊 羽弓切

羆 如熊黃白文从熊罷省聲彼爲切 𤡒 古文从皮

文二　重一

火燬也南方之行炎而上象形凡火之屬皆从

火 呼果切

炟 上諱 臣鉉等曰漢章帝名也唐韻曰火起也从火旦聲當割切 㷄 火也从火尾聲詩曰王室如㷄許偉切 燬

火也从火毀聲春秋傳曰衞侯燬許偉切 燹 火也从火豩聲穌典切 焌 然火也从火夋聲周禮曰遂籥其焌焌火在前以焞焯龜子寸

切又倉君聿切 尞 柴祭天也从火从昚昚古文愼字祭天所以愼也力照切 然 燒也从火肰聲臣鉉等曰今俗別作燃蓋後人增加如延切

難 或从艸難臣鉉等案艸部有難注云艸也此重出 爇 燒也从火蓺聲春秋傳曰爇僖負羈臣鉉等曰說文無蓺字當从火从艸熱省

聲如劣切 燔 爇也从火番聲附袁切 燒 爇也从火堯聲式昭切 烈 火猛也从火𠛱聲良辥切 炪 火光也从火出聲商

書曰予亦炪謀讀若巧拙之拙職悅切 熚 熚𤇯火皃从火畢聲卑吉切 𤇯 熚𤇯也从火𤇯聲𤇯籒文悖字敷勿切 [illegible] 火气

上行也从火丞聲耆烝仍切 烰 烝也从火孚聲詩曰烝之烰烰縛牟切 煦 烝也一曰赤皃一曰溫潤也从火昫聲香句切 熯 乾皃从火

漢省聲詩曰我孔熯矣人善切 炥 火皃从火弗聲普活切 熮 火皃从火翏聲逸周書曰味辛而不熮洛蕭切 [illegible] 火皃从火㒼省

聲讀若粦良刃切⿸雁火火色也从火雁聲讀若鴈五晏切熲火光也从火頃聲古迥切爚火飛也从火龠聲一曰爇也以灼切熛火飛也从火𤐫聲讀若摽甫遥切熇火熱也从火高聲詩曰多將熇熇臣鉉等曰高非聲當从嗃省火屋切烄交木然也从火交聲古巧切⿱干火小熱也从火干聲詩曰憂心⿱干火⿱干火臣鉉等曰干非聲未詳直廉切燋所以然持火也从火焦聲周禮曰以明火爇燋也即消切炭燒木餘也从火岸省聲他案切⿱差火束炭也从火差省聲讀若齹楚宜切⿱教火交灼木也从火教省聲讀若狡古巧切炦火气也从火犮聲蒲撥切灰死火餘夷也从火从又又手也火既滅可以執持呼恢切炱灰炱煤也从火台聲徒哀切煨盆中火从火畏聲烏灰切熄畜火也从火息聲亦曰滅火相即切烓行竈也从火圭聲讀若冋口迥切煁烓也从火甚聲氏任切燀炊也从火單聲春秋傳曰燀之以薪充善切炊爨也从火吹省聲昌垂切烘尞也从火共聲詩曰卬烘于煁呼東切齌炊餔疾也从火齊聲在詣切熹炙也从火喜聲許其切煎熬也从火前聲子仙切熬乾煎也从火敖聲五牢切䵅熬或从麥炮毛炙肉也从火包聲薄交切⿱衣火炮肉以微火溫肉也从火衣聲烏痕切⿱曾火置魚筩中炙也从火曾聲作勝切⿰稫火以火乾肉从火稫聲臣鉉等案說文無稫字當从⿰稫火省疑傳寫之誤符逼切⿰火⿱畐火籒文不省爆灼也从火暴聲

蒲木切臣鉉等曰今俗音豹火裂也

煬 炙燥也从火昜聲余亮切 **熩** 灼也从火隺聲胡沃切 **爛** 孰也从火蘭聲郎旰切 **燗** 或从閒

爢 爤也从火靡聲靡爲切 **尉** 从上案下也从𡰥又持火以尉申繒也臣鉉等曰今俗別作熨非是於胃切 **⿱龜火** 灼龜不兆也从火从龜春秋傳曰龜⿱龜火不兆讀若焦即消切

灸 灼也从火久聲舉友切 **灼** 炙也从火勺聲之若切 **煉** 鑠治金也从火柬聲郎電切

燭 庭燎火燭也从火蜀聲之欲切 **熜** 然麻蒸也从火悤聲作孔切 **灺** 燭𤆀也从火也聲徐野切 **𤆀** 火餘也从火聿聲一曰薪也臣鉉等曰聿非聲疑从𦘒省今俗別作燼非是徐刃切

焠 堅刀刃也从火卒聲七內切 **煣** 屈申木也从火柔柔亦聲人又切

⿱楙火 燒田也从火楙楙亦聲附袁切 **熑** 火煣車網絕也从火兼聲周禮曰煣牙外不熑力鹽切 **燎** 放火也从火尞聲力小切

爂 火飛也从火𡘋與䙴同意方昭切 **⿰火曹** 焦也从火曹聲作曹切 **⿱雥火** 火所傷也从火雥聲即消切 **焦** 或省 **烖** 天火曰烖从火𢦏聲祖才切

灾 或从宀火 **𤆎** 古文从才 **災** 籀文从巛 **煙** 火气也从火垔聲烏前切 **烟** 或从因

𡌕 古文 **㷑** 籀文从宀 **焆** 焆焆煙皃从火肙聲因悅切 **熅** 鬱煙也从火𥁕聲於云切 **⿰火皀** 望火皃从火皀聲讀若馰顙之馰都歷切

燂 火熱也从火覃聲火甘切又徐鹽切 **焞** 明也从火𦎧聲春秋傳曰焞燿天地他昆切

炳 明也从火丙聲兵永切 焯 明也从火卓聲周書曰焯見三有俊心之若切 照 明也从火昭聲之少切 煒 盛赤也从火韋聲詩曰彤管有煒于鬼切 ⿰火多 盛火也从火从多昌氏切 熠 盛光也从火習聲詩曰熠燿宵行羊入切 煜 熠也从火昱聲余六切 燿 照也从火翟聲弋笑切 煇 光也从火軍聲況韋切 煌 煌煇也从火皇聲胡光切 焜 煌也从火昆聲孤本切 炯 光也从火同聲古迥切 爗 盛也从火曅聲詩曰爗爗震電筠輒切 爓 火門也从火閻聲余廉切 炫 燿燿也从火玄聲胡畎切 光 明也从火在人上光明意也古皇切 炗 古文 灮 古文 熱 温也从火埶聲如列切 熾 盛也从火戠聲昌志切 㷊 古文熾 燠 熱在中也从火奧聲烏到切 煖 温也从火爰聲況袁切 煗 温也从火耎聲乃管切 炅 見也从火日古迥切 炕 乾也从火亢聲苦浪切 燥 乾也从火喿聲穌到切 威 滅也从火戌火死於戌陽氣至戌而盡詩曰赫赫宗周褒似威之許劣切 焅 旱气也从火告聲苦沃切 燾 溥覆照也从火燾聲徒到切 爟 取火於日官名舉火曰爟周禮曰司爟掌行火之政令从火雚聲古玩切 烜 或从亘 熢 燧候表也邊有警則舉火从火逢聲敷容切 爝 苣火祓也从火爵聲呂不韋曰湯得伊尹爝以爟火釁以犧猳子肖切 熭 暴乾火也从火彗聲于歲切 熙 燥也从火巸聲許其切

爞 旱气也从火蟲聲直弓切 煽 熾盛也从火扇聲式戰切 烙 灼也从火各聲盧各切 爍 灼爍光也从火樂聲書藥切

燦 燦爛明瀞皃从火粲聲倉案切 煥 火光也从火奐聲呼貫切 文六 新附

文一百一十二 重十五

三百八三

炎 火光上也从重火凡炎之屬皆从炎 于廉切

燄 火行微燄燄也从炎臽聲以冉切 㶼 火光也从炎舌聲臣鉉詩曰舌非聲當从甛省以冉切 㷔 侵火也从炎亩聲讀若桑葚之葚力荏切 煔 火行也从炎占聲舒贍切 燅 於湯中爚肉从炎从熱省徐鹽切 𤓰 或从炙 燮 大熟也从又持炎辛辛者物熟味也蘇俠切 粦 兵死及牛馬之血爲粦粦鬼火也从炎舛良刃切徐鍇曰案博物志戰鬬死亡之處有人馬血積年化爲粦粦著地入艸木如霜露不可見有觸者著人體後有光拂拭即散無數又有吒聲如鬻豆舛者人足也言光行

文八 重一

三百八四

黑 火所熏之色也从炎上出囪囪古窻字凡黑之屬皆从黑 呼北切

黸 齊謂黑爲黸从黑盧聲洛乎切

⿰黑會 沃黑色从黑會聲惡外切

黯 深黑也从黑音聲乙減切

黶 中黑也从黑厭聲於琰切

黳 小黑子从黑殹聲烏雞切

⿰黑旦 白而有黑也从黑旦聲五原有莫⿰黑旦縣當割切

黬 雖皙而黑也从黑箴聲古人名黬字皙古咸切

⿰黑昜 赤黑也从黑昜聲讀若煬餘亮切

黲 淺青黑也从黑參聲七感切

黤 青黑也从黑奄聲於檻切

黝 微青黑色从黑幼聲爾雅曰地謂之黝於糾切

黗 黃濁黑从黑屯聲他袞切

點 小黑也从黑占聲多忝切

黚 淺黃黑也从黑甘聲讀若染繒中束緅黚巨淹切

黅 黃黑也从黑金聲古咸切

黦 黑有文也从黑冤聲讀若飴盌字於月切

⿰黑算 黃黑而白也从黑算聲一曰短黑讀若以芥爲齏名曰芥荃也初刮切

⿰黑幵 黑皴也从黑幵聲古典切

黠 堅黑也从黑吉聲切八切

黔 黎也从黑今聲秦謂民爲黔首謂黑色也周謂之黎民易曰爲黔喙巨淹切

黕 滓垢也从黑冘聲都感切

黨 不鮮也从黑尚聲多朗切

黷 握持垢也从黑賣聲易曰再三黷徒谷切

黵 大汚也从黑詹聲當敢切

黴 中久雨青黑从黑微省聲武悲切

黜 貶下也从黑出聲丑律切

⿰黑般 般黑姍下哂从黑般聲薄盛切

黱 畫眉也从黑朕聲徒耐切

儵 青黑繒縫白色也从黑攸聲式者切

⿰黑或 羔裘之縫从黑或聲于逼切

黖 黖謂之垽垽滓也从黑殿省聲堂練切

黮 桑葚之黑也从黑甚

聲他感切　黭 果實黭黯黑也从黑弇聲烏感切　黥 墨刑在面也从黑京聲渠京切　剠 黥或从刀　𪒠 𪒠者忘而息也从黑敢聲於檻切　黟 黑木也从黑多聲丹陽有黟縣烏雞切

文三十七　重一

說文解字第十上

說文解字弟十下　漢太尉祭酒許慎記

銀青光祿大夫守右散騎常侍上柱國東海縣開國子食邑五百戶臣徐鉉等奉

敕校定

三百八十五　囱　在牆曰牖在屋曰囱象形凡囱之屬皆从囱楚江切

窗　或从穴　𡆨　古文

悤　多遽悤悤也从心囱囱亦聲倉紅切

文二　重二

三百八十六　焱　火華也从三火凡焱之屬皆从焱以冄切

熒　屋下鐙燭之光从焱冂戶扃切

燊　盛皃从焱在木上讀若詩莘莘征夫一曰役也所臻切

文三

三百八十七　炙　炮肉也从肉在火上凡炙之屬皆从炙之石切

𤎅　籒文

㸋　宗廟火孰肉从炙番聲春秋傳曰天子有事㸋焉以饋同姓諸侯附袁切

爒　炙也从炙尞聲讀若龜燎力照切

文三　重一

三百八八

赤 南方色也从大从火凡赤之屬皆从赤 昌石切

烾 古文从炎土 赨 赤色也从赤蟲省聲徒冬切 𧹛 日出之赤从赤穀省聲火沃切 赧 面慙赤也从赤𠬝聲周失天下於赧王女版切 䞓 赤色也从赤巠聲詩曰魴魚䞓尾敕貞切 赬 䞓或从貞 𧹞 䞓或从丁 浾 棠棗之汁或从水 泟 浾或从正 赭 赤土也从赤者聲之也切 䞉 赤色也从赤倝聲讀若浣胡玩切 赫 火赤皃从二赤呼格切

文八　重五

赩 大赤也从赤色色亦聲許力切 赮 赤色也从赤叚聲乎加切

文二 新附

三百八九

大 天大地大人亦大故大象人形古文大他達切也

凡大之屬皆从大 徒蓋切

奎 兩髀之閒从大圭聲苦圭切 夾 持也从大俠二人古狎切 奄 覆也大有餘也又欠也从大从申申展也依檢切 夸 奢也从大于聲苦瓜切 𡗗 奢𡗗也从大亘聲胡官切 㚲 㚲大也从大瓜聲烏瓜切 奯 空大也从大歲聲讀若詩施

呂濊濊呼括切

𡘋 大也从大𢦏聲讀若詩戴戴大猷直質切

奅 大也从大卯聲匹貌切

㚅 大也从大云聲魚吻切

奃 大也从大氐聲讀若氐都兮切

[illegible] 大也从大介聲讀若蓋古拜切

[illegible] 瞋大也从大此聲火戒切

𡙁 大也从大弗聲讀若予違汝弼房密切

[illegible] 大也从大屯聲讀若鶉常倫切

契 大約也从大从㓞易曰後代聖人易之以書契苦計切

夷 平也从大从弓東方之人也以脂切

文十八

三百九十

亦 人之臂亦也从大象兩亦之形凡亦之屬皆从亦羊益切

臣鉉等曰今别作腋非是

夾 盜竊褱物也从亦有所持俗謂蔽人俾夾是也弘農陝字从此失冉切

文二

三百九十一

夨 傾頭也从大象形凡夨之屬皆从夨阻力切

𡗝 頭傾也从夨吉聲讀若孑古屑切

奊 頭衺骫奊態也从夨圭聲胡結切

吳 姓也亦郡也一曰吳大言也从夨口五乎切徐鍇曰大言故夨口以出聲詩曰不吳不揚今寫詩者改吳作吴又音乎化切其謬甚矣

𡗿 古文如此

文四 重一

三百九二

屈也从大象形凡夭之屬皆从夭 於兆切

高而曲也从夭从高省詩曰南有喬木 巨嬌切

吉而免凶也从屰从夭夭死之事故死謂之不幸 胡耿切

走也从夭賁省聲與走同意俱从夭 博昆切

文四

三百九三

交脛也从大象交形凡交之屬皆从交 古爻切

衺也从交韋聲 羽非切

縊也从交从糸 古巧切

文三

三百九四

𡯁曲脛也从大象偏曲之形凡尢之屬皆从尢 烏光切

古文从㞷

𡯁病也从尢从骨骨亦聲 戶骨切

蹇也从尢皮聲 布火切

𡰅𡯁行不正从尢左聲 則箇切

行不正也从尢良聲讀若燿 弋笑切

不正也从尢兼聲 古咸切

尲尬也从尢介聲 公八切又古拜切

行脛相交也从尢勺聲 牛吊切

𡯁不能行為人所引曰𡰝𡰝从尢从爪是聲 都兮切

𡰝𡰝也从尢从爪巂聲 戶圭切

𡯁中病也从尢从羸 郎果切

文十二 重一

三百九五

壺 昆吾圜器也象形从大象其蓋也凡壺之屬皆从壺 户吴切

壼 壹壼也从凶从壺不得泄凶也易曰天地壹壼 於云切

文二

三百九六

壹 專壹也从壺吉聲凡壹之屬皆从壹 於悉切

懿 嫥久而美也从壹从恣省聲 乙冀切

文二

三百九七

㚔 所以驚人也从大从羊一曰大聲也凡㚔之屬皆从㚔一曰讀若瓠一曰俗語以盜不止爲㚔 㚔讀若籋 尼輒切

睪 目視也从橫目从㚔令吏將目捕罪人也 羊益切

執 捕罪人也从丮从㚔㚔亦聲 之入切

圉 囹圄所以拘罪人从㚔从囗一曰圉垂也一曰圉人掌馬者 魚舉切

盩 引擊也从㚔攴見血也扶風有盩厔縣 張流切

報 當罪人也从㚔从𠬝𠬝服罪也 博号切

三百九八

三百九九

四百

窮理罪人也从㚔从人从言竹聲居六切 或省言

文七 重一

奢 張也从大者聲凡奢之屬皆从奢 式車切

奓 籒文 臣鉉等曰今俗作陟加切以為奓厚之奓非是

奲 富奲奲皃从奢單聲 丁可切

文二 重一

亢 人頸也从大省象頸脈形凡亢之屬皆从亢 古郎切

頏 亢或从頁

𠅃 直項莽𠅃皃从亢从夋夋倨也亢亦聲 岡朗切又胡朗切

文二 重一

夲 進趣也从大从十大十猶兼十人也凡夲之屬皆从夲 讀若滔 土刀切

𠦪 疾也从夲卉聲拜从此 呼骨切

暴 疾有所趣也从日出夲廾之 薄報切

㚃 進也从夲从屮允聲易曰㚃升大吉

奏 奏進也从夲从廾从屮屮上進之義 則候切

𢍃 古文

𡙸 亦古文

皋 气皋白之進也从夲从白

禮曰皋登謌曰奏故皋奏皆从夲周禮曰詔來鼓皋舞皋告之也古勞切

文六　重二

夰　放也从大而八分也凡夰之屬皆从夰古老切

奡　舉目驚奡然也从夰从䀠䀠亦聲九遇切

奡　嫚也从百从夰夰亦聲虞書曰若丹朱奡讀若傲論語奡湯舟五到切

昦　春爲昦天元气昦昦从日夰夰亦聲胡老切

臩　驚走也一曰往來也从夰臦周書曰伯臩古文臦古文冏字臣鉉等曰臦居況切臦猶乖也[illegible]亦聲[illegible]古文冏字未詳具往切

文五

亣　籒文大改古文亦象人形凡亣之屬皆从亣他達切

奕　大也从大亦聲詩曰奕奕梁山羊益切

奘　駔大也从大从壯壯亦聲徂朗切

臭　大白澤也从大从白古文以爲澤字古老切

奚　大腹也从大𦆯省聲𦆯籒文系字胡雞切

耎　稍前大也从大而聲讀若畏偄而沇切

𡚁　大皃从夰𠷎聲或曰拳勇字一曰[illegible]讀若傿乙獻切

奰　壯大也从三大三目二目爲𥄕三目爲奰益大也一曰迫也讀若易虙羲氏詩曰不醉而怒謂之奰平祕切

文八

夫　丈夫也从大一以象簪也周制以八寸爲尺十[illegible]

尺爲丈人長八尺故曰丈夫凡夫之屬皆从夫 甫無切

規 有法度也从夫从見 居隨切 扶 竝行也从二夫輦字从此讀若伴侶之伴 薄旱切 文三

立 住也从大立一之上 臣鉉等曰大人也一地也會意 凡立之屬皆从立 力入切

[立隶] 臨也从立从隶 力至切 [立𦎫] 磊[立𦎫]重聚也从立𦎫聲 丁罪切 端 直也从立耑聲 多官切 竱 等也从立專聲春秋國語曰竱本肇末 旨兗切

竦 敬也从立从束束自申束也 息拱切 竫 亭安也从立爭聲 疾郢切 靖 立竫也从立青聲一曰細皃 疾郢切

竢 待也从立矣聲 牀史切 [立巳] 或从巳 竘 健也一曰匠也从立句聲讀若齲逸周書有竘匠 丘羽切 竵 不正也从立𠕁聲 火鼃切

竭 負舉也从立曷聲 渠列切 䇓 待也从立須聲 相俞切 [立芻] 或从芻聲 [立羸] 痿也从立羸聲 力臥切

竣 偓竣也从立夋聲國語曰有司已事而竣 七倫切 [立彔] 見鬼魅皃从立从彔彔籀文魅字讀若虙羲氏之虙 房六切 [立昔] 驚皃从立昔聲 七雀切

[立卑] 短人立[立卑][立卑]皃从立卑聲 傍下切 [立曾] 北地高樓無屋者从立曾聲 七耕切

文十九 重二

四百五

竝 併也从二立凡竝之屬皆从竝 蒲迥切

㬱 廢一偏下也从竝白聲 他計切 㬱 或从曰 𣌭 或从兟从曰 臣鉉等曰今俗作替非是 文二 重二

四百六

囟 頭會𡿺蓋也象形凡囟之屬皆从囟 息進切

𦞤 或从肉宰 𠙿 古文囟字 巤 毛巤也象髮在囟上及毛髮巤巤之形此與籒文子字同 良涉切

𣬉 人𣬉也从囟囟取气通也从比聲 房脂切 文三 重二

四百七

思 容也从心囟聲凡思之屬皆从思 息兹切

慮 謀思也从思虍聲 良據切 文二

四百八

心 人心土藏在身之中象形博士說以爲火藏凡心之屬皆从心 息林切

息 喘也从心从自自亦聲 相即切

情 人之陰气有欲者从心青聲 疾盈切

性 人之陽气性善者也从心生聲 息正切

志 意也从心之聲職吏切

意 志也从心察言而知意也从心从音於記切

恉 意也从心旨聲職雉切

悳 外得於人内得於巳也从直从心多則切

惪 古文

應 當也从心䧹聲於陵切

慎 謹也从心眞聲時刃切

昚 古文

忠 敬也从心中聲陟弓切

愨 謹也从心㱿聲苦角切

㦟 美也从心貌聲莫角切

快 喜也从心夬聲苦夬切

愷 樂也从心豈聲臣鉉等曰豈部巳有此重出苦亥切

㥦 快心从心匧聲苦叶切

念 常思也从心今聲奴店切

怤 思也从心付聲甫無切

憲 敏也从心从目害省聲許建切

憕 平也从心登聲直陵切

戁 敬也从心難聲女版切

忻 闓也从心斤聲司馬法曰善者忻民之善閉民之惡許斤切

惲 重厚也从心軍聲於粉切

惇 厚也从心享聲都昆切

忼 慨也从心亢聲一曰易忼龍有悔臣鉉等曰今俗别作慷非是苦浪切又口朗切

慨 忼慨壯士不得志也从心既聲古溉切

悃 愊也从心困聲苦本切

愊 誠志也从心畐聲芳逼切

愿 謹也从心原聲魚怨切

慧 儇也从心彗聲胡桂切

憭 慧也从心尞聲力小切

恔 憭也从心交聲下交切又古了切

瘱 肅也从心瘞聲臣鉉等曰瘞非聲未詳於計切

悊 敬也从心折聲陟列切

悰 樂也从心宗聲藏宗切

恬 安也从心甛省聲徒兼切

恢

大也从心灰聲苦回切 恭 肅也从心共聲俱容切 憼 敬也从心从敬敬亦聲居影切 恕 仁也从心如聲商署切 𢖀

古文省 怡 和也从心台聲與之切 慈 愛也从心茲聲疾之切 忯 愛也从心氏聲巨支切 ⿰忄虒 忯⿰忄虒不憂事也

从心虒聲讀若移移尔切 恮 謹也从心全聲此緣切 恩 惠也从心因聲烏痕切 慸 高也一曰極也一曰困劣也从心帶

聲特計切 憖 問也謹敬也从心猌聲一曰說也一曰甘也春秋傳曰昊天不憖又曰兩君之士皆未憖魚覲切 懬 闊也一曰廣也大也一曰

一曰寬也从心从廣廣亦聲苦謗切 悈 飾也从心戒聲司馬法曰有虞氏悈於中國古拜切 㥯 謹也从心㥯聲於靳切 慶

行賀人也从心从夊吉禮以鹿皮爲贄故从鹿省丘竟切 愃 寬嫺心腹皃从心宣聲詩曰赫兮愃兮況晚切 愻 順也从心孫聲唐書曰五品不

愻蘇困切 ⿱寒心 實也从心塞省聲虞書曰剛而寒先則切 恂 信心也从心旬聲相倫切 忱 誠也从心冘聲詩曰天命匪忱氏任

切 惟 凡思也从心隹聲以追切 懷 念思也从心褱聲戶乖切 惀 欲知之皃从心侖聲盧昆切 想 冀思也从心相

聲息兩切 ⿰忄㒸 深也从心㒸聲徐醉切 慉 起也从心畜聲詩曰能不我慉許六切 ⿱啻心 滿也从心啻聲一曰十萬曰⿱啻心

於力切 ⿱啻心 籀文省 悹 憂也从心官聲古玩切 憀 憀然也从心翏聲洛蕭切 愙 敬也从心客聲春秋傳曰以

陳僕三窓臣鉉等曰今俗作愕五各切 愯懼也从心雙省聲春秋傳曰駟氏愯息拱切 懼恐也从心瞿聲其遇切 思古文

怙恃也从心古聲侯古切 恃賴也从心寺聲時止切 慒慮也从心曹聲藏宗切 悟覺也从心吾聲五故切 𢝊古文悟

憮愛也韓鄭曰憮一曰不動从心無聲文甫切 㤅惠也从心旡聲烏代切 古文 ⿰忄胥知也从心胥聲私呂切

慰安也从心尉聲一曰恚怒也於胃切 𢡆謹也从心𣪠聲讀若毳此芮切 𢡃篙箸也从心篙聲直由切

怞朗也从心由聲詩曰憂心且怞直又切 𢘃憮也从心某聲讀若侮亡甫切 忞彊也从心文聲周書曰在受德忞讀若旻武巾切

慔勉也从心莫聲莫故切 愐勉也从心面聲弥殄切 ⿰忄曳習也从心曳聲余制切 懋勉也从心楙聲虞書曰時惟懋哉莫候切

𢘔或省 慕習也从心莫聲莫故切 悛止也从心夋聲此緣切 ⿰忄隶肆也从心隶聲他骨切

懙趣步懙懙也从心與聲余呂切 慆說也从心舀聲土刀切 懕安也从心厭聲詩曰懕懕夜飲於鹽切

憺安也从心詹聲徒敢切 怕無爲也从心白聲匹白切又葩亞切 恤憂也收也从心血聲辛聿切 忓極也从心干聲古寒切

懽喜款也从心雚聲爾雅曰懽懽愮愮憂無告也古玩切 ⿰忄禺懽也琅邪朱虛有偶亭从心禺聲噳俱切

惄 飢餓也一曰憂也从心叔聲詩曰惄如朝飢奴歷切
㥮 勞也从心卻聲其虐切
憸 憸詖也憸利於上佞人也从心僉聲息廉切
愒 息也从心曷聲臣鉉等曰今別作憩非是去例切
⿱毳心 精戇也从心毳聲千短切
㤩 疾利口也从心从冊詩曰相時㤩民徐鍇曰冊言眾也息廉切
急 褊也从心及聲居立切
⿰忄幷 憂也从心幷聲一曰急也方㓝切
⿰忄亟 疾也从心亟聲一曰謹重皃己力切
懁 急也从心䍜聲讀若絹古縣切
⿰忄巠 恨也从心巠聲胡頂切
㤤 急也从心从弦弦亦聲河南密縣有㤤亭胡田切
慓 疾也从心㶾聲敷沼切
懦 駑弱者也从心需聲人朱切
恁 下齎也从心任聲如甚切
怚 驕也从心且聲子去切
悒 不安也从心邑聲於汲切
悆 忘也嘾也从心余聲周書曰有疾不悆悆喜也羊茹切
⿱代心 失常也从心代聲他得切
忒 更也从心弋聲他得切
憪 愉也从心閒聲戶間切
愉 薄也从心俞聲論語曰私覿愉愉如也羊朱切
愚 戇也从心从禺禺猴屬獸之愚者麌俱切
戇 愚也从心贛聲陟絳切
懱 輕易也从心蔑聲商書曰以相陵懱莫結切
⿰忄采 婪也从心采聲倉宰切
憃 愚也从心春聲丑江切
懝 騃也从心从疑疑亦聲一曰惶也五溉切
忮 很也从心支聲之義切
悍 勇也从心旱聲侯旰切
態 意也从心从能徐鍇曰心能其事然後有態度也他代切
𢜉 或从人
怪

異也从心圣聲古壞切 𢡖 放也从心象聲徒朗切 慢 惰也从心曼聲一曰慢不畏也謀晏切 怠 慢也从心台聲徒亥切

懈 怠也从心解聲古隘切 憜 不敬也从心𡐦省春秋傳曰執玉憜徒果切 惰 憜或省𠂤 媠 古文 慫

驚也从心從聲讀若悚息拱切 怫 鬱也从心弗聲符弗切 忦 忽也从心介聲孟子曰孝子之心不若是忦呼介切 忽 忘也

从心勿聲呼骨切 忘 不識也从心从亡亡亦聲武方切 𢡗 忘也𢡗兜也从心𦟍聲母官切 恣 縱也从心次聲資四切

愓 放也从心昜聲一曰平也徒朗切 憧 意不定也从心童聲尺容切 悝 啁也从心里聲春秋傳有孔悝一曰病也苦回

切 憰 權詐也从心矞聲古穴切 㤮 誤也从心狂省聲居況切 怳 狂之皃从心況省聲許往切 恑 變也从心危聲

過委切 𢡰 有二心也从心巂聲戶圭切 悸 心動也从心季聲其季切 憿 幸也从心敫聲古堯切 懖

善自用之意也从心銛聲商書曰今汝懖懖古活切 𢗅 古文从耳 忨 貪也从心元聲春秋傳曰忨歲而㵣日五換切 惏

河內之北謂貪曰惏从心林聲盧含切 懜 不明也从心夢聲武亘切 愆 過也从心衍聲去虔切 𡫸 或从寒省 𠎝

籒文 慊 疑也从心兼聲戶兼切 惑 亂也从心或聲胡國切 怋 怓也从心民聲呼昆切 怓 亂也从心奴聲女交切

以謹惽怓女交切　惷亂也从心舂聲春秋傳曰王室曰惷惷焉一曰厚也尺允切　惛不憭也从心昏聲呼昆切　忥癡皃从心
气聲許既切　[illegible]寱言不慧也从心衛聲于歲切　憒亂也从心貴聲胡對切　忌憎惡也从心己聲渠記切　忿
悁也从心分聲敷粉切　悁忿也从心肙聲一曰憂也於緣切　[illegible]籀文　[illegible]恨也从心黎聲一曰怠也郎尸切　恚
恨也从心圭聲於避切　怨恚也从心夗聲於願切　[illegible]古文　怒恚也从心奴聲乃故切　憝怨也从心敦聲周書
曰凡民罔不憝徒對切　慍怒也从心昷聲於問切　惡過也从心亞聲烏各切　憎惡也从心曾聲作滕切　[illegible]怨恨也从心
恨怒也从心市聲詩曰視我怖怖蒲昧切　[illegible]怒也从心刀聲讀若顡李陽冰曰刀非聲當从刈省魚既切　[illegible]怨恨也从心豙聲讀若
膎臣鉉等曰豙非聲未詳戶佳切　[illegible]怨也从心良聲胡良切　懟怨也从心對聲文淚切　悔悔恨也从心每聲荒內切
[illegible]小怒也从心壴聲充世切　怏不服懟也从心央聲於亮切　懣煩也从心从滿莫困切　憤懣也从心賁聲房
吻切　悶懣也从心門聲莫困切　惆失意也从心周聲敕鳩切　悵望恨也从心長聲丑亮切　愾大息也从心从气气
亦聲詩曰愾我寤歎許既切　懆愁不安也从心喿聲詩曰念子懆懆七早切　愴傷也从心倉聲初亮切　怛憯也从心

旦聲得案切又當割切
悬 或从心在旦下詩曰信誓悬悬
憯 痛也从心朁聲七感切
慘 毒也从心參聲七感切
悽 痛也从心妻聲七稽切
恫 痛也一曰呻吟也从心同聲他紅切
悲 痛也从心非聲府眉切
惻 痛也从心則聲初力切
惜 痛也从心昔聲思積切
愍 痛也从心敃聲眉殞切
慇 痛也从心殷聲於巾切
㥷 痛聲也从心依聲孝經曰哭不㥷於豈切
𢡎 簡存也从心簡省聲讀若簡古限切
慅 動也从心蚤聲一曰起也穌遭切
感 動人心也从心咸聲古禫切
忧 不動也从心尤聲讀若祐于救切
㤹 怨仇也从心咎聲其久切
愪 憂皃从心員聲王分切
怮 憂皃从心幼聲於虯切
㤥 憂也从心介聲五介切
恙 憂也从心羊聲余亮切
惴 憂懼也从心耑聲詩曰惴惴其慄之瑞切
𢡕 憂也从心鈞聲常倫切
怲 憂也从心丙聲詩曰憂心怲怲兵永切
惔 憂也从心炎聲詩曰憂心如惔徒甘切
惙 憂也从心叕聲詩曰憂心惙惙一曰意不定也陟劣切
慯 憂也从心殤省聲式亮切
愁 憂也从心秋聲士尤切
愵 憂皃从心弱聲讀與惄同奴歷切
惂 憂困也从心臽聲苦感切
悠 憂也从心攸聲以周切
悴 憂也从心卒聲讀與易萃卦同秦醉切
慁 憂也从心圂聲一曰擾也胡困切
[illegible] 楚潁之間謂憂曰[illegible]从心[illegible]聲力至切

忓 擾也。从心干聲。讀若吁。況于切 忡 憂也。从心中聲。詩曰：憂心忡忡。敕中切 悄 憂也。从心肖聲。詩曰：憂心悄悄。親小切 慽 憂也。从心戚聲。倉歷切 𢝊 愁也。从心从頁。徐鍇曰：𢝊形於顏面，故从頁。於求切 患 憂也。从心上貫吅，吅亦聲。胡丱切 𢝏 古文从關省 𢖺 亦古文患 恇 怯也。从心、匡，匡亦聲。去王切 㥦 思皃。从心夾聲。苦叶切 懾 失气也。从心聶聲。一曰服也。之涉切 憚 忌難也。从心單聲。一曰難也。徒案切 悼 懼也。陳楚謂懼曰悼。从心卓聲。臣鉉等曰：卓非聲，當从罩省。徒到切 恐 懼也。从心巩聲。丘隴切 𢖶 古文 慴 懼也。从心習聲。讀若疊。之涉切 怵 恐也。从心术聲。丑律切 惕 敬也。从心易聲。他歷切 悐 或从狄 𢗰 戰慄也。从心共聲。戶工切。又，工恐切 㤥 苦也。从心亥聲。胡槩切 惶 恐也。从心皇聲。胡光切 悑 惶也。从心甫聲。普故切 怖 或从布聲 慹 悑也。从心執聲。之入切 𢡆 備也。从心毄聲。苦計切 𢡀 㦗也。从心葡聲。蒲拜切 𢡚 或从 惎 毒也。从心其聲。周書曰：來就惎惎。渠記切 恥 辱也。从心耳聲。敕里切 㥏 青徐謂慙曰㥏。从心典聲。他典切 忝 辱也。从心天聲。他點切 慙 媿也。从心斬聲。昨甘切 恧 慙也。从心而聲。女六切 怍 慙也。从心作省聲。在各切 憐 哀也。从心粦聲。落賢切 𢘾 泣下也。从心連聲。易曰：泣涕𢘾如。力延切 忍 能也。从心刃聲。而軫切

厲也一曰止也从心弭聲讀若沔 彌兖切

懲也从心乂聲 魚肺切

㣽也从心徵聲 直陵切

覺寤也从心景聲詩曰憬彼淮夷 俱永切

文二百六十三　重二十二

嬾也从心庸聲 蜀容切

口悱悱也从心非聲 敷尾切

忸怩慙也从心尼聲 女夷切

惉懘煩聲也从心沾聲 尺詹切

惉懘也从心滯聲 尺制切

悃也从心豤聲 康恨切

度也从心寸聲 倉本切

悲也从心召聲 敕宵切

大哭也从心動聲 徒弄切

亂也从心若聲 人者切

用心也从心合聲 苦狹切

善兄弟也从心弟聲經典通用弟 特計切

說也从心睪聲經典通用釋 羊益切

文十三　新附

惢 心疑也从三心凡惢之屬皆从惢讀若易旅瑣瑣 又才規才累二切

繠 垂也从惢糸聲 如壘切

文二

說文解字弟十下